中国职业技术教育学会
智慧旅游职业教育专业委员会推荐用书

专家指导委员会 主 任/韩玉灵
　　　　　　　　副主任/章 艺
总主编/杜兰晓

| 民宿管理与运营系列教材 |

民宿安全管理实务

MINSU ANQUAN GUANLI SHIWU

主　编　伍卫军　阳淑瑗　赵永红
副主编　孔　杰　吴高红　毛景伟

北京·旅游教育出版社

立体化教学资源

图书在版编目（CIP）数据

民宿安全管理实务 / 伍卫军，阳淑瑷，赵永红主编. --北京：旅游教育出版社，2022.8

民宿管理与运营系列教材

ISBN 978-7-5637-4429-9

Ⅰ．①民… Ⅱ．①伍… ②阳… ③赵… Ⅲ．①旅馆－安全管理－高等职业教育－教材 Ⅳ．①F719.2

中国版本图书馆CIP数据核字(2022)第120207号

民宿管理与运营系列教材

民宿安全管理实务

伍卫军 阳淑瑷 赵永红 主 编

孔 杰 吴高红 毛景伟 副主编

总策划	丁海秀
执行策划	陈凤玲
责任编辑	施云峰
出版单位	旅游教育出版社
地 址	北京市朝阳区定福庄南里1号
邮 编	100024
发行电话	（010）65778403 65728372 65767462（传真）
本社网址	www.tepcb.com
E - mail	tepfx@163.com
排版单位	北京旅教文化传播有限公司
印刷单位	北京柏力行彩印有限公司
经销单位	新华书店
开 本	710毫米×1000毫米 1/16
印 张	17.25
字 数	260千字
版 次	2022年8月第1版
印 次	2022年8月第1次印刷
定 价	59.80元

（图书如有装订差错请与发行部联系）

民宿管理与运营系列教材
专家指导委员会、编委会

专家指导委员会

主　　　任：韩玉灵
副 主 任：章 艺
委　　　员：闫向军　康 年　魏 凯　卓德保　丁海秀

编委会

总 主 编：杜兰晓
执行总主编：卢静怡
委　　　员（按姓氏笔画顺序排列）：

马志刚	王永盛	毛景伟	文 娅	方 晖	尹 萍	孔 杰
邓淑霞	甘飞云	叶丽芳	仝洁洁	朱 莎	伍卫军	刘 萍
刘琳琳	闫雪梅	阳淑瑗	纪文静	李 洋	李 峰	李东旭
李 华	李丽英	杨 帆	杨诗兵	杨轶哲	杨淇深	吴高红
余家富	汪 颖	沙绍举	张兆蒙	张晓旭	张懿卓	陈长春
赵永红	查 俊	柳花鹏	柳佩璐	姜录录	洪 涛	姚建园
夏 莹	徐灵枝	凌新建	郭贵荣	褚孝立	熊丹华	魏 凯

《民宿安全管理实务》
编委会

主　　编：伍卫军　阳淑瑗　赵永红
副 主 编：孔 杰　吴高红　毛景伟

总序 PREFACE

随着国民经济增长、美丽乡村建设、休闲时代发展、消费市场迭代，民宿作为一种体验城乡美好生活的新生事物、新型业态，得以快速发展起来。民宿联动一产（生态农业、创意农业）、二产（建筑、装饰、制造业）、三产（旅游、度假、服务、金融业等）与城乡发展有机融合，在推动乡村振兴、共同富裕、解决"三农"问题等方面发挥着重要作用，是践行"两山理论"、实现"美丽经济"的有效载体。

民宿行业方兴未艾，不可避免地遭遇人才瓶颈问题。2021年3月，教育部全面修订职业教育专业目录。本人很荣幸地受教育部委托，作为组长牵头旅游大类中高本一体化专业目录修（制）订工作。在此过程中，由浙江旅游职业学院牵头申报了"民宿管理与运营"这个新专业并得到批准。自此，"民宿管理与运营"成为高职院校独立的专业，并于2021年9月正式开始招生。2022年7月，人社部发布了《中华人民共和国职业分类大典（2022年版）》，"民宿管家"等18个新职业位列其中。新专业、新职业需要新的教材体系支撑，"民宿管理与运营"专业亟需一套与之相匹配的专业教材。

在旅游教育出版社的邀请和大力支持下，我们开始筹划全国首套民宿管理与运营系列教材的编写与出版工作。2021年6月，浙江旅游职业学院承办了民宿管理与运营系列教材论证会，牵头组织了一个多行业、多学科的专家团队，全国有浙江旅游职业学院、青岛酒店管理职业技术学院、山东旅游职业学院、南京旅游职业学院、浙江警察学院、云南旅游职业学院、郑州旅游职业学院、北京财贸职业学院、浙江商业职业技术学院等14所院校参与了本套教材研讨与编写工作。此外，我们还邀请了浙江省文化和旅游厅、中国旅游协会民宿客栈与精品酒店分会、浙江省旅游民宿产业联合会、途家、Feekr旅行以及40多家全国和浙江省等级民宿参与此项工作，为教材编写提供指导和优秀案例。

历时一年多时间，我们相继完成了《民宿概论》《民宿安全管理实务》《民宿产品创新与开发》《民宿管家服务》《民宿新媒体营销》5册组成的全国首批系列教材的编写工作。在编撰过程中，我们注重工学结合，力求形成比较完整的民宿知识体系。教材内容大多采用情境教学设计和项目教学方法，把实用的理论知识和实践技能在仿真情境中融会贯通，使学生既能掌握扎实的理论知识，又能学以致用。同时，根据行业或岗位要求，把国家标准、行业标准、职业标准及工作流程引入教材中，着力培养学生岗位适应能力，充分体现职业教育特色。

在此，要衷心感谢上述各参编单位的大力支持，以及编写团队的倾情付出。同时，也诚挚感谢以韩玉灵教授为主任、章艺教授为副主任的专家指导委员会的悉心指导和帮助，以旅游教育出版社丁海秀副社长为首的工作团队的辛勤付出和努力。

本套教材既可作为中高职旅游类专业教学用书，也可作为职业本科旅游类专业教学参考用书。同时可作为工具书供从事民宿管理与运营的企事业单位专业人员和社会人士借鉴与参考。

本套教材虽凝聚多方心血而成，但基于民宿行业研究尚处在起始阶段，作为全国第一套民宿管理与运营专业系列教材，肯定还存在诸多不足和遗漏之处，恳请读者不吝批评和指正，我们将在今后再版过程中予以完善与修正。

总主编：

2022年8月

前言 FOREWORD

随着经济的发展，社会的进步，不论国家、单位，还是家庭、个人，都越来越重视安全工作。2020年，党的十九届五中全会提出"统筹发展和安全，建设更高水平的平安中国"，首次将安全与发展放在同等重要位置来统筹谋划。2021年，《国民经济和社会发展第十四个五年规划和2035年远景目标纲要》中专门对"统筹发展和安全，建设更高水平的平安中国"做出部署安排。

虽然民宿只是小型住宿服务单位，但安全管理却不容忽视。民宿主人和员工应当注意到，大多数民宿远离城镇，公共安全设施与基础设施配套十分有限，自身安全条件参差不齐，自我管理要求不严，因民宿规模小，位置偏远等客观因素导致执法部门监督管理工作可能出现漏洞……从这些方面来说，与一般的城市酒店相比，做好民宿的安全工作具有更加紧迫而现实的重要意义。安全是民宿实现经济效益、社会效益的基础和前提，是民宿主人、员工开展生产经营及客人进行休闲娱乐的基本保障。高职民宿管理与运营系列教材的编委领导、专家高度重视民宿安全管理工作，在编写筹备之初就提出了明确要求，将《民宿安全管理实务》列为其中的专业核心课程。在此背景下，我们组织相关人员进行了教材的编写工作。

本教材共分七章。第一章民宿安全管理概论，介绍民宿管理法规、规章制度和应急管理；第二章民宿建筑安全，介绍经营场地安全、结构安全、装修安全；第三章民宿设备安全，介绍给排水系统、电气、暖通系统安全；第四章民宿消防安全，介绍民宿消防基础设施、民宿消防技术措施、民宿日常消防安全管理、民宿火灾扑救与疏散逃生；第五章民宿治安安全，介绍民宿治安安全的目的、原则，民宿治安安全防范措施，民宿违法人员的识别方法；第六章民宿日常运营安全，介绍民宿对客服务安全、民宿员工操作安全、民宿食品安全管理、民宿卫生质量管理；第七章民宿常见自然灾害防治，介绍民宿常见气象灾害、地质灾害、海洋灾害和生物灾害防治等。

　　本教材由伍卫军、阳淑瑗、赵永红任主编，负责教材的整体设计和统稿。第一章主要由伍卫军老师编写，第二、三章主要由阳淑瑗老师编写，第四章主要由吴高红工程师编写，第五、六章主要由赵永红老师编写，第七章主要由孔杰老师编写。在教材编写过程中，郑州旅游职业学院周崴、广西职业技术学院钟卫红、黄山职业技术学院甘飞云等老师参与讨论或提供素材，杭州市公安局萧山区分局彭华山警官对部分章节提出了修改建议，莫干山隐西39精品民宿联合创始人毛景伟总经理对教材进行了校对、修改。

　　在教材即将付梓之际，诚挚感谢国内外民宿安全管理的专著、教材、论文、报告的作者们。他们的作品为我们编写本书提供了丰富的参考，使我们受益匪浅。衷心感谢浙江省文化和旅游厅吴健芬、浙江旅游职业学院章艺等专家教授的悉心指导，感谢旅游教育出版社有关领导、专家和编辑，他们为本书撰写和出版付出了辛勤的劳动，提出了中肯而有益的修改意见。

　　由于水平有限，加之民宿安全管理的有些问题研究与探讨尚处在起始阶段，各地的安全管理规定、做法也不尽一致，书中难免存在不足和疏漏之处，欢迎使用本书的读者提出宝贵意见。

编者

2022 年 8 月

目录 CONTENTS

第一章　民宿安全管理概论 ·· 1
　第一节　民宿安全管理概述 ·· 3
　第二节　民宿安全管理法规 ·· 7
　第三节　民宿安全管理规章制度 ···································· 13
　第四节　民宿安全应急管理 ·· 16

第二章　民宿建筑安全 ·· 23
　第一节　民宿经营场地安全 ·· 25
　第二节　民宿结构安全 ·· 42
　第三节　民宿装修安全 ·· 54

第三章　民宿设备安全 ·· 71
　第一节　给排水系统安全 ·· 73
　第二节　电气安全 ·· 87
　第三节　暖通系统安全 ·· 105

第四章　民宿消防安全 ·········· 123
第一节　民宿消防基础设施 ·········· 125
第二节　民宿消防技术措施 ·········· 134
第三节　民宿日常消防安全管理 ·········· 141
第四节　民宿火灾扑救与疏散逃生 ·········· 150

第五章　民宿治安安全 ·········· 155
第一节　民宿治安安全的目的 ·········· 157
第二节　民宿治安安全的原则 ·········· 161
第三节　民宿治安安全防范措施 ·········· 164
第四节　民宿违法人员的识别方法 ·········· 168

第六章　民宿日常运营安全 ·········· 181
第一节　民宿对客服务安全 ·········· 183
第二节　民宿员工操作安全 ·········· 192
第三节　民宿食品安全管理 ·········· 199
第四节　民宿卫生质量管理 ·········· 207

第七章　民宿常见自然灾害防治 ·········· 215
第一节　常见气象灾害防治 ·········· 217
第二节　常见地质灾害防治 ·········· 239
第三节　海洋灾害防治 ·········· 250
第四节　常见生物灾害防治 ·········· 257

参考文献 ·········· 264

第一章
民宿安全管理概论

┃ 本章导读 ┃

　　安全是民宿实现经济效益和社会效益的基础和前提，是民宿主人、员工及旅客生产经营和健康休闲、娱乐的基本保障。

　　本章分为民宿安全管理概述、民宿安全管理法规、民宿安全管理规章制度、民宿安全应急管理四节。通过学习使学生理解民宿安全的含义，安全管理工作方针、范围及相关理论，从法律法规标准和规章制度两个方面入手，掌握民宿安全管理的方法、途径。在此基础上，从安全的另一面即危险、风险角度，认识突发事件的分类、特点和应急管理措施，有针对性地做好预防和处置工作。

学习目标

1. 了解民宿安全、民宿安全管理的重要意义，熟悉安全生产方针、理念，增强做好民宿安全管理工作的自觉性、主动性。
2. 从法律法规标准和安全规章制度两个方面，熟悉民宿实现安全管理的方法、途径。
3. 掌握民宿常见的突发事件种类及其预防、处置措施。

思维导图

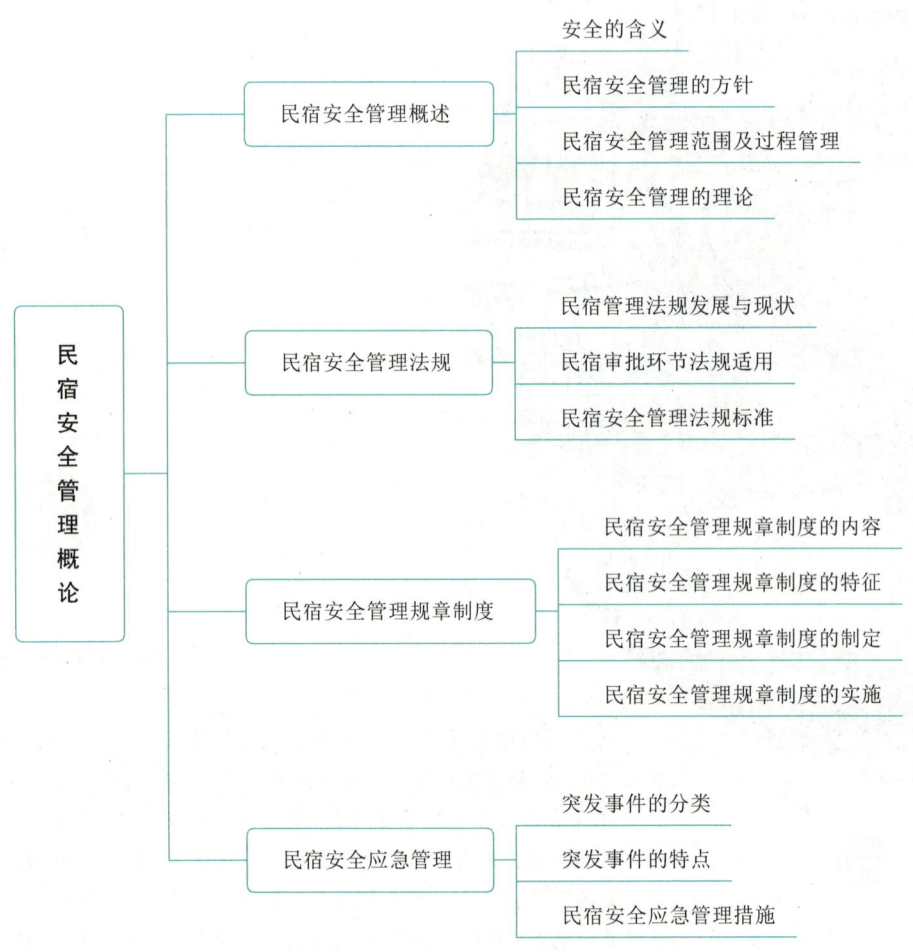

第一节　民宿安全管理概述

近年来，我国连续多年出台中央一号文件，高度重视"农村、农业、农民"工作。随着"三农"政策的深入实施，特别是乡村振兴战略的大力推进，乡村旅游消费更新升级加快，各地民宿行业迅速发展。有些省份的民宿床位数已经超过了当地旅馆、酒店的床位数，民宿的数量已初具规模。

民宿作为新的业态，绝大多数是近些年由村民住宅和其他闲置资产扩建、改建而来，生产经营的时间不长，其存在的安全隐患、问题尚未引起广大民宿主人、员工的重视，发生在民宿的安全事故、灾害也还比较少，加之没有广泛宣传报道，因此并未引起广大旅游消费者的关注。然而，相关职能部门和专业科研机构、学者已有的研究表明，民宿自身安全条件参差不齐，公共基础设施配套十分有限，自我管理和监督管理工作严重滞后，其快速发展带来的安全风险正在加大，做好民宿安全管理工作对于民宿行业长期健康发展具有重要意义。

【案例 1-1】

景区内的木质构造民宿发生火灾

2017 年 7 月 21 日凌晨，四川什邡钟鼎寺景区一木质构造为主的民宿（骑龙山庄）发生火灾，火势十分凶猛，民宿附近树木都被引燃。当地消防、公安、医疗卫生等机构人员接警后立即前往事发地救援、处置。大火在 6 点 10 分被扑灭，入住该民宿的游客全部安全疏散撤离，一名男性电工不幸遇难。

图 1-1　四川德阳什邡钟鼎寺

（案例来源：作者根据下列新闻整理，《什邡钟鼎寺景区山庄凌晨起火 一男性不幸遇难》，德阳市广播电视台记者赖非林，2017年7月21日）

思考： 民宿与城市酒店相比，在安全上有什么特殊性？

案例点评： 一是不少民宿位于乡村山野，远离城市，缺少公共基础配套设施，公安、医疗卫生、消防救援等应急处置力量难以迅速到达；二是不少民宿由住宅等其他闲置资产改建而来，自身安全条件先天不足，安全设施器材较为简陋；三是民宿所处的周边环境千差万别，面临洪水、泥石流、山体滑坡、野生动植物等方面的风险和困扰。同时，如果民宿发生火灾等险情，可能会殃及周边的景区、林区和草原，使损失扩大。

因此，民宿主人、员工应充分认识民宿安全方面上存在的问题和不足，增强安全意识，强化安全管理，提升突发事件应急处置能力，确保民宿安全发展。

一、安全的含义

（一）民宿安全的含义

"安全"，在《现代汉语词典》中解释为："没有危险"。在《汉语大词典》中有两层意思，一是平安，无危险，没有事故；二是保全，保护。国家标准（GB/T 28001）对"安全"的定义为："免除了不可接受的损害风险的状态"。

综合上述的解释和定义，我们可以看出，"安全"与"危险"相对，其含义有两个方面：一方面是指安全的状态，即"没有危险，不受威胁，不出事故"；另一方面是保全、保护，即对安全的维护，包括安全措施和安全机构等。

具体应用到民宿领域，"民宿安全"指民宿客人和民宿主人、员工的人身、财产以及民宿自身财产在民宿经营范围内没有危险、不受威胁、不出事故。

同时，我们从安全的另一角度，即事故、灾害的角度引入"突发事件"的概念。根据《中华人民共和国突发事件应对法》《国家突发公共事件总体应急预案》规定，突发事件是指突然发生，造成或者可能造成严重社会危害，需要采取应急处置措施予以应对的自然灾害、事故灾难、公共卫生事件和社会安全事件。

（二）民宿安全管理的含义

民宿安全管理是指为了保障民宿正常运营，且保障民宿经营范围内所有人员的人身、财产没有危险、不受威胁、不出事故，所进行的一系列计划、组织、指挥、协调、控制等管理活动。

本教材所指的"安全",两方面都有涉及,一方面指安全是民宿管理的主要目标,实现了目标意味着达到安全状态,避免了民宿涉及的人、财、物的损失;另一方面,为实现安全的目标和状态,就要落实岗位安全责任,采取系列安全措施,执行各项安全制度,做好应急管理。

二、民宿安全管理的方针

人类的生存和发展离不开生产和安全,生产和安全都是人类永恒的主题。"安全第一、预防为主、综合治理"的安全生产方针是党和政府对安全生产工作总的要求,是安全生产工作的方向。安全生产方针,三句话12个字是一个有机统一的整体。中华人民共和国成立70多年来,我国的安全生产方针大体发生了三次变化,即:"生产必须安全、安全为了生产""安全第一,预防为主""安全第一,预防为主,综合治理"。

民宿安全管理要贯彻我国"安全第一、预防为主、综合治理"的安全生产方针。

"安全第一"就是民宿经营过程中始终要把安全放在第一重要的位置上,切实保护民宿客人和民宿主人、员工的生命安全和身体健康。民宿主人、员工应认识到"安全第一"是安全生产方针的前提和基础,只有在保证安全的前提下,经营活动才能正常进行,才能促进经济建设的发展和保持社会的稳定。

视频1-1:坚持安全教育的优先观

"预防为主"是安全生产方针的核心和具体体现,是实施安全生产的根本途径,就是始终要把安全生产工作的关口前移,超前防范,建立预教、预测、预想、预报、预警、预防的递进式、立体化事故隐患预防体系,改善安全状况,预防安全事故。民宿主人、员工应认识到,几乎所有的事故、灾害都是可以预防的,或者都是可以通过努力来减少危害后果的,从而将工作的重点纳入"预防为主"的轨道,将事故消除在发生之前。

视频1-2:坚持预防为主的科学观

"综合治理",是指适应我国安全生产形势的要求,自觉遵循安全生产规律,正视安全生产工作的长期性、艰巨性和复杂性,抓住安全生产工作中的主要矛盾和关键环节,综合运用经济、法律、行政等手段,人防、物防、技防多管齐下,并充分发挥社会、职工、舆论的监督作用,有效解决安全生产领域的问题。

安全生产方针是完整的统一体。坚持安全第一,必须以预防为主,实施综合治理;只有认真治理隐患,有效防范事故,才能把"安全第一"落到实处。

事故发生后组织开展抢险救灾，依法追究责任，认真吸取教训，固然十分重要，但对于生命个体来说，伤亡一旦发生，就不再有改变的可能。事故源于隐患，防范事故的有效办法，就是主动排查、综合治理各类隐患，把事故消灭在萌芽状态，不能等到付出了生命代价、有了血的教训之后再去改进工作。

三、民宿安全管理范围及过程管理

（一）民宿安全管理范围

从狭义的角度看，民宿安全管理范围主要包括两大部分：一是民宿区域内全部人员，包括客人、访客和民宿主人、员工在内的所有人员；二是民宿区域内的所有财物，包括民宿的建筑、设备、物资和个人物品等。

从广义的角度看，除上述两大部分外，还应包括民宿直接毗连的森林、草原、房屋等范围以及民宿组织的各类户外活动（户外篝火音乐会、露营、野炊烧烤等），这些范围、活动也应加强安全管理，确保安全。

（二）民宿安全过程管理

过程管理就是在生产经营活动过程中，通过对过程要素（项目、活动、作业）、对象要素（作业环境、设备、材料、人员）、时间要素和空间要素的系统控制，消除生产经营活动中可能出现的各种危险与有害因素，实现安全生产的目标。属于过程管理的方法很多，如"四全"管理（全过程、全方位、全天候、全员管理）、标准化作业、安全检查、危险作业安全监护、确认制、安全审批制、危险监控法、定置管理法等。比如，"四全"中的"全过程"，是指在民宿的安全管理中，选址、规划、设计、施工、装修、竣工、运营等环节均应考虑到安全工作，防止事故、灾害的出现。

民宿安全过程管理强调通过过程的严格控制来实现安全生产。安全事故具有偶然性，从生产经营单位的内部安全生产管理来说，过程的控制更显得重要。因为所有的目标都必须通过一系列的过程来完成，如果过程管理控制不好，可能就会在一些偶然因素的触发下导致事故的发生，民宿安全目标就难以实现。

四、民宿安全管理的理论

安全研究人员对安全管理理论有许多归纳和论述，有学者将安全理论分为三类，分别为安全哲学观、安全风险管控观、安全发展观。党的十九届五中全会提出了统筹发展与安全的指导思想，把安全提升到与发展同等的地位。

关于安全管理的几种理论，如能量意外释放理论、轨迹交叉理论、系统安全理论、海因里希法则，如有兴趣可自行查看相关资料加以了解。民宿的安全管理可以从这些理论中受到启发，将其具体化、实战化，在实际工作中发挥其指导作用。

第二节 民宿安全管理法规

一、民宿管理法规发展与现状

（一）民宿管理法规发展历程

为依法促进民宿管理，近十年来我国和各省（市、区）相继颁布实施了一些民宿管理法规，比较重要的有《中华人民共和国旅游法》《旅馆业治安管理办法》、《农家乐（民宿）建筑防火导则（试行）》和《旅游民宿基本要求与等级划分》。

1.《中华人民共和国旅游法》

2013年4月25日，全国人民代表大会十二届二次会议通过并公布了《中华人民共和国旅游法》，自2013年10月1日起施行。其中第四十六条规定："城镇和乡村居民利用自有住宅或者其他条件依法从事旅游经营，其管理办法由省、自治区、直辖市制定。"

该法只做出原则性规定，具体管理办法授权各省（市、区）制定，主要是考虑到各地民宿（农家乐）发展程度差距巨大，由各省（市、区）结合当地实际做出规定更加有利于民宿（农家乐）有序、健康发展。

2.《旅馆业治安管理办法》

《旅馆业治安管理办法》于1987年9月23日经国务院批准，1987年11月10日由公安部发布，自发布之日起施行；2011年《旅馆业治安管理办法》部分条款做出修改。2022年，国务院决定对《旅馆业治安管理办法》的部分条款予以修改，自2022年5月1日起施行。

《旅馆业治安管理办法》第二条规定："凡经营接待旅客住宿的旅馆、饭店、宾馆、招待所、客货栈、车马店、浴池等（以下统称旅馆），不论是国营、集体经营，还是合伙经营、个体经营、外商投资经营，不论是专营还是兼营，不论是常年经营，还是季节性经营，都必须遵守本办法。"

该管理办法虽然颁布的年代较为久远，但其第二条的规定已明确将所有具有住宿的场所纳入管理。民宿作为具有住宿功能的小型旅游服务场所，自

然应纳入《旅馆业治安管理办法》，各项生产经营活动应按其规定进行。如开办民宿需向公安机关申领特种行业许可证后方准开业；应设置安全保卫人员和财物保险柜（箱）；落实旅客登记制度；禁止"黄赌毒"，对违禁物品、可疑物品和人员，应及时报告公安机关等。

《旅馆业治安管理办法》2022年做了修订，不再将符合消防安全要求作为办理特种行业许可证的前置条件。民宿只需分别符合治安、消防安全要求，便可按程序申报取得合法经营许可。

3.《农家乐（民宿）建筑防火导则（试行）》

民宿纳入《旅馆业治安管理办法》管理，需要办理特种行业许可证，其第三条规定："开办旅馆，其房屋建筑、消防设备、出入口和通道等，必须符合《中华人民共和国消防法》等有关规定，并且要具备必要的防盗安全设施。"这里必然遇到一个问题，就是取得特种行业许可证之前要符合消防安全要求（前置条件），而民宿大多由住宅改建而来，如果按旅馆（酒店）的消防技术标准，难以符合消防安全要求。消防审批手续无法办理，直接影响了特种行业许可证的办理。这一问题在全国广泛存在，从保障安全和经济合理角度出发，制定民宿（农家乐）消防技术标准在当时十分迫切。

2017年2月27日，住房和城乡建设部、公安部、原国家旅游局共同发布了《农家乐（民宿）建筑防火导则（试行）》，旨在预防农家乐（民宿）建筑火灾，规范防火改造措施，加强消防安全管理水平，降低火灾风险，保护人身和财产安全，推动农家乐（民宿）健康发展。该导则共有6章、48条，分别对农家乐（民宿）建筑的消防基础设施要求、消防安全技术措施、日常消防安全管理、施工现场消防安全管理、消防安全职责等问题进行了明确规定。该导则公布实施前后，不少省（市、区）密集出台民宿管理地方性法律、规章和规范性文件，为加强民宿管理、促进民宿健康发展提供了较好的法律法规支撑。

导则还规定，相关要求主要适用于经营用客房数量不超过14个标准间（或单间）、最高4层且建筑面积不超过800m²的农家乐（民宿），不适用于土楼、地坑院、窑洞、毡房、蒙古包等传统建筑。超过上述规模或新建的农家乐（民宿），应符合《农村防火规范》（GB50039—2010）、《旅馆建筑设计规范》（JGJ62—2014）、《建筑设计防火规范》（GB50016—2014）要求。已经投入使用的农家乐（民宿）的消防安全技术措施不符合本导则要求的，应按本导则要求进行改造，完善消防安全技术措施。

4.《旅游民宿基本要求与等级划分》

2022年7月11日，国家发布了《旅游民宿基本要求与等级划分》（GB/

T41648—2022），此标准将于2023年2月1日起实施。从安全工作角度看，该标准不仅对民宿规模作出了限制，对民宿安全警示标志、危险物品贮存管理、食品卫生等方面作出了具体规定，同时该标准要求建立健全 各类相关安全管理制度和突发事件应急预案，落实安全责任，定期开展演练。此外，该标准明确，对发生消防、安全、卫生责任事故的，民宿取得的评级将被取消。这些具体明确的规定，不仅有利于促进参评民宿自觉加强安全管理工作，也有利于一些新（扩）建民宿在建设之初就对照规定重视安全工作，从而有助于提高民宿安全管理的整体水平。

（二）民宿安全管理法规存在的问题

总体上看，目前民宿安全管理法规是不完善的，主要体现在：

1. 民宿管理缺少专门的法律法规

2017年，住房城乡建设部等三部委联合发布了《关于印发农家乐（民宿）建筑防火导则（试行）的通知》（建村〔2017〕50号）。2022年，国家标准委发布了《旅游民宿基本要求与等级划分》（GB/T41648—2022），这个标准是我国首个民宿国家标准。但这些国家层面上的规定只停留在国家推荐性标准和部委的规章上，对民宿的规范管理力度相对有限。在我国现有的法律体系中，目前还缺少一部完整的、系统的关于民宿管理的法律法规。

2. 现有法律法规对民宿的规定不够明确具体

如《旅馆业治安管理办法》虽然2022年重新作了修订，但仍未通过列举的方式明确将民宿纳入旅馆业的范畴。《中华人民共和国消防法》规定公众聚集场所要向县级以上人民政府消防救援机构申请安全检查，检查合格后才能投入使用、营业，但其对公众聚集场所的定义及条文解释中并没有直接涉及民宿。这些法律法规从字面理解上不完全适用于民宿的管理，基层执法部门是否将其直接作为法律法规依据尚存疑虑。

3. 基层单位监督执法缺少比较适用的法规

最近几年，从国家到地方各级政府及监督管理部门针对民宿管理制定了不少政策、标准，而且还在不断的完善中。但这些政策、标准不属于法律法规范畴，无法作为基层单位监督执法适用的法律依据。对于一些民宿的违法违规行为，执法部门找不到适用的法律法规，又不能以当地的政策标准作为依据，行政处罚相对较少，很多只停留在批评教育层面上，这是一些民宿违法违规未得到及时查处的重要原因。

4. 个别政策制定不科学、执行不统一

一些地方和部门由于工作人员业务不熟悉或者政策制定程序不规范等原因，制定出台的政策与上级的法律法规和政策标准存在出入。如一些地方制定民宿管理办法,提出禁止在饮用水水源一级保护区等新（扩）建民宿。实际上,根据相关法律,二级保护区同样不允许新（扩）建民宿。又如在法规政策的执行上,一些地方对民宿的审批是采取一张表多部门联审的方式,必须由各部门共同签字同意才能通过审批,一个部门有疑问就不能办理。有些甚至在同一个设区市,一些县（市、区）开办民宿需要特种行业许可证,另一些县（市、区）则无此要求,执法也不统一。

依法治国作为治国方略,民宿理应依据法律、法规、政策、标准等进行安全管理。随着乡村振兴的持续推进,国家和地方将更加重视包括民宿安全管理在内的民宿各项法规的研究制定,为民宿安全管理规范化、法制化奠定更加坚实的基础。

二、民宿审批环节法规适用

（一）房屋建筑审查

一是选址,也就是民宿建筑所在的位置是否在当地开办民宿的规定范围,如一些景区、林区和水源保护区等就不允许开办民宿;二是房屋是否为合法建筑,违法建筑不能开办民宿;三是建筑的结构安全问题,通常需要第三方（技术服务机构）开展现场检测、评估,出具书面报告,确保建筑的安全。

（二）经营规模审查

按照2017年住房和城乡建设部等3部委联合发布的《农家乐（民宿）建筑防火导则（试行）》,民宿的经营用客房数量不超过14个标准间（或单间）、最高4层且建筑面积不超过800m^2。在筹办民宿过程中,要了解国家和当地对民宿经营规模的规定,如果超过相关规模限制,就难以顺利获批并合法经营。

（三）建筑工程审核、验收（备案）

兴建、改建、扩建的民宿建筑工程,应依据《中华人民共和国建筑法》《中华人民共和国消防法》的规定,准备相关资料,向住房和城乡建设部门提出建筑工程（包含消防）设计审核、工程施工、工程竣工验收（备案）申请,取得许可（相关同意意见）。在此基础上,向房产登记部门申办房屋产权证书。

本身具备房屋产权证书等合法手续的民宿,不需要重新申报上述办事环节。仅对内部进行部分改动或者进行室内装修的,根据当地住房和城乡建设部门的要求办理。

（四）企业（个体工商户）登记、变更、注销

民宿作为小型旅游服务场所,大多数为个人和家庭经营,属于个体工商

户，按国务院《个体工商户条例》的规定，准备相关资料，依法向市场监督管理部门（办事窗口）提出登记（变更、注销）申请。依法注册登记后取得营业执照，这是合法经营的前提。

（五）申请公众聚集场所投入使用、开业前消防安全检查

开办民宿的建筑物具有（取得）房产证后，民宿主人应完善消防设施，配置消防器材，明确消防责任人、管理人，制定消防安全管理制度和火灾应急处置预案等，依据《中华人民共和国消防法》的规定，准备相关资料，向消防救援机构申请公众聚集场所投入使用、开业前消防安全检查。一些地方采取承诺制申领《公众聚集场所投入使用、开业前消防安全检查》的，应按要求办理，并做好消防救援机构来现场核查的准备。一些地方不将民宿纳入公众聚集场所管理或对此无要求的，不必申领《公众聚集场所投入使用、开业前消防安全检查》。

（六）申领特种行业许可证

当地将民宿纳入旅馆业管理，要求办理特种行业许可证的，民宿主人应按《旅馆业治安管理办法》的规定，准备相关资料，向公安机关治安部门（派出所）申办特种行业许可证。一些地方采取承诺制申办特种行业许可证的，应按要求办理，并做好公安机关治安部门（派出所）来现场核查的准备。

（七）申领卫生许可证、健康证

国家对公共场所以及新建、改建、扩建的公共场所的选址和设计实行卫生许可证制度。民宿主人应根据《公共场所卫生管理条例》规定，准备相关资料，依法向卫生健康部门申领公共场所卫生许可证。

根据《中华人民共和国食品安全法》《公共场所卫生管理条例》等法规，从事食品生产经营，公共场所服务等专业生产，有毒、有害、放射性作业，幼托机构保育等五大行业的相关人员必须拥有健康证。民宿主人、员工应依法向卫生监督机构申领健康证后持证上岗。

（八）申领食品经营（生产）许可证

大多数民宿都从事食品销售和餐饮服务活动，应根据《中华人民共和国食品安全法》《食品经营许可管理办法》规定，准备相关资料，申领食品经营许可证。如果有专门从事糕点、地方特色食品等加工生产的，还需申领食品生产许可证。

三、民宿安全管理法规标准

从实践来看，民宿的建设、运营过程中，涉及的安全管理相关法规主要

包括基本法、行政法规、部门规章、地方性法规及政府规章，还有相关标准。

（一）常用的基础性法律

涉及民宿安全管理的主要法律有：《中华人民共和国刑法》《中华人民共和国安全生产法》《中华人民共和国消防法》《中华人民共和国食品安全法》《中华人民共和国治安管理处罚法》《中华人民共和国环境保护法》《中华人民共和国突发事件应对法》等。

（二）常用的行政法规

根据宪法和法规的规定，由国务院制定的涉及民宿安全管理的各类法规，常用的有：《中华人民共和国食品安全法实施条例》《化学危险品管理条例》《烟花爆竹管理条例》《旅馆业治安管理办法》《公共场所卫生管理条例》《突发公共卫生事件应急条例》《生产安全事故报告和调查处理条例》《中华人民共和国道路交通安全法实施条例》等。

（三）常用的部门规章

由国务院各部门、各委员会等根据宪法、法律和行政法规及国务院的规定，在本部门的权限范围内制定和发布的调整本部门范围内的行政管理关系的规范性文件，常用的有：《特种设备质量与安全监察规定》《公共娱乐场所治安管理办法》《机关团体企业事业单位消防安全管理规定》《生产安全事故信息报告和处置办法》《道路交通事故程序规定》《旅游投诉处理办法》等。

（四）地方性法规和政府规章

由各省（市、区）人大颁布实施的地方法规，如《四川省旅游管理条例》《云南省旅游业管理条例》，省（市、区）政府及各部门颁布的文件，如北京市文化和旅游局等8部门联系颁布的《关于促进乡村民宿发展的指导意见》、上海市政府批转市文化和旅游局市农委的《关于促进本市乡村民宿发展的指导意见》、浙江省政府颁布的《关于确定民宿范围和条件的指导意见》、广东省政府颁布的《广东省民宿管理办法》、广西壮族自治区政府颁布的《广西旅游民宿管理暂行办法》、海南省住房和城乡建设厅颁布的《海南省乡村民宿管理办法》等。

（五）民宿安全相关标准

按照是否强制执行分类，标准分为强制性标准和推荐性标准；按照标准发布的单位分类，标准又分为国家标准、行业标准和地方标准。

强制性标准，如生活饮用水卫生标准（GB5749—2006）、消防安全标志（GB13495—1992）、游泳场所卫生标准（GB9667—1996）、安全标志（GB2894—1996）。

推荐性标准，如国家文化和旅游部批准颁布的《旅游民宿基本要求与评价》(LB/T 065—2019);由中国标准化研究院提出并归口,浙江省标准化研究院、德清县文化和广电旅游体育局、莫干山民宿行业协会等9家单位共同参与起草制定的《乡村民宿服务质量规范》(GB/T 39000—2020);浙江省发布的《民宿基本要求与评价》(DB33/T 2048—2017);黑龙江省发布的《旅游民宿设施要求与服务规范》(DB23/T 2509—2019)等。

熟悉民宿安全管理法律、法规、标准是做好民宿安全工作的重要基础,民宿主人和员工应将此作为重要学习内容,并结合实际落实在日常工作之中,切实做到合法、安全生产经营。

第三节 民宿安全管理规章制度

安全生产规章制度是长期实践经验和无数事故教训的总结,是用鲜血和生命换来的。俗话说:"没有规矩不成方圆"。如果无章可循,或者违反规章制度,就会导致事故的发生。实践证明,伤亡事故中70%以上是由于违章指挥、违章操作、违反劳动纪律造成的。因此,遵守安全生产规章制度是每位员工保证安全的前提和条件,不同的生产经营单位应根据自身的特点,制定具体可操作的安全管理制度。民宿作为小型服务场所,虽然员工数量较少,不少是家庭成员共同经营,但在安全生产这项工作上,与其他单位面临着相似的形势,同样需要严格执行安全生产管理制度。

一、民宿安全管理规章制度的内容

《中华人民共和国安全生产法》明确要求,生产经营单位应建立健全全员安全生产责任制和安全生产规章制度。安全管理规章制度是以安全责任制为核心的,指引和约束人们在安全生产方面的行为准则,其作用是明确各岗位安全职责、规范安全生产行为、建立和维护安全生产秩序,主要包括安全生产责任制、安全操作规程和基本的安全管理制度。

(一)安全生产责任制

安全生产责任制是最基本的安全制度,是按照安全生产方针和"管行业必须管安全、管业务必须管安全、管生产经营必须管安全"的原则,将各级负责人、各职能部门及其有关工程技术人员、生产作业人员,在生产经营中应负的安全责任加以明确规定的一种制度。其实质是"安全生产,人人有责",是安全制度的核心和基础。

对一般的单位来说，安全生产责任制通常包括四个部分，即各级领导的安全生产职责；职能部门的安全生产职责；安全生产专职机构的职责；员工的安全生产职责。从民宿的角度出发，民宿主人（出资人、经营负责人）是安全生产第一责任人，对民宿安全生产工作全面负责，应严格执行国家和上级有关安全生产方针、政策、法律、法规、规定和标准，主动接受安全教育、培训、考核，组织开展好本单位的安全工作。各岗位生产工人要自觉遵守安全制度、严格遵守操作规程，在本岗位上做好安全生产工作。

民宿与其他单位有出租、承租情形的，应通过书面协议，明确在安全方面的权利、义务关系，以达到明确职责，共同维护安全的目标。

（二）安全操作规程

安全操作规程是生产工人操作设备、处置物料、进行生产作业时所必须遵守的安全规则。安全操作规程对防止生产操作中的不安全行为有重要作用。

安全操作规程应包括以下内容：作业前安全检查的内容、方法和安全要求；安全操作的步骤、要点和安全注意事项；作业过程中巡查设备运行的内容和安全要求；故障排除方法，事故应急处理措施；作业场所、作业位置、个人防护的安全要求；作业结束的现场清理；特殊作业场所作业时的安全防护要求。

民宿内部实施设施设备检修、排除故障、明火作业（电焊气焊）等作业时，均应严格按照安全操作规程进行，防止触电、中毒、烫伤、冻伤、火灾、爆炸等事故的发生。

（三）基本的安全管理制度

为保证国家安全生产方针和安全生产法规得到认真贯彻，在管理与安全生产有关事项时有一个行为准则，单位应建立基本的安全管理制度，主要有：职工安全守则；安全生产教育制度；安全生产检查制度；危险作业审批制度；特种设备和动力管线的管理制度；安全生产值班制度；职业卫生管理、职业病危害因素监测及评价制度；劳动防护用品发放管理制度；危险化学品装卸、储存、运输和废弃处置安全规则；重大危险源安全监控制度；危险化学品事故应急救援预案等。

民宿中经常使用的瓶装液化石油气、酒精等均属于危险化学品，应严格制定安全管理制度，保证在储存、使用过程中的安全。

二、民宿安全管理规章制度的特征

民宿安全管理的规章制度，通常是在民宿主人的组织下，依据政策法规和标准，借鉴其他单位的经验做法及吸取事故教训形成的书面规定，一般具有以下几个方面的特征。

（1）权威性。安全管理规章制度由单位民宿主人组织制定，在其适用范围内具有强制约束力，一旦制定出台，不得随意擅自修改和违反。

（2）完整性。单位的安全管理规章制度，必须包含所有执行事项，不能有所遗漏，如新的执行事项产生，应相应地制定管理制度，确保所有事项有法可依。如民宿增加烧烤、漂流等服务业务，则应相应地增加这些执行事项的安全管理制度。

（3）排它性。安全管理规章制度一旦形成并实施，与之相抵触的其他做法均不能实行。各种安全管理制度都有自己特定的适用范围，在这个范围内，所有同类事项均须按此安全制度实施。

（4）可执行性。安全管理规章制度应该具体、明确，必须是可执行、可操作的。

（5）相对稳定性。安全管理规章制度一旦制定，应保持相对的稳定性，在一个时间段内不能轻易变更，否则无法保证其权威性。当然，现行制度如果不符合变化了的实际情况时，需要及时修订。

（6）公平公正性。安全管理规章制度对每个人都是平等的，任何人都得遵守安全管理规章制度。

三、民宿安全管理规章制度的制定

安全管理规章制度的建立与健全是单位安全生产管理工作的重要内容，制度的制定是一项政策性很强的工作，制定安全规章制度时要从以下几个方面出发，予以把关。

（1）注重实际，依法制定。单位制定安全管理规章制度必须以国家法律、法规和安全生产方针政策为依据，要根据法规的要求、结合单位的具体情况来制定。

（2）有章可循，衔接配套。单位安全管理规章制度应涵盖安全生产的方方面面，使与安全有关的事项都有章可循，同时又要注意制度之间的衔接配套，防止出现制度的空隙而无章可循或制度交叉重复又不一致而无可适从。

（3）科学合理、切实可行。安全管理规章制度是行为规范，必须是符合客观规律的，特别是操作规程。如果规章制度不科学则会误导人的行为，如果规章制度不合理、烦琐复杂将难以顺利执行。

（4）简明扼要、清晰具体。安全管理规章制度的条文、文字要简练，意

思表达要清晰、准确，便于记忆、易于操作。

四、民宿安全管理规章制度的实施

安全管理规章制度的作用是规范行为，如果制度制定了不能认真执行，就失去了制定制度的意义。为使安全管理规章制度能得到很好地执行，成为广大员工的自觉行动，需要做好以下工作。

（1）教育先行、提高执行自觉性。安全管理规章制度的条文只是提出了行为的规范、操作的要求，即规定"怎么做"，而"为什么要这么做"，一般不可能在条文中做详细的解释。要把一件事做好，那就必须使做事的人明白为什么要这样做，从而发挥其主观能动性。规章制度颁布后，必须要进行相应的教育解释工作，使职工明白为什么要制定这样的规章制度，从而避免消极态度和抵触情绪，提高执行规章制度的自觉性。对于操作规程更要辅以一定的培训，对操作要领、安全要求做出详细的解说。

（2）检查督促、严格执行。安全管理规章制度是从整体、长远利益考虑而制定的，对个人的某些利益与自由必然会产生一定的限制与约束，因而不可能每一个人都很自觉地执行。要通过检查，了解执行情况并督促不执行或不认真执行的人改正，以保证安全管理规章制度的贯彻，维护其严肃性。

（3）违章必究、奖惩结合。为维护安全生产秩序和制度的严肃性，对违反制度的人必须追究，给予教育、责令改正，严重违章的予以处罚，对模范执行安全管理规章制度的应予以表扬奖励。特别是在预防和处置事故中表现突出，避免人员伤亡的，要给予褒奖。

（4）总结经验、不断完善。由于知识、经验的局限，难免考虑不周，制度存在这样那样的一些不足之处，往往在制度执行过程中就暴露出来，这就需要总结经验、修改完善。此外，随着单位生产经营状况的改变，制度也要相应做调整以适应变化了的情况。安全生产管理水平提高了，管理的要求也要提高，这也需对制度进行相应的调整。

第四节　民宿安全应急管理

应急管理是针对各类突发事件，从预防与应急准备、监测与预警、应急处置与救援到事后恢复与重建等全方位、全过程的管理。通俗地说，民宿应急管理，就是对发生在民宿的各类突发事件的管理。

一、突发事件的分类

根据《中华人民共和国突发事件应对法》和国务院《国家突发公共事件总体应急预案》的规定，突发公共事件主要分为以下四类。

（一）自然灾害

自然灾害主要包括以下灾害：气象灾害，如台风、暴雨（雪）、大风（沙尘暴）、雷电、冰雹、冰冻、大雾等；地质灾害，如泥石流、山体滑坡、地面塌陷（沉降）、火山爆发等；海洋灾害，如风暴潮、海啸、灾害性海浪等；生物灾害，如虫（蛇）害、鼠害、草害等。

图 1-2　河南暴雨水灾

此外，常见的自然灾害还包括水旱灾害、地震灾害和森林草原火灾等。本书第七章将详细介绍。

（二）事故灾难

事故灾难主要包括工矿商贸等企业的各类安全事故、交通运输事故、公共设施和设备事故、环境污染和生态破坏事件等。

民宿领域常见的有房屋倒塌、交通事故、爆炸、火灾、中毒、触电、环境污染、滑倒坠落等。

本书第二、三、四章分别介绍建筑安全、设备安全和消防安全。

（三）公共卫生事件

公共卫生事件主要包括传染病疫情、群体性不明原因疾病、食品安全和职业危害、动物疫情，以及其他严重影响公众健康和生命安全的事件。

如新型冠状病毒肺炎（Corona Virus Disease 2019，COVID—19），自发生以

来，截至 2022 年 5 月 6 日，全球累计新冠肺炎确诊病例 513 955 910 例，累计死亡病例 6 249 700 例。我国虽然控制、治疗等工作成效显著，但对包括民宿在内的生产经营活动影响仍较为明显。受疫情影响，旅游消费大幅减少，许多民宿经常出现长时间无人问津的情况，民宿的正常经营遇到了前所未有的挑战。

图 1-3　新冠肺炎疫情防控核酸检测

（四）社会安全事件

社会安全事件一般包括重大刑事案件、恐怖袭击事件、涉外突发事件、经济（金融）安全事件、规模较大的群体性事件、民族宗教突发群体事件、学校安全事件以及其他社会影响严重的突发性社会安全事件。

民宿领域可能会关联到的常见的社会安全事件包括重大刑事案件、规模较大的群体性事件、民族宗教突发群体事件等。

本书第五章详细介绍治安安全。

二、突发事件的特点

（一）突发事件的主要特点

当今，我国以往突发事件主要体现如下特点。

（1）突发事件频发，伤亡损失大，社会影响大。如 2014 年 1 月 11 日，云南省迪庆藏族自治州香格里拉县独克宗古城如意客栈，因经营者唐某在卧室内使用取暖器不当引燃可燃物造成火灾。此次火灾损毁文物占地面积约 1946.7m^2，损毁文物保护单位面积 2220.45m^2，对独克宗古城造成了严重损失。

（2）公共安全问题复杂性加剧。呈现出自然与人为致灾因素的相互联系、传统与非传统安全因素的相互作用、既有社会矛盾和新生社会矛盾相互交织等特点。如 2015 年 6 月 1 日，东方之星客轮在从南京驶往重庆途中突遇罕见的强对流天气（飑线伴有下击暴流），带来的强风暴雨袭击导致了特别重大灾难性事件，客轮沉没造成 442 人遇难。

（3）新隐患增多，各类潜在危险增多，防控难度加大。新材料、新工艺、新设备不断研发、制造和投入使用，一些风险和隐患还未被发现或者引起重视，某些重大突发事件开始时往往是认不清、想不到的。

（4）致灾因子本身是局地性的，但灾害和影响是大范围的。如 2014—2015 年非洲的埃博拉疫情，开始传播时疫情的范围有限，但迅速成为全球性的卫生防疫事件。

（5）突发事件的国内外背景也发生了重大变化。如高风险在城市，低设防在农村。又如，网络信息技术日新月异，会使突发事件传播加快、影响加剧，使得突发事件的不确定性、复杂性、高变异性等更加突出。

（二）民宿突发事件的特殊性

对民宿主人、员工和旅游行业相关学生来说，民宿安全所面临的问题可能比较陌生，主要是我们对旅馆、酒店与民宿没有进行对比，或者没有长时间在民宿进行工作实践。不过，我们可以通过实习、住宿等方式，与酒店进行比较，来认识民宿在安全上存在的隐患和问题。

1. 民宿自身的安全条件较为有限，自身防范、应对突发事件能力不强

（1）民宿规模较小，民宿经营管理人员少，没有专门的安全管理机构、队伍和人才，从人防角度看，存在明显不足。

（2）从乡村振兴、支持民宿发展的角度，地方政府和相关部门对民宿建设与经营要求门槛普遍降低，不少民宿安全设施设备通常因陋就简，配备的数量不足，要求偏低，智能化、数字化安防设备配备基本空白，难以从物防、技防上做到第一时间发现险情、第一时间有效处置。

（3）大部分民宿处于"无监管"状态，没有跟治安、消防系统联网。有的民宿为招揽生意，住宿不需要凭身份证，不进行"四实"登记，离店不开具发票，对"黄赌毒"防范不足，存在治安隐患。

（4）一些民宿由老旧房屋改建而来，存在结构安全隐患。有的民宿装饰材料不符合防火要求，民宿主人、员工缺乏火灾防范和灭火逃生技能，存在较为严重的消防问题。

（5）不少民宿对酒精、液化石油气等危险化学品管理不严，对压力容器、特种设备、电气设备安全防范能力不足，甚至存在食用未经明确辨别的野生动植物，容易发生中毒、触电等突发事件。

（6）有的民宿建在山边、溪边，离地质灾害点近，有的民宿卫生设施差，

没规范的消毒和疾病防范措施,存在消费投诉多等情况。

(7)由于民宿自身条件所限,加上不规范施工、年久失修缺乏保养,一些民宿的电气线路、设备存在安全隐患。

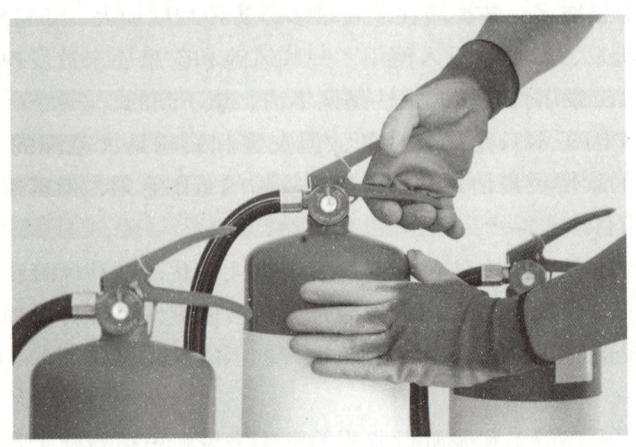

图1-4 消防设备要常备

2. 民宿所处的区域公共基础设施普遍较差,应对处置能力跟不上形势

(1)大多数民宿远离公共基础设施配套相对齐全的城市,分布在偏远的乡村。

(2)一些农村防灾减灾基础差、青壮年外出务工比例高、农村公共卫生形势比较严峻,发生灾害处置难度较大。

(3)由于地理位置、道路交通等条件的限制,一旦发生突发事件,消防救援、医疗急救等力量难以快速到达,民宿突发事故依靠外部公共服务的便利性、可及性存在严重不足。

(4)生产生活用水、环境保护等方面,民宿一方面存在较多优势,但抗风险能力较低,容易受干旱、洪涝、森林(草原)火灾等影响。

(5)大多数民宿规模较小而且由于远离城市,自然资源、环保、消防、公安、应急、市场监督、卫生等部门也难以开展经常性监督管理,民宿的一些安全问题、隐患难以依靠监管部门及时发现并加以整改落实。

不难看出,无论是民宿自身,还是公共安全基础设施,有着"远、散、小"的特点,都存在先天的不足和缺陷。所谓"越智者越知惧",我们从突发事件的角度认识到这些问题和薄弱环节,对于民宿主人、员工增强防范意识、强化突发事件应急准备、提高突发事件处置技能具有重要作用。

三、民宿安全应急管理措施

应急管理分"预防、准备、响应和恢复"四个过程。主要内容包括应急管理组织体系、应急救援预案管理、应急培训、应急演练、应急物资保障等。民宿主人、员工要从应急管理的整个过程和主要内容出发,完善应急管理措施,全面做好突发事件应急准备。

(一)加强应急管理组织建设

如果是一般的企业、单位,应成立以公司负责人为组长,主管安全生产的经理、各部门负责人为成员的应急管理制度领导小组。应急管理办公室设在安全生产(处)科,并负责日常管理。

民宿规模较小,人员有限,但仍应对应急管理工作做出具体安排,做到职责明晰、分工明确。

(二)开展应急预案的编写和修订

编制突发事件预案是做好民宿安全工作的基础性工作,民宿主人要直接负责组织应急预案的编制工作。预案要符合《生产经营单位应急救援预案编制导则》,吸取近年来民宿事故、灾害案例的经验教训,并保持与相关部门预案的衔接。根据国家法律法规及实际演练情况,适时修订预案,做到科学、易操作。

(三)定期开展应急管理培训

每年至少进行一次全员应急管理培训,培训内容应当包括事故预防、危险辨识、事故报告、应急响应、各类事故处置方案、基本救护常识、避灾避险、逃生自救等。

常言说"拳不离手,曲不离口"。应急管理涉及面广,处置要求高,只有经常开展各专业的学习培训,才能遇事不慌,沉着应对,取得满意的处置效果。

(四)定期开展应急演练

根据年度应急演练计划,每年至少分别安排一次桌面演练和综合演练,强化职工应急意识,提高应急队伍(人员)的反应速度和实战能力,同时做好演练记录和总结。

应急演练要防止走过场、图形式的倾向,而是要向"实兵、实弹、实景"看齐,甚至在"不通知、无准备"情况下组织实施演练,通过演练发现问题、解决问题,切实提高应对突发事件的能力。

(五)确保应急通信设备保障

民宿要对电话、对讲机、手机等通信器材进行经常性维护或更新,确保通信畅通。特别是位于山区、林区等偏远区域,通信基础设施落后、无线(移动)通信条件较差的地方,要适当保留固定(有线)通信设备,确保在恶劣气象等条件下的应急通信需要。

(六)储备必要的应急救援物资

根据民宿预案做好应急救援设备、器材、防护用品、工具、材料、药品等保障工作。确保经费、物资供应,切实加强应急保障能力,并对应急救援设备、设施要定期进行检测、维护、更新,确保性能完好。

思考与练习

1. 对安全和发展的定义、含义进行分析,学习国家统筹发展与安全两件大事的重要理论,讨论这些理论对民宿安全管理的指导作用。

2. 学习安全生产责任制,了解全员安全生产责任制,讨论针对民宿这类小型企业、个体工商户在缺少安全专门机构、职能部门的情况下,如何落实安全生产责任制,实现民宿安全工作的落实。

3. 收集近年来国内外民宿发生灾害、事故的案例,分析有哪些类型,事故的教训在哪些方面,在组织讨论后提出针对性的对策措施。

4. 在民宿安全"全过程"管理中,选址、规划、设计、施工、装修、竣工、运营等环节,可能会出现哪些事故、灾害?应如何积极应对?

5. 旅馆、酒店与民宿的安全管理工作相比较,有什么优势和劣势?如何克服民宿自身的劣势做好安全管理工作?

6. 民宿在拓展、开发烧烤、露营、野炊、漂流等旅游产品过程中,如何同步设计事故、灾害的防范措施?

7. 安全管理数字化、智慧化手段日新月异,如何找到"小而美"的安全管理技术、设施,促进民宿安全管理水平的迭代升级?

第二章
民宿建筑安全

| 本章导读 |

　　建筑是民宿开展经营活动的载体，建筑安全是营造温馨的民宿"家"的基础。

　　本章围绕建筑安全，按照建筑设计建造的进程和类别设置为经营场地安全、结构安全、装修安全三节内容，使学生从建筑选址设计、建筑的结构稳定性，以及建筑装修过程管理角度，对建筑安全有个全面、基本的了解。

▎学习目标 ▎

    1. 了解民宿建筑选址、环境安全知识、建筑结构及加固改造的安全要求、室内环境污染基本知识。

    2. 熟悉民宿建筑布局及构造安全要点、结构安全防护要点、装修材料污染控制及防护要求、装修过程的消防管理要点。

    3. 掌握民宿建筑安全排查基本方法、不同装修阶段污染防控工作内容。

▎思维导图 ▎

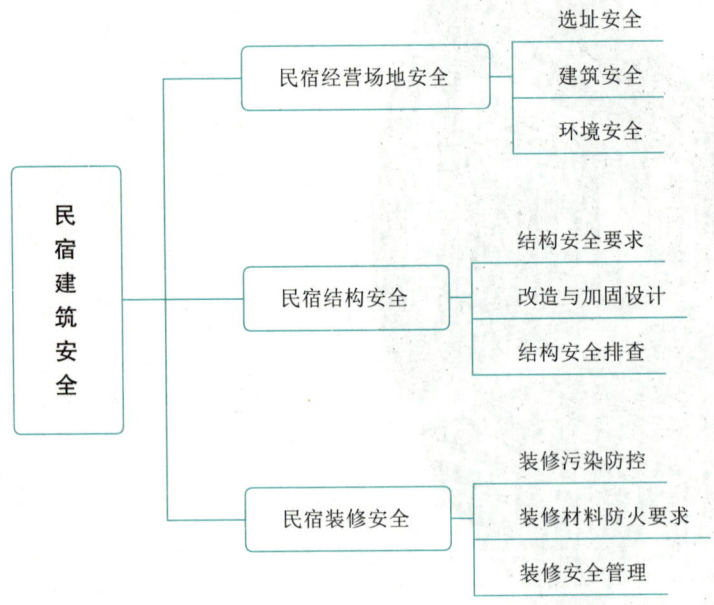

第一节　民宿经营场地安全

《旅游民宿基本要求与评价》(LB/T065—2019)中明确提出"民宿经营场地应无地质灾害和其他影响公共安全的隐患",强调民宿建筑安全是经营的前提和基础。民宿建筑的安全要从选址安全、建筑安全、环境安全等多个方面进行考虑。

【案例2-1】

洪水来袭,民宿酒店频频被淹

2020年6月,广西桂林阳朔县遭遇了两百年一遇的特大洪水,造成县城大面积内涝。阳朔县应急管理局提供的数据显示,全县酒店民宿进水受损一千余间,商业铺面浸水五千余间,旅游景区景点受损三十余家,大部分位于遇龙河和金宝河沿岸。遇龙河是广西首个国家级旅游度假区,不少民宿酒店为营造群峰倒影的特色景观,选址在河流两侧。其中阳朔香樟华苹酒店被困52人,被洪水冲走后遇难者2人,此后,多名酒店住客在不同网络平台发帖讲述被洪水围困的逃生经历,直指酒店选址和服务失职导致客人生命财产受损。

图2-1　雨季的阳朔遇龙河畔

(案例来源:作者根据下列新闻整理 南都周刊(2020-7-21)"住阳朔豪华酒店差点被冲走,是天灾还是人祸"南方周末(2020-06-18)"水淹阳朔:

一个旅游大县的艰难复苏")

思考：民宿选址时如何尽量避免遭受水灾影响？遭遇大暴雨或水淹时，民宿应做好哪些事情？

案例点评：为了给住客提供极致景观，不少民宿酒店会选址在山坡、海滨、江河边或者水库边，如果选址时对安全性考虑不足，设计建造中未配置安全措施，将陷于极大的自然灾害风险中。案例中的华苹酒店位于遇龙河畔，地处河道拐角处，三面环水、地势低洼，遭遇洪水极易被淹。从经营管理角度来看，酒店民宿对住客负有安全责任，面对自然灾害时，如何尽力减少灾害影响，是酒店民宿服务质量的重要方面。

一、选址安全

（一）选址基本要求

拓展知识2-1：农村乱占耕地建房"八不准"系列漫画

建筑选址是指建筑物及其群体的建造地点的选择，通常根据各种自然地理条件及社会人文状况，综合考虑环境影响、建设技术能力水平、效益等因素。建设项目选址应遵循合理布局、节约土地、集约发展的原则，主要有以下要求：

①符合国家和地区城乡总体规划、土地利用规划、环境保护规划等。

②节约用地，不占用农田，充分利用荒地、劣地。

③不占用公路建筑控制区、不占用水利红线、不破坏林地。

④有良好的工程地质、水文、气象、防洪防涝、防潮、防台风、防地质灾害、防震等条件。

（二）民宿选址安全要点

民宿选址需要分析社会环境和自然环境，是民宿顺利建设、安全使用、经营成功的基础。自然环境角度主要考虑地形、气象、水文等自然地理条件以及工程地质条件的影响，民宿应尽量选择无地质灾害和其他影响公共安全的隐患的区域。

民宿建筑改造设计前，设计人员应现场勘查了解建筑物场地条件，重点勘查建筑物周边的地形、河流、湖泊、山坡、挡土墙等环境条件，并了解建筑物周边的其他建筑物、道路交通、施工场地、管线布置等改造施工条件。

1. 地形条件

地形是指地表高低起伏状况、山坡陡缓程度与沟谷宽窄及形态特征等，主要有平原、丘陵、山地三类。地形起伏、土层厚薄和基岩露出情况、地下水埋藏特征和地表地质作用现象都具有不同的特征，这些因素都直接影响到建筑用地范围、建筑设计、道路管线布置、场地平整土石方工作量等，一般平坦而简单的地形最适宜建设使用。

民宿建筑选址宜因地制宜，充分利用和结合自然地面坡度（适宜坡度是0.3%~10%），利于减少建设过程土方平整工作量，降低建设成本。例如西南少数民族多居住于气候潮湿多雨而且炎热山区，为了通风避潮和防止野兽，常在依山或伴水的地方选择较为平缓的坡地，一半平整土地，另一半依据山势用长短不一的木柱支撑，架木铺板，与挖平的场地合为一个平坦的整体，再在此整体上建房，形成独特的吊脚楼。

2. 气候条件

气候是指任一地点或地区在一年中或者若干年中所经历的天气状况，风向、日照、气温和降水等对建筑布局、防寒、保温、隔热、遮阳、通风的设计都有影响，因此民宿选址时应重视。

我国幅员辽阔，各地气候差异较大，《民用建筑设计统一标准》（GB 50352—2019）中根据气温、湿度、年降水量等指标将我国划分了严寒地区、寒冷地区、夏热冬冷地区、夏热冬暖地区、温和地区等不同气候区。根据气候条件，不同地区建筑节能设计重点不同，如炎热地区的建筑需要遮阳、隔热和通风，以防室内过热；寒冷地区的建筑则要防寒和保温，让更多的阳光进入室内。

拓展知识2-2：不同气候区划对建筑的基本要求

总体来看，常年温度宜人、光照及降水适度、无长时间极端天气的区域选址建设较优，利于延长民宿经营时间。如青藏高原地区风景优美，民族风情独特，但由于高海拔，空气比较干燥、稀薄，太阳辐射比较强，气温比较低，适宜旅游的季节不到半年，经营淡旺季差异大，民宿业主经营压力较大。

3. 生态条件

生态指生物之间和生物与周围环境之间的相互联系、相互作用。具体来说，一种自然环境中的地表形态、土壤、河流、动植物分布之间是具有生态平衡和相对稳定的生态系统的，与人类生存和发展息息相关。

生态保护包括自然生态、水生态、海洋生态、大气环境、土壤生态的环境保护，也包括固体废物与化学物品管理、核与辐射安全监管等。2014年我国环境保护部出台并开始试行生态保护红线管理，在自然生态服务功能、环境质量安全、自然资源利用等方面实行严格保护的空间边界与管理限值。自然保护区、森林公园、风景名胜区、世界文化自然遗产、地质公园等属于禁止开发建设红线范围。

拓展知识2-3：公民生态环境行为规范

民宿选址应严守生态环境底线，尊重山、水、林、田、湖、草等生态脉络，注重与自然和农业景观互动，不挖山填湖、不破坏水系、不砍老树，顺应地形地貌，尽可能减少对生态环境的影响。

4. 工程地质条件

工程地质条件指对工程建筑有影响的各种地质因素的总称，主要包括地形地貌、岩土性质、地质构造、地震、水文地质条件、物理地质现象等。不良的地质条件主要有冲沟、滑坡、崩塌、断层、岩溶、地震等，而土质松软、覆盖土层厚、地下水位高、地形起伏大、地面裂缝等情况，都可能使地质灾害加重。工程地质条件好坏直接影响建筑总平面布置、地基基础设计施工、安全性和建设成本。

地震多发地区建筑应注意选址在对防震、抗震有利的场地，通常应该是地形平坦开阔、岩土坚硬均匀的地方，如果土层比较厚，则土壤应比较密实。建设地点周边没有大的断裂带，地下水埋深较大，附近无发展的坍塌、滑坡、岩溶等不良地质现象。容易产生开裂、沉陷、滑移的陡坡、山包等都是不利于抗震的场地。

总体而言，民宿选址要避开自然灾害易发地段，合理避让山洪、滑坡、泥石流、崩塌等地质灾害危险区，不在陡坡、冲沟、泛洪区和其他灾害易发地段建房。

二、建筑安全

（一）建筑布局要点

建筑场地指建筑用地范围内所承载的所有物质、空间要素及相应的活动内容，包括建筑物、广场、道路、绿化、水体、综合管线等，这些因素相互联系和影响。通俗地讲，一定地理位置上的建筑除了满足人们生产生活的需要，还会影响其周围环境、相邻建筑物以及人们的生活和安全。因此，建筑场地设计应遵守国家相关规划、设计规范要求，根据建筑用途，建筑物的面积、长度、高度、使用性质和防火要求，科学合理安全地进行平面布局，也称为总平面布置。我国《民用建筑设计统一标准》（GB50352—2019）从建筑布局、道路与停车场、竖向、绿化、工程管线布置几个方面对建筑场地设计做出了技术基本要求。

1. 建筑场地平面布局

①合理组织流线，防止干扰。建筑布局应使建筑场地内的人流、车流与物流合理分流，防止干扰，并应有利于消防、停车、人员集散以及无障碍设施的设置。

②合理布局，预防自然灾害。建筑布局应根据地域气候特征，防止和抵御寒冷、暑热、疾风、暴雨、积雪和沙尘等灾害侵袭，并应利用自然气流组织好通风。

③合理设置建筑间距，保证建筑采光和防火安全。对建筑物进行合理布局和设置防火间距，有利于防止火灾在相邻建筑间蔓延，为人员疏散和灭火救援提供条件。各区域之间的防火间距应符合消防技术规范和有关地方法规要求。民宿客房、餐厅、大厅等主要功能房间应该有直接采光，地下室和半地下室作为日常使用时，宜利用窗井或下沉庭院等进行自然通风和采光，满足安全、卫生及节能的要求。

④合理布局，降低环境噪声影响。民宿建筑选址尽量避开噪声较大的主要街道和工业厂房，减少室外噪声对环境的影响。建筑布局时应综合考虑建筑间距、朝向、功能房间布置等，阻止或降低环境噪声。从建筑平面布置上宜将客房等声音环境要求较高的房间设置在噪声较低一侧，同时注意合理设置空调主机、水泵等有噪声源的附属用房，防止对建筑及邻近建筑的噪声影响。在室外噪声较大的环境下，建筑要采取有效隔声措施，如选择隔声性能良好的密闭窗户等。

2. 建筑场地竖向设计

建筑场地标高应高于多年最高地下水位，宜高于设计防洪、防涝水位至少0.50m，高于市政道路最低路段标高0.20m，否则应采取建筑物加高、修建防洪墙、设置围堤等防洪防涝措施。

建筑场地高程设计应考虑雨水的有效收集与排放，保障场地不产生内涝。建筑底层出入口处应采取措施防止室外地面雨水回流；下沉式庭院周边和车库坡道出入口处应设置截水沟，可在场地相对低洼处设计汗塘、下凹式绿地调节和蓄积雨水；当场地外围有较大汇水汇入或穿越场地时，宜设置边沟或排（截）洪沟，有组织地进行地面排水。

民宿同时宜处理好与相邻建筑及场地的竖向关系，场地标高与相邻基地标高相协调，不得妨碍相邻基地的雨水排放；满足周边建筑物的日照标准；紧贴建筑基地边界建造的建筑物不得向相邻建筑基地方向开设洞口、门、废气排除口及雨水排泄口。

3. 建筑功能区布置

民宿建筑内空间布局应与管理方式和服务相适应，做到功能分区明确、内外交通联系方便、各种流线组织良好，保证客房及公共空间具有良好的居住和活动环境。出入口内外流线应合理并应避免"客""服"交叉，"洁""污"混杂及噪声干扰。

（1）客房区

①客房部分与公共部分、辅助部分宜分区设置。客房应尽量保证自然通风和采光，客房内空间合理布置家具及设施，避免空调室内机送风口直吹床头。

②无障碍客房应设置在距离室外安全出口最近的客房楼层和位置。

③相邻客房之间、客房与公共部分之间的阳台应分隔，且应避免视线干扰。

④客房内卫生间空间狭小时，应综合考虑卫生间门的开启方式及方向、洁具布置、淋浴隔间机器开门方式、采暖设施等相互关系，避免影响洁具安装及使用。

（2）多功能区

多功能厅可包含门厅、餐厅、休息厅等使用功能，兼有餐厅功能时，宜设置专用的服务通道，并与厨房或备餐间相邻。多功能厅中宜设置能灵活分隔相对独立的使用空间的隔断，进行合理空间划分。同时，多功能厅宜在附近设置有前室的卫生间。位于阳台、外廊及开敞楼梯平台下部的公共出入口，应采取防止物体坠落伤人的安全措施。

（3）辅助工作区

①厨房应具备自然通风条件，与餐厅联系方便，避免厨房的噪声、油烟、气味及食品存放、运送，对餐厅及其他公共空间、客房造成干扰。

②厕所、卫生间、盥洗室和浴室应根据功能合理布置，选择方便使用、相对隐蔽的位置，不应设在餐厅、厨房、食品贮藏等有严格卫生要求用房的直接上层，并应避免所产生的气味、潮气、噪声等影响或干扰其他房间。

③水箱间不宜放在客房上方，水箱间地面应做防水隔音楼面，且应考虑固体传音，水箱间内水泵设备不应直接放在楼板上，其设备基座及设备底部均应设置减震垫。

④走道、楼梯间、公共卫生间宜有自然采光和自然通风。

⑤地下室和半地下室作为日常使用空间时，应满足安全、卫生及节能的要求，且宜利用窗井或下沉庭院等进行自然通风和采光。

（二）建筑构造安全

建筑构造是建筑物各组成部分的材料选用及建造做法，是建筑设计的重要内容。建筑从构造组成角度，包括基础、墙柱、楼板、屋顶、门窗、楼梯等构件。

建筑构造设计原则主要有：满足建筑功能要求、利于结构安全、适应建筑工业化要求、考虑建筑节能与环保要求、经济合理和美观。

根据建筑的功能、材料性质、受力情况、施工方法和建筑形象，选择合理的构造方案，满足建筑功能、结构安全、建筑施工、节能环保、经济合理和美观要求。

1. 墙体

外墙应根据当地气候条件和建筑使用要求，采取保温、隔热、隔声、防火、防水、防潮和防结露等措施。

墙体受潮主要有两个原因：一是雨水溅到墙身上使墙体直接受潮，二是因为地下水影响或雨水下渗，墙脚周边土壤中潮气沿着墙体上升，导致墙体或墙面受到侵蚀。因此，墙体防潮主要做法是合理设置防潮层。

墙体防潮层是设于墙体底部或地下室外墙外侧的憎水性或半憎水性材料层，常用刚性防潮材料有水泥浆、水泥砂浆、防水水泥砂浆、细石混凝土及防水混凝土等；常用柔性防潮材料有沥青及防水卷材等。

墙体防潮重点做好以下方面：砌筑墙体应在室外地面以上、位于室内地面垫层处设置连续的水平防潮层；室内墙面有防潮要求时，其迎水面一侧应设防潮层；室内墙面有防水要求或者室内相邻地面有高差时，应在高差处墙身贴邻土壤一侧加设防潮层。

外窗台应采取防水排水处理，如外窗台上设置向外的流水斜坡，内窗台高于外窗台，窗楣上做鹰嘴或滴水槽。

外墙上空调室外机搁板应组织好冷凝水的排放，并采取防雨水倒灌及外墙防潮的构造措施。

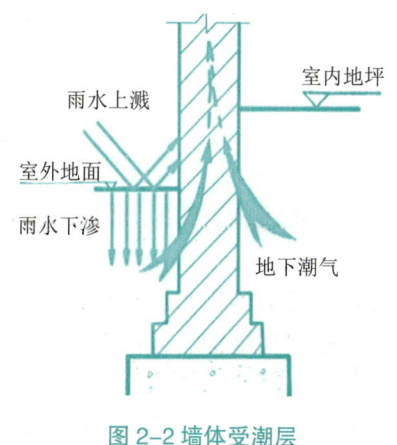

图 2-2 墙体受潮层　　　　图 2-3 设置双层防潮隔断

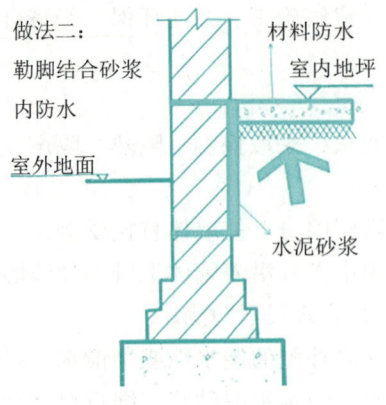
图2-4 隔断防潮加内防潮
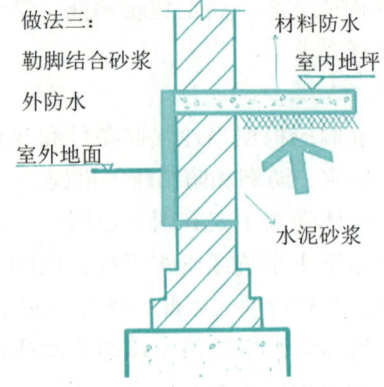
图2-5 隔断防潮加外防潮

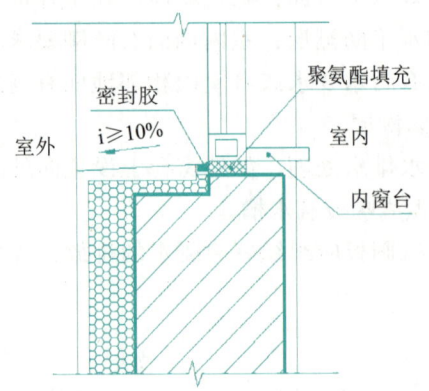
图2-6 窗台防水做法

2. 楼地面

楼地面应做到平整、耐磨、不起尘、环保、防污染、防滑、隔声、易于清洁等,重点做好用水地面的防渗漏。

楼地面防渗漏主要做好以下方面:厕浴间、厨房等用水房间或经常浸湿的楼地面应采用防水、防滑类面层,且应低于相邻楼地面,并设排水坡坡向地漏;阳台地面宜做防水,并设置排水措施。

厨房、卫生间的楼地面应设置防水层,采用不吸水、易冲洗、防滑的面层材料或有防滑构造,墙面、顶棚应设置防潮层,门口宜设门槛等挡水设施。

厨房楼地面应设置防水层,墙面设置防潮层;厨房设置在非用水房间的下层时,顶棚应设置防潮层。

楼层结构必须采用现浇混凝土或整体预制混凝土板,混凝土强度等级不应低于 C20；楼板四周除门洞口外应做混凝土翻边，其高度不应小于 200mm。

楼地面的防水层在门口处宜水平延展，向外延展长度不小于 0.50m，向两侧延展宽度不小于 0.20m。楼地面防滑面层可以采用铺设防滑地砖、防滑垫、防腐木等材料，或将地面石材拉槽、凿毛、嵌入防滑条的方式增加防滑力，也可以在地面涂防滑剂进行处理。

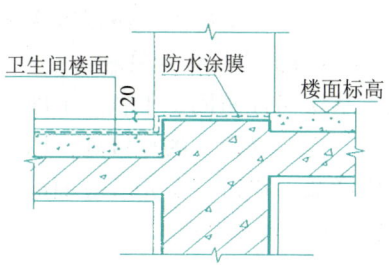

图 2-7 卫生间门口防水挡台示意图

图 2-8 卫生间坡向排水

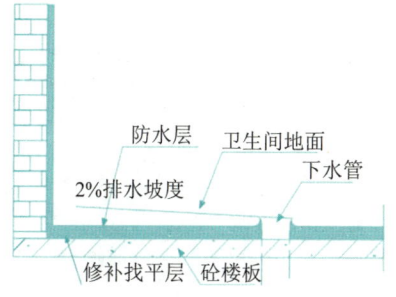

图 2-9 卫生间排水找坡

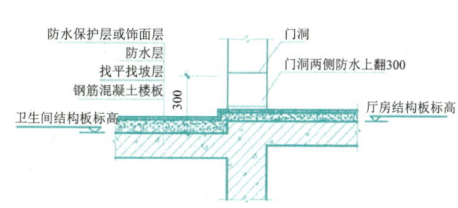

图 2-10 上翻防水

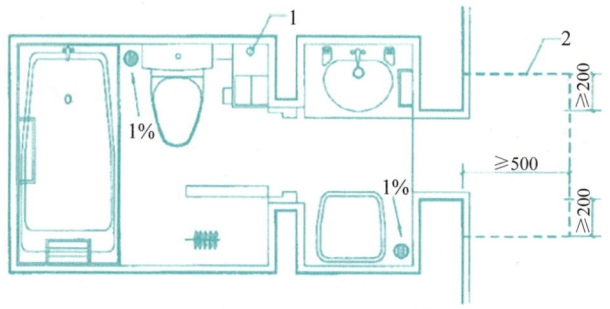

1-穿越楼板的管道及其防水套管；2-门口处防水层延展范围

图 2-11 楼地面门口处防水层延展示意图

3. 屋面

屋面是建筑物最上层的外围护构件，用于抵抗自然界的雨、雪、风、霜、太阳辐射、气温变化等不利因素的影响，保证建筑内部有一个良好的使用环境，屋面应满足坚固耐久、防水、保温、隔热、防火和抵御各种不良影响的功能要求。

屋面渗漏是建筑常见问题，屋面变形缝、后浇带、穿墙管、女儿墙体、雨水口等与底板接板接茬处是容易造成屋面渗漏的重要部位。做好屋面渗漏防治需要从防水设计、施工、材料、管理维护等方面进行综合管理。

在屋面防水工程中注意做好以下方面：基层保证坚固、平整、干净、干燥；基层与突出屋面结构（如女儿墙、立墙、变形缝等）的连接处，以及基层的转角处（水落口、檐口、天沟等）做成圆弧；檐口、女儿墙等细部构造处，应设置卷材收头的凹槽，檐口下端应抹出鹰嘴或滴水槽。

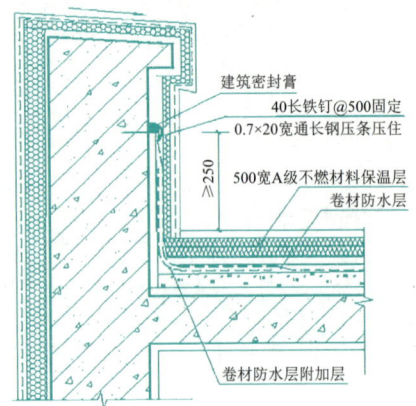

图 2-12 屋面保温防水做法示意图

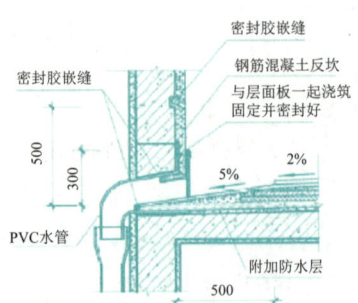

图 2-13 侧排雨水口防渗漏做法

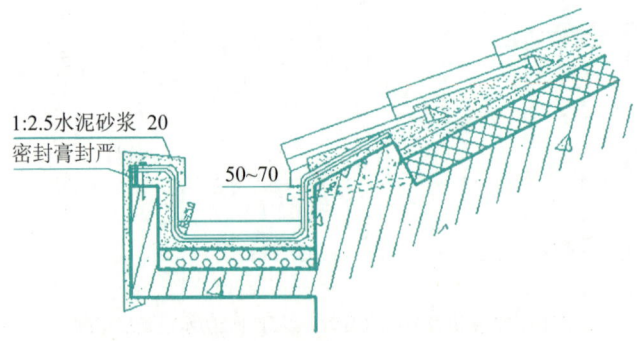

图 2-14 屋面沟沿防水做法示意图

4. 门窗

门窗应满足抗风压、水密性、气密性等要求，且应综合考虑安全、采光、节能、通风、防火、隔声等要求。门窗与墙体应连接牢固，不同材料的门窗与墙体连接处应采用相应的密封材料及构造做法。外门窗框与门窗洞口之间的缝隙，应采用聚氨酯高效保温材料填实，并用密封膏嵌缝，不得采用水泥砂浆填缝。外门窗洞口周边侧墙应进行保温处理。

为了减少由门窗传入的噪声，外墙的门窗缝必须严密。沿街的住宅或环境噪声较大时，建筑外窗应采用隔声性能好的 PVC 型材或隔热断桥铝型材和中空玻璃，增强隔声性能，中空玻璃的空气层厚度不宜小于 9mm。

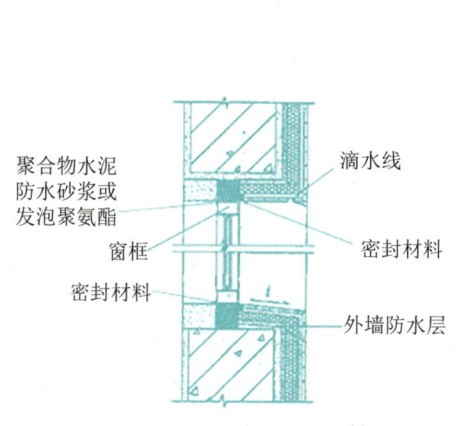

图 2-15　窗框与墙体密封做法示意图　　图 2-16　外墙保温门窗窗台做法

（1）门的设置安全要点

①门应开启方便、坚固耐用。

②手动开启的大门扇应有制动装置，推拉门应有防脱轨的措施。

③双面弹簧门应在可视高度部分装透明安全玻璃。

④推拉门、旋转门、电动门、卷帘门、吊门、折叠门不应作为疏散门。

⑤开向疏散走道及楼梯间的门扇开足后，不应影响走道及楼梯平台疏散宽度。

⑥全玻璃门应选用安全玻璃或采取防护措施，并应设防撞提示标志。

（2）窗的设置安全要点

①窗扇的开启形式应方便使用、安全和易于维修、清洗；公共走道的窗扇开启时不得影响人员通行，其底面距走道地面高度不应低于 2m。

②建筑临空外窗的窗台距楼地面净高不得低于 0.90m，否则应设置防护设

施，防护设施的高度由地面起算不应低于0.90m。

③当凸窗窗台高度低于或等于0.45m时，以及凸窗可开启窗扇窗洞口底距离窗台面的净高低于0.90m时，窗洞口均应有防护措施其防护高度，从窗台面起算不应低于0.90m；当凸窗窗台高度高于0.45m时，其防护高度从窗台面起算不应低于0.60m。

④外窗开启窗的设计除了满足通风采光面积要求、安全防护要求，同时应便于窗户清洁、室外空调机的安装与维修。开启窗执手高度应方便开启，执手高度从可踏面计算不宜高于1.80m。开启窗的设置应避免相邻开启窗扇相互遮挡或周边墙体影响窗扇开启。

⑤公共部位外窗开启时，不应影响日常交通使用、有效疏散宽度。

⑥当外窗采用推拉窗时，应采取措施防止窗扇脱落。

⑦天窗应采用防破碎伤人的透光材料，有防冷凝水产生或引泄冷凝水的措施，应设置方便开启清洗、维修的设施。

5. 楼梯

楼梯段是楼梯的主要组成部分之一，它是供人们上下通行的，因此楼梯的宽度、高度必须满足上下人流及搬运物品的需要。

楼梯段宽度一般依据通行人数的多少、防火要求、搬运物品等确定，每股人流按550mm+（0~150mm）计算。

楼梯常用坡度范围在25°~45°，其中以30°左右较为适宜。踏步尺寸应考虑步幅大小，以成人为例，踏步的高度以150mm左右较适宜，不应高于175mm；踏步的宽度（水平投影宽度）以300mm左右为宜，不应窄于260mm。

为保证人员正常的通行和疏散，楼梯段净宽不宜小于1.10m，楼梯平台净宽不应小于楼梯段净宽。

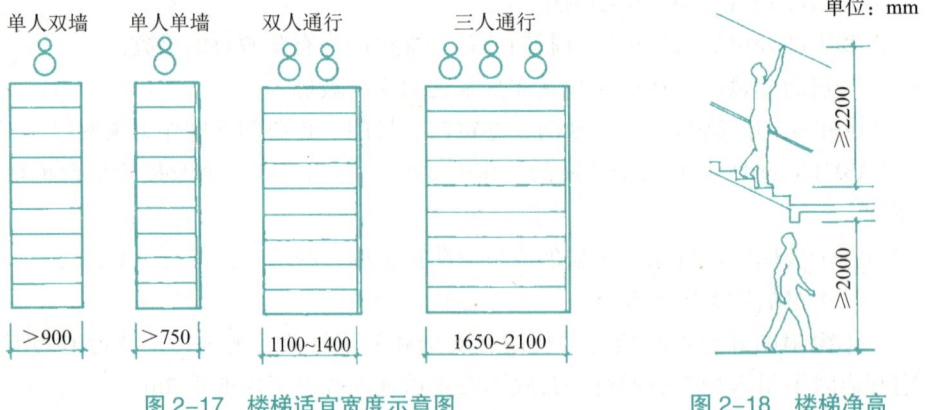

图2-17 楼梯适宜宽度示意图　　图2-18 楼梯净高

楼梯平台上部及下部过道处的净高不应小于 2m，梯段净高不应小于 2.20m。梁底距休息平台地面高度小于 2m 时，应采取防碰撞措施。

当楼梯井（楼梯段及平台围合成的空间）净宽大于 0.11m 时，必须采取防止儿童攀滑的措施；楼梯井净宽大于 0.20m 时，宜采取防止少年儿童坠落的措施。

6. 安全防护

（1）防滑

台阶、坡道应采取防滑措施，可采用饰面防滑、设置防滑条等。

（2）防坠落

①台阶或坡道总高度超过 0.70m 时，应在临空面采取防护设施。阳台、外廊、室内回廊、内天井、上人屋面及室外楼梯等临空处应设置防护栏杆，栏杆应以坚固、耐久的材料制作。如阳台、外走道、屋顶等遭受日晒雨淋的部位，不得选用木材和易老化的复合塑料做栏杆主体材料。

②当临空高度在 24m 以下时，栏杆高度不应低于 1.05m；当临空高度在 24m 及以上时，栏杆高度不应低于 1.10m。上人屋面和临开敞中庭的栏杆高度不应小于 1.20m。栏杆高度应从楼地面完成面或屋面面层至栏杆扶手顶面垂直高度计算，如栏杆底部有距离楼地面或屋面 0.45m 以下的台面、横栏杆等容易造成无意识攀登的可踏面，应从可踏面起计算，可踏面以下不计入栏杆高度。

③栏杆应采取防止攀爬的构造，防止儿童攀爬；当采用垂直杆件做栏杆时，其杆件净间距不应大于 0.11m。放置花盆处必须采取防坠落措施。

（3）防撞

①安装在容易受到人体或物体碰撞部位的玻璃，如落地窗、玻璃隔断等，应采取防护措施。防护措施结合易发生碰撞玻璃的不同部位，分别采取警示（在视线高度设置醒目标志）或防撞设施（如护栏）等，对于碰撞后可能发生高处人体或玻璃坠落的情况，必须采取可靠防护。

②在无人行道的路面上空，高度 4m 以下不应突出凸窗、窗扇、窗罩、空调机位等建筑构件；4m 及以上突出凸窗、窗扇、窗罩、空调机位时，其突出深度不应大于 0.60m。建筑物和建筑突出物均不得向道路上空直接排泄雨水、空调冷凝水等，避免影响行人。

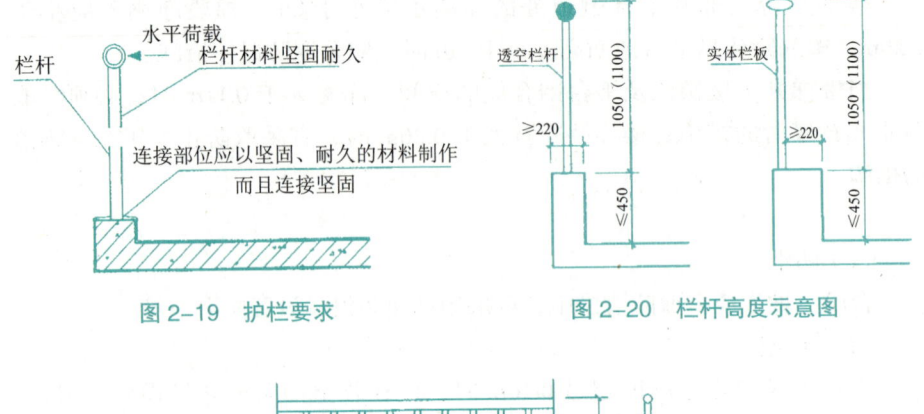

图 2-19 护栏要求　　　　图 2-20 栏杆高度示意图

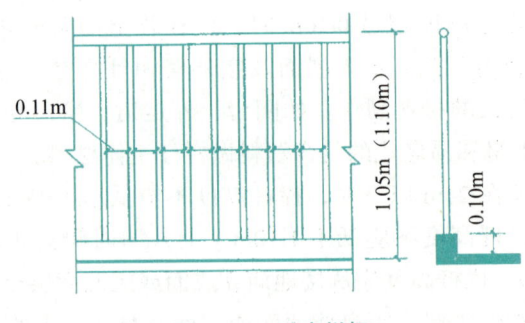

图 2-21 垂直栏杆

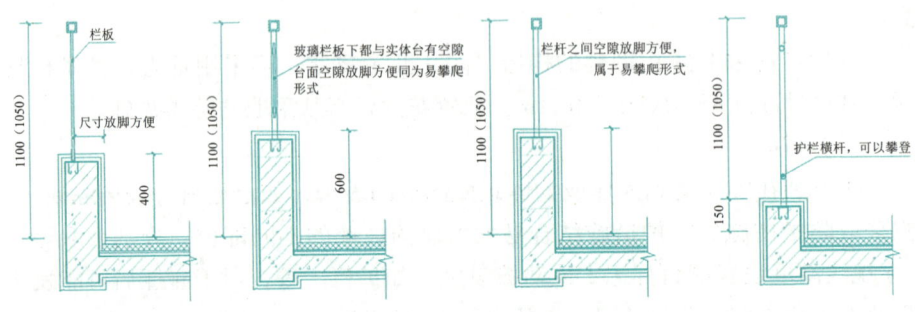

图 2-22 防护不安全示例（临空部位防护可攀爬构造，存在安全隐患）

三、环境安全

环境保护包括环境生态保护和公害防治两个方面。环境生态保护主要指建筑与周围大气、土壤、水等方面的生态平衡，公害防治则包括废水、废气、废渣和噪声问题。

(一)地质灾害防范

民宿建筑应选择在地质环境条件安全,且可获得天然采光、自然通风等卫生条件的地段建设,场地周边有冲沟、滑坡岩土体的情况下,应做好防护措施,防范地质灾害。

1. 山体滑坡征兆

山坡附近建设的房屋,应关注山坡变化,及时发现滑坡前的征兆,通常有以下现象。

①滑坡前缘突然出现规律排列的裂缝。

②滑坡前部,甚至中部出现横向及纵向放射状裂缝时,表明滑坡体向前推挤受到阻碍,已经进入临滑状态。

③建在斜坡上的多处房屋地板、墙壁出现明显拉裂,墙体歪斜。

④滑坡体上电杆、烟囱、树木、高塔出现歪斜,说明滑坡正在蠕滑。

⑤滑坡体上的树木歪斜,像醉汉一样,东倒西歪,显示滑坡已滑动解体。

⑥动物出现异常反应,如猪、牛、鸡、狗等惊恐不宁,不入睡,老鼠乱窜不进洞等现象,要提高警惕。

2. 山坡滑坡的防范措施

(1)保持安全距离

房屋后墙与开挖的人工边坡应留出安全距离以缓冲滑塌的岩土体,一般安全距离应大于边坡高度的四分之三。

(2)加强边坡支护

当受场地条件限制,切坡坡度和高度过大或者无法保正足够的缓冲区,则考虑对边坡进行工程支护,如修建挡土墙等。开挖的废弃土石方不要随意顺坡堆放;填土地基土层较厚且有填土坡时,最好在坡脚砌筑重力式挡土墙。

(3)做好边坡排水

①做好房前屋后、上下边坡坡面的截水排水工程。在开挖边坡的外围修建环形排水沟减轻雨水、生活污废水对山坡的冲刷和渗入,排水沟宜用石砌或砖砌,禁止使用土沟。

②管理好山坡上的引水供水管网。在房屋所处斜坡上部,尽量不布置引水渠、引水管、塘坝、蓄水池等供水系统,如果不能避免,则应加强检查维护,做好防渗漏措施。

(4)排除滑坡隐患

砍除切坡开口线上方 5~10m 范围的高大树木。植被一般有利于稳定边坡,但是切坡上的高大树木可能会因为"树大招风",头重脚轻、短时间滞留大量降水等因素,增加滑坡危险。

（5）优化建筑设计

房屋功能布局上，临近坡面的区域尽量设置为卫生间、储藏室等辅助空间，不要作为客房。加固房屋重点部位，调整房屋使用功能。提倡房屋规范设置圈梁，采用现浇楼板，增加房屋整体刚度。靠近高陡切坡面的一楼后墙，可考虑增加墙体厚度、缩小窗洞尺寸、增加钢筋混凝土柱、采用现浇混凝土墙等方式，增强抗冲击挤压能力。

【案例2-2】

洱海保护性治理，民宿清退

2018年5月30日，大理市政府宣布将在洱海周边实施"湖滨缓带"，数百家客栈和上千户居民将搬迁，成为"生冲带生态修复与湿地建设工程"，洱海西部临湖15m内全拆，用于恢复湖滨态移民。整治行动中，约1800多家民房和民宿陆续被拆，其中540多家为与洱海"零距离"的海景民宿。2020年2月，大理州人民政府发布《云南省大理白族自治州洱海保护管理条例》，规定"一级保护区内禁止新建、改建、扩建与洱海生态保护无关的建筑物、构筑物"。"洱海湖区和湖滨带范围内禁止从事餐饮、住宿等经营性活动。"

（案例来源：作者根据下列新闻整理——财经杂志（2019-01-27）"拆掉洱海民宿：环保令背后的挣扎与矛盾"

大理白族自治州人民政府网站（2020-02-27）"云南省大理白族自治州洱海保护管理条例"）

思考： 洱海旁边的民宿为何需要搬迁？自然景区或保护区的民宿应注意什么？

案例点评： 洱海边的民宿曾经吸引大量游客来到大理旅游，洱海周边旅游开发、农业生产及生活污水直接排放，导致洱海逐渐被污染，1996年、2003年、2013年三次爆发蓝藻。随着洱海污染整治措施升级，民宿业主从投入资金建设污水处理设施，到关停拆迁，承受极大的资金损失风险。因此，增强生态环保意识，合理规划，保护好绿水青山，旅游才能可持续发展，民宿业主才能安居乐业。

（二）生态安全保护

1. 垃圾处理

民宿建设和运营过程中会产生一定的建筑垃圾和生活垃圾，应科学进行垃圾分类处理和集中运输，减少环境污染。

生活垃圾分类通过回收有用物质，减少生活垃圾的处置量，减少可回收物质的污染，提高可用回收物质的纯度，最大限度减少对环境的污染。

生活垃圾分类的基本原则是按生活垃圾的不同性质进行分类，通常分为厨余垃圾、可回收垃圾、有害垃圾、其他垃圾四类，具体的分类方法根据当地的生活垃圾处理设施条件进行划分。

生活垃圾收集容器应当使用国家标准规定的标识和颜色，主要为绿色、蓝色、灰色和红色。红色（橙色）代表不可回收且带有危害的物质，如废电池、废旧灯管、废油漆、过期药品、化妆品、杀虫剂、废温度计等。

绿色代表可以回收利用的厨余垃圾，厨余垃圾可以用作植物养分被分解吸收。

蓝色代表可回收利用的垃圾，如玻璃、塑料、纸制、金属等，这些材质的垃圾可以作为资源再生使用。

灰色代表除了有害物质和可回收物质以外的垃圾，如砖瓦、陶瓷、渣土、废旧纸巾等，这类不易回收的废弃物会被焚烧、掩埋处理。

图 2-23 常用垃圾桶颜色与分类

民宿装饰装修过程中产生的建筑垃圾、废旧家具家电等体积较大的废弃物品，应当按照当地生活垃圾分类管理规定的时间、地点和要求单独堆放。

多个单体民宿建筑集聚布置时，宜设集中垃圾中转用房，垃圾房位置宜靠近车行道，并应采取通风、除湿、防蚊蝇等措施。

2. 污水处理

民宿排放的污水主要有餐厨生活污水、卫生间污水、洗涤污水等，污水浊度大、有机含量高，因此应进行一定的净化处理后再达标排放。

民宿建筑污水处理应结合实际，充分考虑区域规划、自然环境、经济发展、施工条件、运维水平等因素，采用污染治理与资源环境相结合的处理方式。

民宿建筑周边有市政污水排水系统时，生活污水应经过化粪池处理达到标准后排入市政污水排水系统；厨房及餐厅等含油污水，应经过隔油设施处理后方可排入室外污水管道。

民宿建筑周边无市政污水排水系统时，应设置化粪池和污水处理设施，经过一定净化处理后达标排放，生活污水处理设施宜采用成品一体化污水处理装置。

乡村、城镇的生活污水处理设施出水应分别达到现行《农村生活污水处理导则》（GB/T 37071—2018）、《城镇污水处理厂污染物排放标准》（GB 18918—2002）相关标准后再排入周边雨水管网或周边河流。

化粪池宜用于处理厕所污水，生活杂排水不得排入化粪池。化粪池宜选用预制化成品，容积包括贮存污泥的容积。污水在化粪池中停留时间宜为24~36小时，清掏周期宜为3个月至12个月。化粪池池壁和池底应进行防渗处理，不得污染地下水和周边环境，应采取防臭和防爆措施。

第二节　民宿结构安全

一、结构安全要求

（一）建筑结构类型基本知识

民宿经营、居住功能混杂，尤其多为乡村原有自建自住房屋改造而来，应注意合理规范改造，充分保障房屋安全。我国自建房主要有砖混结构、钢筋砼框架结构（简称"框架结构"）、钢结构、底框—砖混结构四种结构类型。村镇中部分老建筑还有木结构、石结构和夯土房屋三种结构类型。

图2-24　无圈梁、无构造柱砖混

图2-25　有圈梁、有构造柱砖混

图 2-26　框架结构建筑

图 2-27　底框—砖混结构建筑

图 2-28　钢结构建筑

图 2-29　木结构建筑

图 2-30　石结构建筑

图 2-31　夯土建筑

（二）结构安全要求

1. 建筑结构一般要求

建筑结构指建筑中能承受作用并具有适当刚度的由各连接部件有机组合而成的系统，结构在物理上可以区分出来的部件称为结构构件。

建筑结构设计应符合国家及各地市的技术经济政策，做到安全适用、经济合理、保证质量、绿色环保、施工方便。建筑结构的设计中明确设计年限、结构用途和使用条件，改变原有建筑的结构和使用环境需要经过技术鉴定或设计许可。

建筑结构在设计使用年限内应具有足够的安全性、适用性和耐久性。

2. 结构改造安全要求

（1）建筑结构保证足够的安全性、适用性和耐久性。建筑结构改造应保证结构安全性与适应性，有条件的情况下，宜采用轻钢结构、木结构、钢木混合结构等性能好、绿色环保、便于施工的结构形式；建筑材料选用符合抗震设计规范要求，宜采用高性能环保材料。

（2）建筑结构安全等级不宜低于二级。建筑结构按照结构破坏可能产生的后果（危及人的生命、造成经济损失、对社会或环境产生影响等）的严重性，采取一级、二级、三级三个安全等级，分别对应很严重、严重、不严重的破坏后果。民宿建筑的结构安全等级不宜低于二级，且结构中墙体、梁、楼板、柱等各类结构构件的安全等级宜与整体结构的安全等级相同。

3. 结构安全管理要求

环境对结构可能产生各种机械的、物理的、化学的或生物的不利影响，引起结构材料性能劣化，降低结构安全性或适用性，影响结构耐久性。建筑结构在使用过程中应进行安全管理，控制和避免各种偶然事件的发生或减轻偶然事件对结构整体稳固性的影响。

房屋结构进行维修加固时，不应削弱已有的荷载传递途径，结构用途变更应对结构整体稳固性重新进行评估，包括偶然事件评估和结构抗连续倒塌能力评估。

【案例2-3】

山西临汾聚仙饭店违规扩建致超载坍塌事故

2020年8月29日，山西省临汾市襄汾县陶寺乡陈庄村聚仙饭店宴会厅发生坍塌事故。聚仙饭店经营十九年以上，包括前后两座两层小楼，几年前在中间小院中一层房顶上加盖了彩钢房作为宴会厅。事发时有群众在饭店办寿宴，宴会厅的屋顶突发坍塌，混凝土板、石块及钢架造成大量人员被压，最终造成29人遇难，7人重伤，21人轻伤，直接经济损失1164.35万元的严重后果。事故调查报告指出，事故直接原因是聚仙饭店建筑结构整体性差，经多次违规加建后，承重砖柱及北楼二层屋面荷载严重超载，同时不排除强降雨影响，最终导致整体坍塌。认定该起事故是一起因违法违规占地建设，且在无专业设计、无资质施工的情形下，多次盲目改造扩建，建筑物工程质量存在严重缺陷，导致在经营活动中部分建筑物坍塌的生产安全责任事故。对聚仙饭店处以罚款，责令其退还非法占用的土地，限期拆除在非法占用的土地上建设的房屋；对事故涉及的41名有关公职人员，给予了党纪政务处分或诫勉、批评教育、责令检查等处理措施。

（案例来源：作者根据下列新闻整理

百度百家号 央广网（2020-08-30）新闻"山西临汾襄汾县饭店坍塌事故致多人遇难；国务院安委会挂牌督办"

山西省应急管理厅网站 应急管理研究院（2021-08-16）"山西省公布临汾市襄汾县聚仙饭店"8·29"重大坍塌事故调查报告"）

思考： 聚仙饭店倒塌的根本原因是什么？哪些是人为原因，哪些是建筑原因？民宿经营者应该如何保证房屋安全？

案例点评： 近年来房屋改造后发生坍塌的事件时有发生，其根本原因在于经营者对房屋安全性重视不足。民宿经营前常常会对原有普通民居进行拆改结构、加大荷载的装修改造，为了保证房屋使用安全、防止坍塌发生和人员生命财产损失，务必通过正规设计施工，保证房屋正常使用和维护。对于房屋存在结构性损伤，整体或局部倒塌或柱、墙体、梁存在破坏风险的，需经过房屋安全检测和鉴定，并进行有效加固和修缮，达到当地政府行政主管部门要求后投入使用。

二、改造与加固设计

（一）建筑改造前准备

1. 资料收集

民宿建筑改造设计前，宜根据改造设计需要收集、查阅下列设计资料：

（1）原工程设计文件，包括民宿设计图纸、结构设计图纸（含设计变更通知书）、结构计算资料等。

（2）原工程施工资料，包括工程竣工图纸、工程质量保证资料等。

（3）改造项目的建筑设计图纸、装修设计图纸。

（4）岩土工程勘察资料。

（5）既有结构的可靠性鉴定报告与抗震性能鉴定报告。

（6）前期使用过程中改扩建和加固维修的设计文件及施工资料。

（7）其他与改造设计相关的资料，包括建筑场地地形、周围建筑物、室内外管线、周边道路通行条件等。

2. 现场踏勘要点

民宿建筑改造设计前，设计人员应进行现场踏勘，对建筑物使用条件、使用环境和结构现状进行调查与检测；调查的内容、范围和技术要求应满足结构鉴定的需要，并应对结构整体牢固性现状进行调查。

使用条件和环境的调查与检测应包括结构上的作用、建筑所处环境与使用历史情况。建筑物的使用环境应包括周围的气象环境、地质环境、结构工作环境和灾害环境。

建筑结构现状重点了解建筑物结构体系、平面布置、楼层分布、使用过程等情况，并查看结构变形、构件破损、钢材锈蚀、木材腐烂、虫蛀等损伤情况。

拓展知识2-4：民用建筑环境类别、环境条件和作用等级

建筑物使用历史的调查，应包括建筑物设计与施工、用途和使用年限、历次检测、维修与加固、用途变更与改扩建、使用荷载与动荷载作用以及遭受灾害和事故情况。

3. 结构可靠性鉴定

民宿建筑结构如果涉及延长使用年限、改变用途、改变使用环境、改建、扩建、加固、修复时，应根据《民用建筑可靠性鉴定标准》（GB 50292—2015）对既有结构进行可靠性鉴定，由有资质的单位提供可靠性鉴定报告。

建筑结构可靠性鉴定主要包括安全性、使用性鉴定评级和可靠性评级。建筑可靠性鉴定是对民用建筑承载能力和整体稳定性等的安全性以及适用性和耐久性等的使用性所进行的调查、检测、分析、验算和评定等一系列活动。

拓展知识2-5：民用建筑可靠性鉴定评级层次和内容

安全性鉴定是对民用建筑的结构承载力和结构整体稳定性所进行的调查、检测、验算、分析和评定等一系列活动。使用性鉴定是对民用建筑使用功能的适用性和耐久性所进行的调查、检测、分析、验算和评定等一系列活动。

民用建筑的可靠性鉴定按照国家规范要求的民用建筑可靠性鉴定评级的层次、等级划分、工作步骤和内容，以其安全性和使用性鉴定结果为依据逐层进行。

4. 结构抗震鉴定

民宿改建中可能存在原设计未考虑抗震设防，或抗震设防要求提高，或改变结构用途和使用环境，或当既有结构的抗震设计不符合现行相关标准规范时，及其他有必要进行抗震鉴定的情况，则改造前应按照现行国家标准《建筑抗震鉴定标准》（GB 50023—2019）进行抗震鉴定，并根据鉴定结论采取相应的抗震加固措施，保证现有建筑在后续使用年限内具有相同概率保证的前提下，实现"小震不坏、中震可修、大震不倒"的抗震设防目标。

抗震鉴定分为两级。第一级鉴定应以宏观控制和构造鉴定为主进行综合评价，第二级鉴定应以抗震验算为主结合构造影响进行综合评价。

现有砌体房屋的抗震鉴定，应按房屋高度和层数、结构体系的合理性、墙体材料的实际强度、房屋整体性连接构造的可靠性、局部易损易倒部位构件自身及其与主体结构连接构造的可靠性以及墙体抗震承载力的综合分析，对整幢房屋的抗震能力进行鉴定。重点检查房屋的高度和层数、抗震墙的厚度和间距、墙体实际达到的砂浆强度等级和砌筑质量、墙体交接处的连接以及女儿墙、楼梯间和出屋面烟囱等易引起倒塌伤人的部位。

多层砌体房屋的外观和内在质量应符合下列要求：

①墙体不空鼓、无严重酥碱和明显外伤。

②支承大梁、屋架的墙体无竖向裂缝，承重墙、自承重墙及其交界处无明显裂缝。

③木楼、屋盖构件无明显变形、腐朽、蚁蚀和严重开裂。

④混凝土梁、柱及其节点的混凝土仅有少量微小开裂或局部剥落，钢筋无露筋、锈蚀。

（二）结构加固与改造

1. 结构整体改造

建筑结构改造设计时宜将原建筑的整体结构纳入改造设计范围，并进行相应的结构计算分析与结构设计，结构改造的设计内容可根据项目的实际情况确定，宜包括以下内容：

①整体结构分析和计算，应包括极限状态验算与抗震计算。

②新增结构的设计。

③既有结构新增荷载复核。

④新、旧结构的连接设计。

⑤改造过程中的防倒塌设计。

⑥相关的地基基础设计。

⑦满足特殊改造要求的结构专项设计。

2. 结构局部改造

当改造仅涉及结构局部，且同时满足下列要求时，改造范围以外的结构可不纳入改造设计范围，仅按满足原设计适用规范的要求进行可靠性鉴定。结构局部改造的情况：

①改造不需要延长设计使用年限。

②改造对整体结构安全性的不利影响较小，如新增结构与既有结构设置

了可靠的结构缝脱开。

③改造前未曾改变使用条件、使用功能，未曾进行降低结构性能改造。

④建筑物前期正常使用，未曾遭受火灾、地震、爆炸、洪水、非正常的撞击等偶然灾害性损伤。

3. 结构加固

建筑功能改造时房屋应具备较好的整体性，当房屋整体性不满足要求时，应采取相应的加固措施。经可靠性鉴定需要进行加固的结构，或者出现下列情况时，结构改造时应进行结构加固设计：

①既有结构的承载力严重不足，且可能导致改造过程中难以预防的失稳或坍塌。

②既有结构由于受损严重而出现随时倒塌的险情，且险情尚未排除。

③既有结构由于地基基础变形而开裂或倾斜，存在倒塌的危险，且险情尚未排除。

④可能在改造过程中发生难以预防的失稳或坍塌的其他情形。

例如对于多层砌体结构民宿，当层数为3~4层时，应在底层和檐口标高处各设置一道圈梁；当层数超过4层时，还应在所有纵横墙上隔层设置圈梁，加强结构刚度。砌体结构承重墙体布置不均匀时，可对原有薄弱砌体墙进行加固，或在薄弱部位增设砌体墙或钢筋混凝土墙。当纵横墙连接较差时，可采用钢拉杆、长锚杆、外加柱子或外加圈梁等措施；当无构造柱、圈梁时，应增设构造柱、圈梁或采取其他有效措施。

视频2-1：底商楼房怎样修建才抗震

底层框架砌体结构中，当底层刚度较弱、刚度明显不均匀时，可增设钢筋混凝土剪力墙、翼墙、支撑或消能部件（由消能器或支撑或连接消能器构件组成的部分）。楼盖、屋盖构件支承长度不满足要求时，可增设托梁或采取增强楼盖、屋盖整体性等措施。

（三）结构安全防护

1. 一般措施

（1）加强耐久性构造设计和施工

民宿设计中应结合实际情况和建筑结构类型，采用《混凝土结构设计规范》（GB 50010—2020）、《砌体结构设计规范》（GB 50003—2011）、《木结构设计标准》（GB 50005—2017）、《钢结构设计标准》（GB 50017—2017）中耐久性相关构造措施。

如图2-32所示，对轻质砌体门窗洞口采用混凝土框加强是防止此部位裂缝的有效措施。

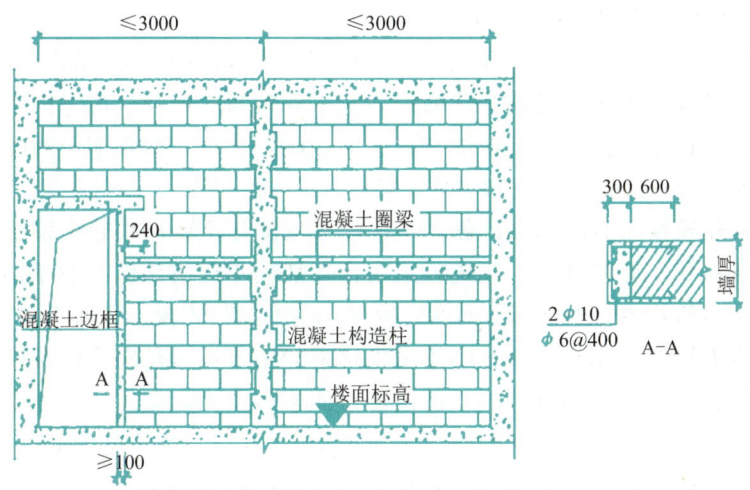

图 2-32　轻质砌体门窗洞口加强示意图

（2）定期检查，加强防护

①建筑室内外环境可能对建筑结构产生侵蚀，包括生物作用、气候影响、人类活动、介质侵蚀等。生物侵蚀如木结构的虫蛀和腐朽、植物根系造成损伤、动物粪便和细菌损伤；气候影响下结构可能出现冻融损伤、风沙造成磨损和水流动造成损伤、太阳辐射及相应高温造成材料老化、温湿度变化导致结构构件变形开裂或膨胀、水分子进入材料内部的介质结晶造成损伤等。建筑使用中应定期检测维修，加强防护，当结构出现可见耐久性缺陷时及时进行处理。

②日常应关注下列现象：木结构出现霉菌造成的腐朽、虫蛀现象、白蚁侵害、防潮层丧失防护作用或出现脱胶现象；木结构的金属连接件出现锈蚀，构件出现翘曲、变形和节点区的干缩裂缝。钢结构材料出现锈蚀、防腐涂层丧失作用、构件出现应力腐蚀裂纹、防腐措施失去作用情况；铝合金、铜合金等构件出现表面的损伤、应力腐蚀裂纹、防护措施失去作用等。

③当建筑结构中存在混凝土严重碳化、构件开裂受损、钢筋或钢结构锈蚀、木结构虫蛀、腐蚀严重等耐久性损伤的构件时，应根据耐久性评定结论进行修复、防护以及替换设计，使其达到与后续使用年限及环境类别相对应的耐久性要求。

2. 耐久性防护措施

（1）砌体结构。砌体结构所处环境类别根据气候条件及结构使用环境条件，分为干燥环境、潮湿环境、冻融环境、氯侵蚀环境、化学侵蚀环境。砌体结构应选择满足工程耐久性要求的材料，建筑与结构应有利于防止雨雪、湿气和侵蚀性介质对砌体的危害。

干燥环境指干燥室内外环境，以及室外有防水防护环境。除干燥环境以外的其他环境类别中，砌体结构的钢筋应采取防腐处理及其他保护措施。侵蚀环境下砌体结构应采取抗侵蚀和耐腐蚀措施。注意，配置钢筋的砌体不得使用掺加氯盐和硫酸盐类外加剂的砂浆。

随着建筑使用时间增加，砌体结构耐久性损伤主要出现砖砌体泛霜、干湿交替下风化、冻融破坏、砌筑砂浆粉化等情况。泛霜是指黏土原料中的可溶性盐类，随着砖内水分蒸发而在砖表面产生的盐析现象，一般为白色粉末，常在砖表面形成絮团状斑点。砌体发生泛霜的主要原因是砌体砌筑材料中含有可溶性盐，或者外界有可溶性盐侵蚀，如盐雾或除冰盐，导致砌体表面疏松剥落，降低承载力。

图 2-33　墙面泛霜

房屋建设过程中预防泛霜可以从以下几个方面进行：使用碱金属氧化物含量低的水泥、含碱量低的砖及砌块，抹灰材料减少可溶性盐外加剂等。配置混凝土或砂浆时使用减水剂降低拌和用水量，降低混凝土或砂浆孔隙率，提高抗渗性能。在混凝土浇灌后加强养护，减缓干燥速度；加强混凝土和砌体抹面，提高表面抗渗性，加强养护。

墙体局部泛霜可通过自来水清洗方式解决；较为严重时可采用2%草酸自来水溶液冲洗，除霜后及时使用清水冲洗表面，再对表面进行憎水处理。如果建筑表面泛霜严重，造成结构疏松、强度降低、表面剥落的部位，不宜用水洗、酸洗等方法处理，宜物理去除泛霜部位，使用低水灰比、低含碱量的水泥砂浆密实填补，再做好表面防水处理。

（2）混凝土结构。混凝土结构随着时间发展，材料劣化会降低性能，混凝土材料的质量是影响结构耐久性的内因，而建筑结构所处环境是影响其耐久性的外因。混凝土材料的强度等级、水胶比和原材料组成应根据结构所处的环境类别、环境作用等级和结构设计使用年限确定。结构所处环境指混凝土暴露表面所处的环境条件，室内潮湿、室外露天、近海海风、盐渍土、冻土、使用除冰盐的环境、地下水浸润、水位变动等，可能发生的碱—骨料反应、钙矾石延迟生成反应和环境水对混凝土的溶蚀以及混凝土材料劣化和钢筋锈蚀情况，应注意对混凝土结构加强耐久性保护。混凝土结构防腐蚀附加措施如表 2-1 所示。

表 2-1　混凝土结构防腐蚀附加措施

环境类别	名称	防腐蚀附加措施	
		混凝土	钢筋
Ⅰ	一般环境	表面涂层，硅烷浸渍	—
Ⅱ	冻融环境		—
Ⅲ	海洋氯化物环境		环氧涂层钢筋，阻锈剂，阴极保护
Ⅳ	除冰盐与其他氯化物环境		
Ⅴ	化学腐蚀环境		—

资料来源：《民用建筑可靠性鉴定标准》（GB 50292—2015）

混凝土结构在设计使用年限中应定期监测、维修，维护和更新构件表面防护层，当结构出现可见的耐久性缺陷时应及时处理。当混凝土构件表面出现锈胀裂缝、预应力钢筋开始锈蚀，结构表面混凝土出现可见的酥裂、粉化等耐久性损伤现象时，表明其耐久性达到极限状态。当材料劣化进一步发展，可能引起结构承载力问题，甚至破坏。

（3）木结构。木结构及构件耐久性防护主要应根据当地气候、白蚁危害程度及建筑情况做好防水防潮处理及白蚁防治。

白蚁可通过建筑伸缩缝、地面裂缝、基础空洞、地面结构层与内外墙体缝隙、暖气管道、水煤气管道与建筑接口处等入侵建筑，多见于门窗框、壁板、卫生间等。在有白蚁危害地区建设房屋时，建设过程中应注意切断白蚁入侵建筑的途径，避免提供白蚁生产环境条件。白蚁防治可以从下列方面着手：

①减少白蚁滋生条件。建筑场地平整过程中，注意清除场地内树根、木桩、旧木料碎屑及其他纤维，发现白蚁及时用药物灭杀。

②加强防水措施。建筑地基做好排水处理,保持地基干燥。底层地坪下面设置防水层,避免填土层潮湿滋生蔓延白蚁;宜采用建筑外排水方式,雨水排水管直接与下水道相通,不与木结构接触,防止木结构受潮等。注意建筑防水防渗漏,避免管道堵塞,保持房屋通风采光和干燥等。

③阻断白蚁蔓延路径。屋顶沉降缝和伸缩缝的两侧宜设置成倾斜坡状,上面覆盖镀锌铁皮防止雨水向下渗漏,楼板伸缩缝处可填充沥青麻丝阻断白蚁。墙体中嵌入安装的木门框、窗框可在底部垫混凝土预制构件,减少白蚁沿墙爬升蛀蚀木材。

(4)钢结构。钢结构的构件耐久性宜综合考虑使用环境条件、施工维修等因素,做好防腐蚀措施,通常可采用涂层法、耐候钢、热喷铝复合涂层,阴极保护法和热浸锌。

三、结构安全排查

拓展知识:
2-6:房屋安全隐患自查排查记录表

我国乡村建筑主要采用砖混结构(含底框–砖混),即先砌墙再浇筑混凝土构造柱、梁、板的房屋,而近年来我国倒塌房屋中绝大多数也是此类建筑。倒塌的原因多为未经专业设计和施工、私自拆改主体结构,擅自改变使用功能导致荷载增加,施工质量差等原因。危房的表现主要有梁柱墙体等承重构件出现裂缝、结构构造及连接损坏、房屋倾斜等。

图2-34 墙体出现斜裂缝

图2-35 柱出现竖向裂缝保护层脱落

民宿应根据不同的建筑结构类型特点定期进行安全隐患自查排查,判别房屋有重大危险、危险还是暂无危险的情况。针对经排查确定房屋有重大危险时,应立即撤离人员,并拆除建筑物或立即委托专业机构进行安全性鉴定后分类处置;危险房屋则应立即委托专业机构进行安全性鉴定,并根据鉴定结论分类处置；暂无危险的房屋可继续正常使用，但应进行定期检查与维护。房屋安全隐患自查可参照表 2-2 进行。

表 2-2 房屋安全隐患自查排查记录表（砖混结构）

层数	共___层，地下___层、地上___层	建筑面积	m²	建成时间
基础类型	□条形基础 □独立基础 □桩基础 □其他：			
设计情况	□经有资质单位设计，设计单位：_____ □未经正规设计：□有施工草图 □无施工草图			
改造情况	□建成后未经改造 □建成后曾改造，改造时间：_____，改造内容：□加层 □扩建 □拆改主体结构			
自（排）查情况	1. 重大危险：存在以下情形之一的为重大危险 □1.1 房屋出现明显倾斜且墙体出现斜裂缝 □1.2 墙体出现斜裂缝，且裂缝宽度超过 10mm（仅单条裂缝时）或超过 5mm（多条裂缝时） □1.3 墙体出现缝宽大于 1mm 的竖向裂缝，且缝长超过层高 1/2（仅单条裂缝时）或超过层高 1/3（多条裂缝时） 2. 危险：加层、扩建、拆改主体结构等但未经有资质设计单位设计，或存在以下三种及以上情形，或同种情形有三个构件（处）及以上的为危险 □2.1 墙体出现斜裂缝，但裂缝宽度未超过 10mm（仅单条裂缝时）或未超过 5mm（多条裂缝时） □2.2 墙体出现缝宽大于 1mm 的竖向裂缝，但缝长未超过层高 1/2（仅单条裂缝时）或未超过层高 1/3（多条裂缝时） □2.3 纵横墙连接处出现竖向通缝 □2.4 支承梁或屋架处墙体或砖柱下方出现多条竖向裂缝，或裂缝宽度已超过 1mm □2.5 墙体出现缝长超过 1/2 墙长的水平裂缝 □2.6 墙体（柱）明显变形或错位或变截面处出现裂缝 □2.7 地基产生滑移，地面平行于边坡的缝隙量大于 10mm □2.8 砌体风化达断面尺寸 15% 以上 □2.9 人字屋架无下弦拉杆，或屋架明显侧倾且屋架间无支撑 □2.10 钢屋架节点焊缝、螺栓或铆接有拉开、变形、滑移、松动、剪坏等严重损坏 3. 暂无危险：不属于重大危险或危险情形的			
结论	□重大危险：应立即撤离人员，并拆除建筑物或立即委托专业机构进行安全性鉴定后分类处置 □危险：应立即委托专业机构进行安全性鉴定，并根据鉴定结论分类处置 □暂无危险：可继续正常使用，但应进行定期检查与维护			
	日期： 年 月 日			

注：在"□"中打"√"或打"×"，打"√"表示存在此种情形，打"×"表示不存在此种情形。本表的尺寸如宽度、厚度、长度等可用一般测量工具如钢卷尺、钢板尺等进行测量。

资料来源：福建省三明市三元区政府网站

第三节 民宿装修安全

建筑装修是指为了保护建筑物主体结构、完善建筑物使用功能和美化建筑物，采用装饰装修材料或者饰物，对建筑内外表面及空间进行的各种处理过程。

民宿建筑装修过程不应影响建筑结构安全，采用节能、环保型装修材料，符合《农家乐（民宿）建筑防火导则（试行）》（建村〔2017〕50号）《民用建筑工程室内环境污染控制规范》（GB 50325—2020）规范中相关要求。

一、装修污染防控

（一）室内环境污染基本知识

1. 室内环境污染防控基本要求

建筑室内装修包括专业施工单位进行的建筑装饰装修工程，也包括家具添置、空调、消防材料和安装工作，不同工作项目均应使用符合环保要求的材料，预防和控制建筑装修引起的室内环境污染，保证居住者健康，做到技术先进、经济合理、安全适用，确保质量。

《民用建筑工程室内环境污染控制规范》（GB 50325—2020）中将民用建筑工程分为两类，其中Ⅰ类建筑包括住宅、居住功能公寓、医院病房、老年人照料房屋设施、幼儿园、学校教室、学生宿舍等；Ⅱ类民用建筑应包括办公楼、商店、旅馆、文化娱乐场所、书店、图书馆、展览馆、体育馆、公共交通等候室、餐厅等。不同类别建筑限量要求应符合表2-3的规定。

表2-3 民用建筑室内环境污染物浓度限量

污染物	Ⅰ类民用建筑工程	Ⅱ类民用建筑工程
氡（Bq/m³）	≤150	≤150
甲醛（mg/m³）	≤0.07	≤0.08
氨（mg/m³）	≤0.15	≤0.20
苯（mg/m³）	≤0.06	≤0.09
甲苯（mg/m³）	≤0.15	≤0.20

续表

污染物	I 类民用建筑工程	II 类民用建筑工程
二甲苯（mg/m³）	≤ 0.20	≤ 0.20
总挥发性有机化合物（mg/m³）	≤ 0.45	≤ 0.50

民宿宜符合 I 类建筑室内环境污染控制要求。

资料来源：《民用建筑工程室内环境污染控制规范》（GB 50325—2020）

2. 室内主要空气污染物

室内环境污染主要来自建筑材料和装修材料中污染物的释放，污染物包括氡、甲醛、氨、苯、甲苯、二甲苯和总挥发性有机化合物（简称 TVOC）。

（1）氡。氡是一种放射性惰性气体，存在于含铀或钍的矿物中，能溶于水。当氡和其衍生物通过呼吸道进入人体后，往往长期滞留在人体的整个呼吸道内，是导致人体呼吸系统疾病的重要原因之一。室内环境中氡主要来自地基土壤、地下水、天然气燃烧、建筑材料和室内装饰材料，特别是一些矿渣砖、炉渣砖等建筑材料（通常都含有不同程度的镭）和那些含铀高的室内装饰料，如花岗岩和瓷砖、洁具等。

（2）甲醛。甲醛为无色易溶于水的液体，挥发性很强，有刺激性气味，是一类致癌物。人体长期暴露于甲醛环境可能降低机体的呼吸功能、神经系统的信息整合功能和影响机体的免疫应答，从而导致中毒。甲醛主要来源于建筑材料、家具、人造板材、各种黏合剂涂料和合成纺织品，等等。

（3）氨。氨是一种无色且具有强烈刺激性臭味的碱性气体，主要对动物或人体的上呼吸道有刺激和腐蚀作用，减弱人体对疾病的抵抗力。氨主要来自建筑施工中使用的混凝土外加剂，以及氨水添加剂的室内装修材料。

（4）苯、甲苯、二甲苯污染。苯是一种碳氢有机化合物，有强烈芳香气味，是石油化工基本原料，常作为有机溶剂。苯为强烈致癌物质，人和动物吸入或皮肤接触大量苯，会引起急性和慢性苯中毒。室内环境中的苯污染主要来自含苯的胶黏剂、油漆、涂料和防水材料的溶剂或稀释剂。

（5）总挥发性有机化合物（TVOC）。TVOC 是一大类挥发性化合物的统称，常见的为苯、甲苯、二甲苯、三氯乙烯、三氯甲烷、萘等化合物，这些化合物常压下的沸点在 50℃~260℃，成分复杂、长期低剂量释放，浓度过高将直接刺激人体的嗅觉和其他器官，引起刺激性过敏反应、神经性作用等。室内的 TVOC 主要是由建筑材料、室内装饰材料及生活和办公用品等散发出来的。如建筑材料中的人造板、泡沫隔热材料、塑料板材，室内装饰材料中的油漆、涂料、粘结剂、壁纸、地毯等。

(二) 含污染物的装修材料

民宿装修时应注意采购环保材料,涉及含放射性核素限量的材料,以及有毒有害限量的材料时,应特别注意查看污染限量指标和检测证书,从源头上预防和控制建筑装修引起的室内环境污染。

1. 含放射性核素限量的材料

(1) 建筑主体材料。建筑主体材料指用于建造建筑物主体工程所使用的建筑材料。民用建筑工程所使用的水泥与水泥制品、砖、瓦、混凝土、混凝土预制构件、砌块、墙体保温材料、工业废渣、掺工业废渣的建筑材料、新型墙体材料等无机非金属建筑主体材料,其放射性限量应分类符合现行国家标准《建筑材料放射性核素限量》(GB 6566—2010)的规定。

(2) 装饰材料。装饰材料指用于建筑物内、外饰面用的建筑材料,包括石材、建筑卫生陶瓷、石膏制品、无机粉黏结材料等无机非金属装饰装修材料。按照国家标准《建筑材料放射性核素限量》(GB 6566—2010)的规定,装修材料根据放射性水平大小划分为三类:A类装修材料产销与使用范围不受限制;B类装修材料不可用于Ⅰ类民用建筑的内饰面,但可用于Ⅰ类民用建筑的外饰面及其他一切建筑物的内、外饰面;C类装修材料只可用于建筑物的包饰面及室外其他用途。

图 2-36 建筑材料放射性检验合格证示例

2. 有毒有害限量的材料

建筑装修中常用的人造板、饰面板、胶娇气、木器漆、防水涂料、粘结剂等，含有一定的有毒有害污染物成分，采购和使用中应注意污染控制。一般常用装修材料中主要含有的污染物情况如下：

（1）人造板及饰面人造板材是造成室内甲醛污染的主要来源之一。

（2）室内墙体涂饰常用的乳胶漆作为一种水性材料，含有少量挥发性有机物，游离甲醛。

（3）木质家具用常用的木器漆进行涂饰，应关注苯的含量是否超标。

（4）常用于板材或地砖粘结、墙纸粘贴、窗台密封的万能胶、乳胶、密封胶等，应注意其挥发性有机物总量、游离甲醛、苯和苯的同系物是否超标。

（5）室内用防腐剂、防虫剂中最有可能出现甲醛过量的情况，应注意甲醛含量。

（6）防水涂料分水性的、溶剂型的和反应型的，应注意其中挥发性有机物、游离甲醛含量、甲苯+乙苯+二甲苯含量。

（三）含污染物装修材料使用要求

1. 装修材料禁止使用要求

（1）溶剂、黏结剂使用。室内装修时不得使用苯、工业苯、石油苯、重质苯以及混苯作为稀释剂和溶剂；不得使用以甲醛作为原料的胶粘剂；粘贴塑料地板时，不应采用溶剂型胶粘剂，不应采用聚乙烯醇缩甲醛类胶黏剂。

（2）防潮材料使用。木地板及其他木质材料不得采用沥青、煤焦油类作为防腐、防潮处理剂；不得采用溶剂型涂料如光油作为防潮基层材料。

（3）涂料使用。室内装饰装修时，不应采用聚乙烯醇水玻璃内墙涂料、聚乙烯醇缩甲醛内墙涂料和树脂以硝化纤维素为主、溶剂以二甲苯为主的水包油型多彩内墙涂料。

（4）保温材料使用。外墙采用内保温系统时，应选用环保性能好的保温材料，表面应封闭严密，且不应在室内装饰装修工程中采用脲醛树脂泡沫材料作为保温、隔热和吸声材料。

（5）清洁使用及存放。室内装饰装修施工时，不应使用苯、甲苯、二甲苯及汽油进行除油和清除旧油漆作业。室内不应使用有机溶剂清洗施工、保洁用具。涂料、胶黏剂、水性处理剂、稀释剂和溶剂等使用后应及时封闭存放，废料应及时清出现场。

2. 放射性限量材料使用要求

建筑材料厂商应生产符合《建筑材料放射性核素限量》（GB 6566—2010）要求的建筑材料，并在其产品包装或说明书中注明材料放射性水平类别。民宿业主注意查看"产销及使用范围",选择低放射性的建筑和装饰材料。

在天然放射性本底(相对未受到直接放射性污染的一定空间中环境介质放射性核素水平)较高的地区,单纯利用当地原材料生产的建筑材料时,只要其放射性比活度(指物质中某种核素放射性活度与该物质质量的比值)不大于当地地表土壤中相应天然放射性核素本底水平的,可限在本地区使用。

3. 含有毒有害物材料限量使用要求

含有毒有害物的装修材料,应达到国家规范要求的污染物限量要求才能使用。《民用建筑工程室内环境污染控制规范》(GB 50325—2020)中规定的几类常用装饰材料的污染物限量如表2-4至表2-8所示。

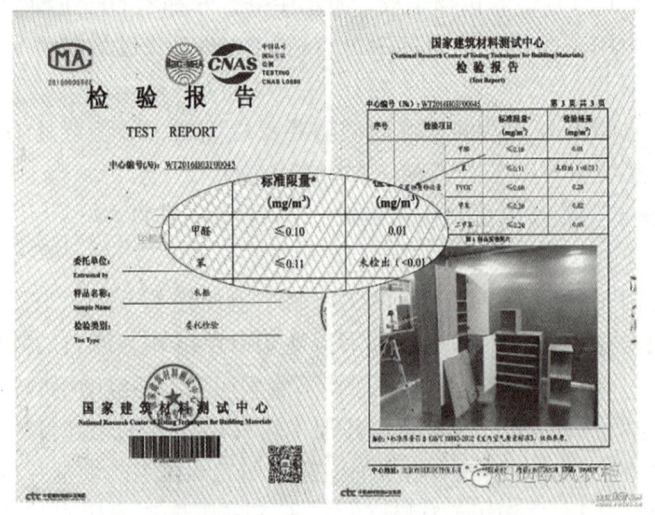

图2-37 某建材检测报告示例

(1)地板材料中挥发物限量。

表2-4 聚氯乙烯卷材地板、木塑制品地板、橡塑类铺地材料中挥发物限量

名称		限量(g/m²)
聚氯乙烯卷材地板(发泡类)	玻璃纤维基材	≤75
	其他基材	≤35
聚氯乙烯卷材地板(非发泡类)	玻璃纤维基材	≤40
	其他基材	≤10
木塑制品地板(基材发泡)		≤75
木塑制品地板(基材不发泡)		≤40
橡塑类铺地材料		≤50

（2）地毯中有害物限量。

表 2-5 地毯、地毯衬垫中 VOC 和游离甲醛释放限量

名称	测定项目	限量 [mg/(m²·h)]
地毯	VOC	≤ 0.500
	游离甲醛	≤ 0.050
地毯衬垫	VOC	≤ 1.000
	游离甲醛	≤ 0.050

（3）墙纸（布）及黏结剂限量。

表 2-6 室内用墙纸（布）中游离甲醛限量

测定项目	限量		
	无纺墙纸	纺织面墙纸（布）	其他墙纸（布）
游离甲醛（mg/kg）	≤ 120	≤ 60	≤ 120

表 2-7 室内用墙纸（布）胶黏剂中污染物限量

测定项目	限量	
	壁纸胶	基膜
游离甲醛（mg/kg）	≤ 100	≤ 100
苯＋甲苯＋乙苯＋二甲苯（g/kg）	≤ 10	≤ 0.3
VOC（g/L）	≤ 350	≤ 120

（4）涂料中有害物限量要求。室内用酚醛防锈涂料、防水涂料、防火涂料及其他溶剂型涂料中 VOC、苯、甲苯＋二甲苯＋乙苯限量。室内用其他水性涂料和水性腻子中游离甲醛的含量，其限量不应大于 100mg/kg。

表 2-8 涂料中有害物限量

涂料名称	VOC（g/L）	苯（%）	甲苯＋乙苯＋二甲苯（%）
酚醛防锈涂料	≤ 270	≤ 0.3	—
防水涂料	≤ 750	≤ 0.2	≤ 40
防火涂料	≤ 500	≤ 0.1	≤ 10
其他溶剂型涂料	≤ 600	≤ 0.3	≤ 30

（四）绿色装修材料

民宿作为居住型建筑，宜积极落实绿色发展理念，根据使用功能等要求，采用节能、环保型装修材料，建设成为绿色建筑。绿色建筑是指在全寿命期内，节约资源、保护环境、减少污染，为人们提供健康、适用、高效的使用空间，最大限度地实现人与自然和谐共生的高质量建筑。绿色建材是指在全生命周期内可减少对天然资源消耗和减轻对生态环境影响，具有"节能、减排、安全、便利和可循环"特征的建材产品。

国家住建部发布《绿色建材评价技术导则（试行）》《绿色建材评价标识管理办法实施细则》对我国绿色建材做出了评价和标识管理相关规定。财政部、住房和城乡建设部于 2020 年联合发布的《政府采购支持绿色建材促进建筑品质提升试点工作的通知》，提出了绿色建筑和绿色建材政府采购基本要求。《绿色建材评价标识管理办法实施细则》中推荐的绿色装修材料类别及规格要求如表 2-9 至表 2-12 所示，民宿装修中可参考使用。

1. 隔断（吊顶）材料

表 2-9 绿色隔断（吊顶）材料要求

主要材料	绿色要求	品质属性要求	依据
纸面石膏板隔断	单位产品石棉含量为 0g/m	1. 吸水率 ≤ 8% 2. 48h 受潮挠度 ≤ 5mm	T/CECS 10056
矿棉吸声板	内照射指数 IRa ≤ 1.0，外照射指数 Ir ≤ 1.3	燃烧性能达到 A2 级	GB 6566 GB 8624
集成吊顶	1. 换气模块能效等级达到 2 级 2. LED 照明模块能效等级达到 2 级 3. 辐射式取暖器光效率衰减 1 lm/W 4. 风暖式取暖器功率衰减（2000h）≤ 8%	1. 换气模块运行噪声（额定功率 ≤ 40W 时）≤ 55dB 2. 风暖模块运行噪声（额定功率 ≤ 2000W 时）≤ 60dB	T/CECS 10053
混凝土隔断、金属隔断、木隔断等	1. 甲醛释放限量 ≤ 0.03mg/m³ 2. 总挥发性有机化合物（TVOC）≤ 0.50mg/m³	1. 内照射指数 IRa ≤ 0.8、外照射指数 Ir ≤ 0.8 2. 实测强度与设计强度的比值 ≥ 1.10 3. 抗弯承载 ≥ 1.5 自重倍数 4. 耐火极限 ≥ 1.5h	JG/T 169

2. 绿色墙面材料

表 2-10　绿色墙面材料要求

主要材料	绿色要求	品质属性要求	依据
墙面瓷砖	1. 产品内照射指数 IRa ≤ 0.9 2. 外照射指数 Ir ≤ 1.2	1. 无釉陶瓷砖、板耐污染性 ≥ 3 级 2. 有釉陶瓷砖、板耐污染性 ≥ 4 级	T/CECS 10036
水性墙面涂料	1. 内墙涂料挥发性有机化合物含量（60°光泽 ≤ 10）≤ 50g/L 2. 内墙涂料挥发性有机化合物含量（60°光泽 > 10）≤ 80g/L 3. 甲醛含量（乙酰丙酮法）内墙涂料 ≤ 30mg/kg 4. 甲醛含量（乙酰丙酮法）外墙涂料 ≤ 40mg/kg 5. 苯、甲苯、乙苯、二甲苯总和 ≤ 80mg/kg	1. 耐人工气候老化性：老化时间水性多彩 ≥ 1200h，水性氟涂料 ≥ 4000h，其他 ≥ 600h 2. 耐玷污性：平涂弹性料 ≤ 20%，其他 ≤ 15% 3. 耐洗刷性：内墙涂料 ≥ 6000 次，外墙涂料 ≥ 3000 次	T/CECS 10039
壁纸壁布	1. 甲醛释放限量 ≤ 10mg/kg 2. 钡 ≤ 500mg/kg	无	依据 GB/T 35613
石材	1. 内照射指数 IRa ≤ 0.9 2. 外照射指数 Ir ≤ 1.0	1. 耐磨性 ≥ 1.2 2. 强度 ≥ 1.1	T/CECS 10051
无机干粉涂覆材料	1. 游离甲醛含量 ≤ 10mg/kg 2. 苯、甲苯、乙苯、二甲苯总和 ≤ 50mg/kg	1. 耐人工气候老化性：老化时间 ≥ 1000h 2. 耐玷污性：平涂弹性涂料 ≤ 15% 3. 耐洗刷性 ≥ 2000 次	T/CECS 10039

在墙面装饰面层的材料选择上，有涂料、真石漆、瓷质面砖、大理石、花岗岩、金属、玻璃幕墙、水泥基装饰砂浆等多种材料。其中大理石、花岗岩、金属、玻璃幕墙等材料的安装过程比较复杂，而且造价昂贵；水泥基装饰砂浆返碱是普遍现象；由于瓷质面砖安全可靠性差，目前，建筑物饰面多采用涂料。

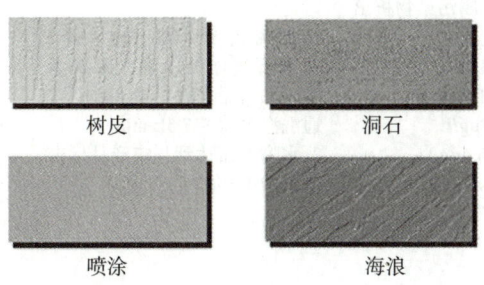

图 2-38　无机干粉涂料墙面做法示例

无机干粉涂料是一种以聚合物材料为主要添加剂，配以矿物骨料、填料和天然矿物的粉剂涂料，加水后使用。因其形状、大小、色彩可调，装饰效果较好，柔软性、防水性良好，墙面装修中广泛使用。施工时，通过选择不同图形的模板、工具，施以拖、滚、刮、扭压、揉等不同手法，使墙面变化出压花、波纹、木纹等各式图案，艺术表现力强，可与自然环境、建筑风格和历史风貌更完美地结合。

3. 地面材料

表 2-11 绿色地面材料要求

主要材料	绿色要求	品质属性要求	依据
地面瓷砖	1. 产品内照射指数 IRa ≤ 0.9 2. 外照射指数 Ir ≤ 1.2	1. 耐磨性无釉陶瓷砖、板 ≤ 150mm³，有釉陶瓷砖、板达到 3 级 2. 耐污染性达到 4 级以上	T/CECS 10036、GB/T 50378
木地板	1. 甲醛释放量 ≤ 0.05mg/m³（不含实木地板）； 2. 挥发性有机化合物（3d）： 苯 ≤ 10μg/m³ 甲苯 ≤ 20μg/m³ 二甲苯 ≤ 20μg/m³ 总挥发性有机化合物（TVOC）≤ 100μg/m³	耐磨性 ≤ 0.12g/100	GB/T 35601

4. 五金卫浴

表 2-12 绿色五金卫浴材料要求

主要材料	绿色要求	品质属性要求	依据
卫生洁具	无	全部便器的用水效率等级达到 2 级	GB 28377、GB 28379、GB 30717、GB/T 50378
水嘴	产品金属污染物析出统计值： Pb ≤ 4μg/L Cu ≤ 100μg/L Cr ≤ 7μg/L Cd ≤ 0.4μg/L As ≤ 0.7μg/L Cr6+ ≤ 1.5μg/L	1. 水嘴流量（0.1+0.01）MPa 动压下洗面器水嘴、厨房水嘴、妇洗器水嘴 ≤ 6L/min；普通洗涤水嘴 ≤ 7.5L/min 2. 水嘴寿命达到相应产品标准要求的 1.2 倍	GB 25501、GB/T 50378、T/CECS 10050

二、装修材料防火要求

(一) 一般要求

近年来,建筑火灾中由于烟雾和毒气致死的人数迅速增加,常见的有毒有害气体包括一氧化碳、二氧化碳、二氧化硫、硫化氢、氯化氢、氰化氢、光气等,而在火灾中产生烟雾和毒气的室内装修材料主要是有机高分子材料和木材。

为了保障建筑内部装修的消防安全,防止和减少建筑火灾危害,装修中应按照《建筑内部装修设计防火规范》(GB 50222—2017)的相关规定(木结构建筑的内部装修防火设计应符合《建筑设计防火规范》要求),积极选用不燃材料和难燃材料,对于达不到难燃材料的可燃或易燃材料,通过阻燃处理的方式提高燃烧性能等级,积极预防火灾发生和蔓延。

(二) 装修材料燃烧性能等级

装修材料按其使用部位和功能,可划分为顶棚装修材料、墙面装修材料、地面装修材料、隔断装修材料、固定家具、装饰织物、其他装修装饰材料七类。

隔断装修材料是指建筑内部固定的、不到顶的垂直分隔物。

装饰织物指满足建筑内部功能需求,由棉、麻、丝、毛等天然纤维及其他合成纤维制作的纺织品,如窗帘、帷幕等。

固定家具指与建筑结构固定在一起或不易改变位置的家具,如建筑内部的壁橱、壁柜、陈列台、大型货架等。

装修材料按其燃烧性能应划分为四级,并应符合本规范表2-13的规定。

表2-13 装修材料燃烧性能等级

等级	装修材料燃烧性能
A	不燃性
B_1	难燃性
B_2	可燃性
B_3	易燃性

资料来源:《建筑内部装修设计防火规范》(GB 50222—2017)

建筑用途、场所、部位不同,所使用装修材料的火灾危险性不同,对装修材料的燃烧性能要求也不同,民宿装修中可参考表2-14合理选用。

表 2-14 常用建筑室内装修材料燃烧性能等级划分

材料类别	级别	材料举例
顶棚材料	A	花岗石、大理石、水磨石、水泥制品、混凝土制品、石膏板、石灰制品、黏土制品、玻璃、瓷砖、马赛克、钢铁、铝、铜合金、天然石材、金属复合板、纤维石膏板、玻镁板、硅酸钙板等
	B_1	纸面石膏板、纤维石膏板、水泥刨花板、矿棉板、玻璃棉装饰吸声板、珍珠岩装饰吸声板、难燃胶合板、难燃中密度纤维板、岩棉装饰板、难燃木材、铝箔复合材料、难燃酚醛胶合板、铝箔玻璃钢复合材料、复合铝箔玻璃棉板等
墙面材料	B_1	纸面石膏板、纤维石膏板、水泥刨花板、矿棉板、玻璃棉板、珍珠岩板、难燃胶合板、难燃中密度纤维板、防火塑料装饰板、难燃双面刨花板、多彩涂料、难燃墙纸、难燃墙布、难燃仿花岗岩装饰板、氯氧镁水泥装配式墙板、难燃玻璃钢平板、难燃 PVC 塑料护墙板、阻燃模压木质复合材料、彩色难燃人造板、难燃玻璃钢、复合铝箔玻璃棉板等
	B_2	各类天然木材、木制人造板、竹材、纸制装饰板、装饰微薄木贴面板、印刷木纹人造板、塑料贴面装饰板、聚酯装饰板、复塑装饰板、塑纤板、胶合板、塑料壁纸、无纺贴墙布、墙布、复合壁纸、天然材料壁纸、人造革、实木饰面装饰板、胶合竹夹板等
地面材料	B_1	硬 PVC 塑料地板、水泥刨花板、水泥木丝板、氯丁橡胶地板、难燃羊毛地毯等
	B_2	半硬质 PVC 塑料地板、PVC 卷材地板等
装饰织物	B_1	经阻燃处理的各类难燃织物等
	B_2	纯毛装饰布,经阻燃处理的其他织物等
其他装修装饰材料	B_1	难燃聚氯乙烯塑料、难燃酚醛塑料、聚四氟乙烯塑料、难燃脲醛塑料、硅树脂塑料装饰型材、经难燃处理的各类织物等
	B_2	经阻燃处理的聚乙烯、聚丙烯、聚氨酯、聚苯乙烯、玻璃钢、化纤织物、木制品等

资料来源:《建筑内部装修设计防火规范》(GB 50222—2017)

(三)建筑不同部位装修材料燃烧性能等级要求

根据《建筑内部装修设计防火规范》(GB 50222—2017)要求,单层、多层民用建筑内部各部位装修材料的燃烧性能等级,不应低于表 2-15 的规定。民宿兼具宾馆和住宅的建筑特点,也设置餐饮场所,建筑内部装修材料可结合表 2-15 要求合理选用装修材料。

表 2-15 单层、多层民用建筑内部各部位装修材料的燃烧性能等级

序号	建筑物及场所	建筑规模、性质	顶棚	墙面	地面	隔断	固定家具	装饰织物 窗帘	装饰织物 帷幕	其他装修装饰材料
1	宾馆、饭店的客房及公共活动用房	设置送回风道（管）的集中空气调节系统	A	B_1	B_1	B_1	B_2	B_2	—	B_2
		其他	B_1	B_1	B_2	B_2	B_2	B_2	—	—
2	餐饮场所	营业面积＞100m²	A	B_1	B_1	B_2	B_2	B_2	—	B_2
		营业面积≤100m²	B_1	B_1	B_2	B_2	B_2	B_2	—	B_2
3	住宅		B_1	B_1	B_2	B_2	B_2	B_2	—	B_2

资料来源：《建筑内部装修设计防火规范》（GB 50222—2017）

单层、多层民宿建筑内面积小于 100m² 的房间，当采用耐火极限不低于 2h 的防火隔墙和甲级防火门、窗与其他部位分隔时，其装修材料的燃烧性能等级可在表 2-15 的基础上降低一级。

当单层、多层民宿建筑需做内部装修的空间内装有自动灭火系统时，除顶棚外，其内部装修材料的燃烧性能等级可在表 2-15 规定的基础上降低一级；当同时装有火灾自动报警装置和自动灭火系统时，其装修材料的燃烧性能等级可在表 2-15 规定的基础上降低一级。

三、装修安全管理

（一）不同装修阶段污染防控

建筑室内装饰装修工程包括设计阶段、材料选择采购阶段、施工阶段、验收阶段，既要做好设计阶段的污染物控制设计，也要做好装修材料检测验证、装修工程质量验收工作。

1. 设计阶段污染防控

室内装饰装修设计时宜对主要材料污染物释放率进行控制设计，应优化控制室内空气质量污染源，优先选用污染物释放率低的材料；减少污染物释放率高的材料用量，提出改进室内通风的措施和要求；合理安排项目实施进度和交付时间。

2. 材料选购与验证

采购建筑主体材料、装饰材料时，应根据材料使用范围，对照《民用建筑工程室内环境污染控制规范》（GB 50325—2020）限量标准、查看材料检验报告和产品标识，使用安全环保材料。

对于无机非金属建筑主体材料及装修材料应查看厂家提供的放射性指标检测报告或证书。对室内装饰工程采用下列涂料时还应有污染物检测报告：水性涂料、水性黏接剂、水处理剂必须进行总挥发性有机化合物（TVOC）和游离甲醛含量检测报告；溶剂型涂料、溶剂型黏接剂必须有总挥发性有机化合物（TVOC）、苯、游离甲苯二氰酸脂（TDI 聚氨脂类）含量检测报告。

“检验报告”一般包括产品的名称、规格、类别、等级、生产日期、检验依据和结论。“产品标识”一般包括产品的名称、产品标准编号、商标、生产企业名称、详细地址、产品原产地、产品规格、型号、等级、甲醛释放量限量标识等。

验证书面材料注意查看下列信息：材料有害物的限量是否符合使用范围；材料的质量检验报告和产品标识是否符合国标的规定；检验报告的有效期为 1 年（生产日期应在检验报告的有效期之内；水泥为三个月）。

有疑问时，应将材料送有资格的部门进行检测，对检验不合格、不符合设计要求或国家明令淘汰的材料，不得投入使用。

№：ST172656

国家涂料产品质量监督检验中心（广东）

China National Quality Supervision and Testing center for Paintings and Dopes(Guangdong)

检验报告（Test Report）

共 2 页 第 2 页

序号	检测项目		标准要求	单位	检测结果	判定
GB 18582-2008《室内装饰装修材料 内墙涂料中有害物质限量》						
1	挥发性有机化合物含量(VOC)		≤120	g/L	<2.0	合格
2	苯、甲苯、乙苯、二甲苯总和		≤300	mg/kg	<50	合格
3	游离甲醛		≤100	mg/kg	15	合格
4	可溶性重金属	铅（Pb）	≤90	mg/kg	<10	合格
		镉（Cd）	≤75	mg/kg	<2	合格
		铬（Cr）	≤60	mg/kg	<2	合格
		汞（Hg）	≤60	mg/kg	<2	合格

图 2–39　建筑材料检测报告示例

3. 装修验收阶段空气检测

（1）检测时间。民宿宜在装修工程完工 7 天后，对客房、客厅、厨房、卫生间等不同功能房间进行空气质量检测。

（2）检测点设置。房间使用面积大于等于 $50m^2$ 时宜设置两个监测点，小于 $50m^2$ 时可设置一个检测点。检测采样应在关闭门窗 1 小时后进行，采样时应关闭门窗，且采样时间不应少于 20 分钟。

进行民用建筑工程验收时，室内环境污染物浓度检测点数应符合表 2-16 的规定。当房间内有两个及以上检测点时，采用对角线、斜线、梅花状均衡布点，并应取各点检测结果的平均值作为该房间的检测值。

表 2-16　室内环境污染物浓度检测点数设置

房间使用面积（m^2）	检测点数（个）
＜ 50	1
≥ 50，＜ 100	2
≥ 100，＜ 500	不少于 3
≥ 500，＜ 1000	不少于 5
≥ 1000	≥ $1000m^2$ 的部分，每增加 $1000m^2$ 增设 1，增加面积不足 $1000m^2$ 时按增加 $1000m^2$ 计算

资料来源：《民用建筑工程室内环境污染控制标准》（GB 50325—2020）

室内环境污染物浓度现场检测点应距房间地面高度 0.8~1.5m，距间内墙面不应小于 0.5m。检测点应均匀分布，且应避开通风道和通风口。

对民用建筑室内环境中的甲醛、氨、苯、甲苯、二甲苯、TVOC 浓度检测时，装饰装修工程中完成的固定式家具应保持正常使用状态；采用集中通风的民用建筑工程，应在通风系统正常运行的条件下进行；采用自然通风的民用建筑工程，检测应在对外门窗关闭 1 小时后进行。彩样时应保持门窗关闭，且采样时间不应少于 20 分钟。同时测量室内空气温度和通风换气次数，并应在室内空气质量检测报告中标注测量结果。

室内空气质量检测结果应符合室内空气质量控制等级要求。

当空气质量等级不符合设计要求时，应分析原因并应进行治理。治理后的工程，应对不符合项目再次进行检测，再次检测的抽检量应增加 1 倍，并应包含不符合设计要求的房间。

（二）装修消防管理要点

1. 装修设置不影响和破坏消防设施

为了保障消防设施和疏散指示标志的使用功能，建筑内部装修不应擅自减少、改动、拆除、遮挡消防设施、疏散指示标志、安全出口、疏散出口、疏散走道和防火分区、防烟分区等。

建筑内部设置消防栓时，消火栓箱门不应被装饰物遮掩，消火栓箱门四周的装修材料颜色应与消火栓箱门的颜色有明显区别或在消火栓箱门表面设置发光标志。为保证疏散指示标志和安全出口易于辨认，避免人员在紧急情况下的疑问和误解，疏散走道和安全出口顶棚、墙面不应采用影响人员安全疏散的镜面反光材料。

图 2-40　安全出口标设置要易于辨认

2. 保证消防疏散通道防火安全性

视频 2-2：密室逃脱场所安全隐患多

建筑物各层的水平疏散通道和安全出口门厅是火灾中人员逃生的主要通道，因此地上建筑的水平疏散走道和安全出口的门厅，其顶棚应采用 A 级装修材料，其他部位应采用不低于 B_1 级的装修材料；地下民用建筑的疏散走道和安全出口的门厅，其顶棚、墙面和地面均应采用 A 级装修材料。

由于疏散楼梯间空间高度大，发生火灾情况下易导致烟囱效应导致火势向上蔓延，疏散楼梯间和前室的顶棚、墙面和地面均应采用 A 级装修材料。

建筑物内设有上下层相连通的中庭、走马廊、开敞楼梯、自动扶梯时，其连通部位的顶棚、墙面应采用 A 级装修材料，其他部位应采用不低于 B_1 级的装修材料。

3. 民宿用火、仓储空间防火要求提高

民宿厨房内火源较多，仓库存放各类可燃物且无人看管，对装修材料的燃烧性能应严格要求。

厨房中顶棚、墙面、地面均应采用 A 级装修材料，厨房内部烟道、风道不得擅自改动；库房或贮藏间、阳台、厨房内固定橱柜，应采用不低于 B_1 级的装修材料。

4. 电气设备安装区域加强防火隔离措施

配电箱、控制面板、接线盒、开关、插座等产生的火花、电弧或高温熔珠容易引燃周围的可燃物，电气装置也会产热引燃装修材料，在装修防火设计上可采取一定隔离措施，防止危险发生。建筑内部的配电箱、控制面板、接线盒、开关、插座等不应直接安装在低于 B_1 级的装修材料上；用于顶棚和墙面装修的木质类板材，当内部含有电器、电线等物体时，应采用不低于 B_1 级的材料。

照明灯具及电气设备、线路的高温部位，当靠近非 A 级装修材料或构件时，应采取隔热、散热等防火保护措施，与窗帘、帷幕、幕布、软包等装修材料的距离不应小于 500mm；灯饰应采用不低于 B_1 级的材料。

5. 取暖设备安装区域加强隔热绝缘处理

卫生间室内湿度大，当顶棚上安装浴霸等取暖、排风设备时，容易产生电火花，同时这类取暖设备使用时会产生很高的热量，易引燃周围可燃材料，建议采用 A 级材料装修。如果顶棚装修使用非 A 级材料时，应在浴霸、通风设备周边进行隔热绝缘处理，以提高防火安全性。

电加热供暖系统一般沿顶棚、墙面或地面安装，该系统的绝热层、填充层和饰面层往往采用可燃材料，当电加热设备因故障异常发热或起火后，极易引燃周围的可燃物，导致人员伤亡。例如 2017 年 2 月浙江省台州市天台县一家足浴中心的汗蒸房发生火灾，造成 18 人死亡、18 人受伤的惨痛事故。因此，当室内顶棚、墙面、地面和隔断装修材料内部安装电加热供暖系统时，室内采用的装修材料和绝热材料的燃烧性能等级应为 A 级。当室内顶棚、墙面、地面和隔断装修材料内部安装水暖（或蒸汽）供暖系统时，其顶棚采用的装修材料和绝热材料的燃烧性能应为 A 级，其他部位的装修材料和绝热材料的燃烧性能不应低于 B_1 级。

6. 室内装饰物的防火隔离

民宿中经常将壁挂、布艺等作为内装修设计的内容之一，为了避免这些饰物引发的火灾，建筑内部不宜设置采用 B_3 级装饰材料制成的壁挂、布艺等，当需要设置时，不应靠近电气线路、火源或热源，或采取隔离措施。

思考与练习

1. 实地调研某民宿，观察其建筑场地内的人流、车流与物流情况，以及消防、停车、人员集散以及无障碍设施的设置情况，提出合理化建议。

2. 检查某民宿地下室墙体、窗下墙、卫生间墙体、厨房墙体，观察墙体是否存在受潮现象，分析原因并提出改进意见。

3. 参照书中"房屋安全隐患自查排查记录表"对民宿进行结构安全检查并填写记录表格。

4. 收集民宿中常用建筑装修材料或家具、装饰物的产品信息，注意查看氡、甲醛、氨、苯、甲苯、二甲苯和总挥发性有机化合物（TVOC）含量标识情况。

5. 结合某民宿实际情况，设计一个室内环境污染物浓度检测初步方案，列出客房、餐厅等不同区域主要检测物、检测点、污染物限量要求、检测前准备等。

第三章
民宿设备安全

| 本章导读 |

　　水电暖通等设备是民宿重要的服务设施，其安全运行是民宿正常经营的基础和保障。本章主要围绕设备安全，根据设备专业类别设置给排水、电气、暖通系统三个小节，按照了解基本知识、合理配置、安全使用和维护的逻辑，快速了解民宿常用设备的安全知识。

学习目标

1. 熟悉民宿供水排水、用电、室内空气品质的要求。
2. 了解民宿给排水、供电、采暖通风空调设备基本知识、常用设备类型。
3. 掌握民宿常用水电、暖通设备的安全管理要点。

思维导图

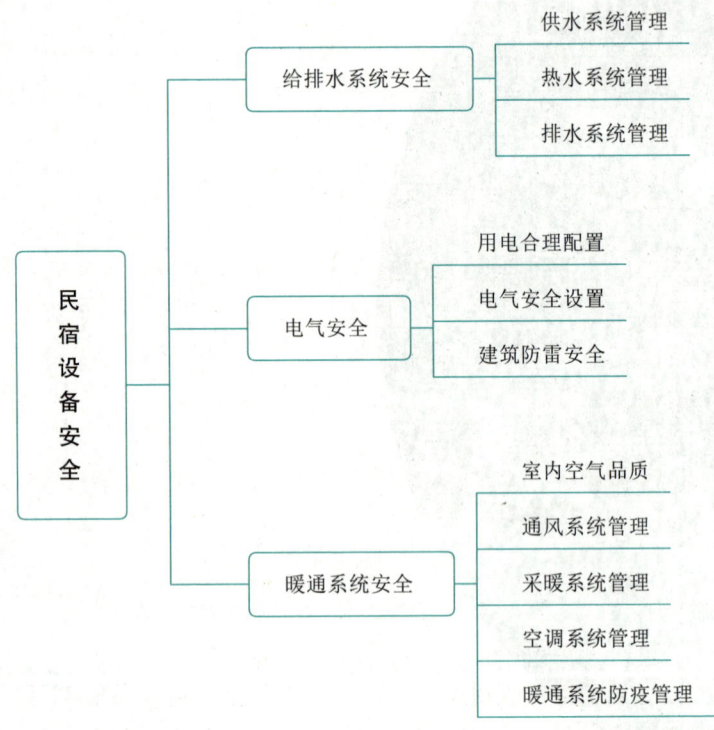

第一节 给排水系统安全

一、供水系统管理

民宿需要设置合理的给排水系统来保证冷热水使用需求，包括生活冷水、热水供应以及污水合理排放等。

建筑供水系统是将城镇给水管网（或自备水源）中的水引入建筑中，供生活、生产、消防使用，并满足各类用水对水质、水量和水压要求的冷水供应系统。在满足使用要求与卫生安全的条件下，建筑给水系统应节水节能，系统运行的噪声和振动等不得影响人们的正常工作和生活。

（一）生活供水质量要求

为保证民宿经营活动需要，生活给水系统应满足我国《建筑给水排水设计规范》（GB 50015—2019）《生活饮用水卫生标准》（GB 5749—2006）等国家规范在水质、水量、水压等方面的要求，同时应符合各地方建设或旅游主管部门的规定和要求。

1. 水质要求

生活饮用水指供人生活的饮水和生活用水，水质应符合现行国家标准《生活饮用水卫生标准》（GB 5749—2006）的规定。生活饮用水水质卫生要求主要有：生活饮用水中不得含有病原微生物；生活饮用水中化学物质不得危害人体健康；生活饮用水中放射性物质不得危害人体健康；生活饮用水的感官性状良好；生活饮用水应经消毒处理。控制饮用水卫生与安全的指标包括微生物指标、水的感官性状和一般化学物、毒理性指标和放射性指标四大类。

拓展知识 3-1：水质常规指标及限值

饮用水中的病原体包括细菌、病毒以及寄生型原生动物和蠕虫，其污染来源主要是人畜粪便。我国自来水厂普遍采用加氯消毒的方法，当饮用水中游离余氯达到一定浓度后，接触一段时间就可以杀灭水中细菌和病毒。因此，饮用水中余氯的测定是一项评价饮用水微生物学安全性的快速而重要的指标。

饮用水的色度不应超过 15 度，即一般饮用者不应察觉水有颜色，而且也应无异常气味和味道，水呈透明状，不浑浊，也无用肉眼可以看到的异物。如果发现饮用水浑浊、有颜色或异常味道，那就表示水被污染，应立即通知自来水公司和卫生防疫站进行调查和处理。

毒理性指标主要针对化学物质对饮用水的污染，避免发生长期使用累积性毒害。随着核能的发展和同位素新技术的应用,有可能产生放射性物质对环境的污染问题,因此水质检测还对放射性指标进行常规监测和评价。

水的硬度是指溶解在水中的盐类物质的含量,即钙盐与镁盐含量的多少。硬水在加热的情况下,会沉淀出碳酸钙和碳酸镁,产生水垢,布草多次洗涤后出现板结僵硬颜色黯淡等情况,因此建议水质硬度偏高的地区,民宿建设时给水系统设置软化水设备。

为了保障生活饮用水的卫生安全,卫生部门明确规定供水责任单位应定期检验水质并登记检验结果,水质检测工作由具有检验资质的第三方承担。因此民宿如果实施二次供水,应定期对水箱中的水进行水质检测。通常在水箱的原水入口、设备出水口、末梢水进行采样检验,必须检验的项目有:色度、pH、浑浊度、臭和味、肉眼可见物、硫酸盐、氯化物、氨氮、亚硝酸盐氮、硝酸盐氮、挥发酚类、耗氧量、总硬度、铁、锰、铜、铅、菌落总数、总大肠菌群、耐热大肠菌群、大肠埃希氏菌。必要时可以根据水箱类型、消毒方式等因素增加相关项目及消毒副产物的检测。

2. 水压

水压是指给水系统的压力。我国市政给水管网入户管给水压力一般在 0.28~0.35 MPa,能满足六层建筑使用。有市政供水管网覆盖的民宿建筑,应充分利用市政供水管网的水压直接供水。

市政压力不能满足要求需二次加压供水时,城镇与乡村的二次加压供水系统应分别满足《二次供水工程技术规程》(CJJ 140—2018)《镇(乡)村给水工程技术规程》(CJJ 123—2008)相关要求。二次供水压力应根据最不利用水点的工作压力确定,入户供水压力宜在 0.25~0.35 MPa,各供水点的压力宜保持在 0.15~0.35 MPa,并满足卫生器具工作压力要求。卫生器具给水配件承受的最大工作压力不得大于 0.60MPa。

3. 水量

与普通住宅相比,民宿用水量增大,用水时间比较集中,用水量不均匀,瞬时用水量较大。为保证供水可靠性,当城镇给水管网的水压和(或)水量不足时,通常设置水箱储水,水箱容量大小应综合考虑卫生安全、经济性、节能性。

当设置高位水箱时,由城镇给水管网夜间直接进水的高位水箱的生活用水调节容积,宜按用水人数和最高日用水定额确定,可参照表 3-1 用水定额及下列公式进行合理估算。

$$最高日用水量 = 使用总人数 \times 最高日用水定额$$

其中,最高日用水定额指用水量最高日人均生活所需要的用水量,单位为升/(人·日)。以有10间客房并单设卫生间的民宿为例，假设每间客房2人使用，则考虑到冷热水最高日用水量为10×2×(100+50)=3000L，宜设置3吨水箱。

表3-1 民宿用水量参考定额

设施标准	单位	生活水最高日用水定额	热水最高日用水定额
设公用盥洗室	L/(人·日)	50	25
设公用盥洗室、淋浴室	L/(人·日)	80	40
设单独卫生间	L/(人·日)	100	50

资料来源：根据《湖南省民宿建筑设计技术导则》整理

(二)供水方式

根据水源情况，建筑供水方式包括集中式供水、二次供水和小型集中式供水、分散式供水。有集中供水条件的地区，民宿应充分利用城镇给水管网的水压直接供水；当集中供水管网的水压和(或)水量不足时，应根据卫生安全、经济节能的原则选用储水调节和加压供水设备，称为二次供水。在偏远山区等无法集中供水的地区，民宿需自行设置吸水设备从水源取水，设置消毒设备处理饮用水，并进行供水，称为分散式供水。

根据蓄水调节和加压供水设备组合不同，建筑供水通常有市政直接供水、水箱恒压变频泵供水、无负压变频供水、箱式无负压变频供水、屋顶水箱供水等方式，民宿建筑可根据具体情况合理选择。

1. 市政直接供水

市政直接供水指市政给水管网与建筑内部管网直接相连的供水方式，无调节、贮备水量设备，无增压设备。这种方式系统简单、安装维护方便、投资较少、充分利用室外管网水压，当室外管网停水时，室内系统立即断水。这种方式适用于市政管网给水水压充足，并能全天保证用水要求的情况。

2. 高位水箱供水

室内给水系统与室外管网直接相连，同时设置屋顶水箱（高位水箱），依靠市政水压或水泵增压后向水箱供水并储水。当市政管网水压足够时依靠市政直接供水，当水压不足时由高压水箱供水。多用于室外管网水压周期性变化大，短时间不能保证建筑上层用水要求的情况。这种方式能保证水压水量稳定，但水箱占用一定建筑面积，增加结构负荷，同时需要避免水箱中的水质污染。为防止水箱中的水回流至室外管网，入户引入管上应设置止回阀。

3. 水箱恒压变频泵供水

拓展知识 3-2：其他供水方式

水箱恒压变频泵组供水方式由市政供水管网供水至地下生活水池（或水箱），采用恒压变频泵加压供水，基本工作原理是根据建筑用水量变化自动调节运行水泵台数和水泵转速，使水泵出口压力保持恒定。这种供水方式能保证供水压力稳定性和供水可靠性，但不能利用自来水管网原有压力，相应会增加水泵电耗。

4. 无负压变频泵组供水

无负压变频供水是一种将变频泵机组直接与市政供水接入管网相连，将市政管网压力和提升水泵的压力进行叠加后向系统供水的方式。这种供水方式可以充分利用市政管网压力，节省供水电力能源，无需二次储水，可避免二次污染，节约水箱水池占地面积及节约投资，但是无储水水箱存在一定储备水风险。

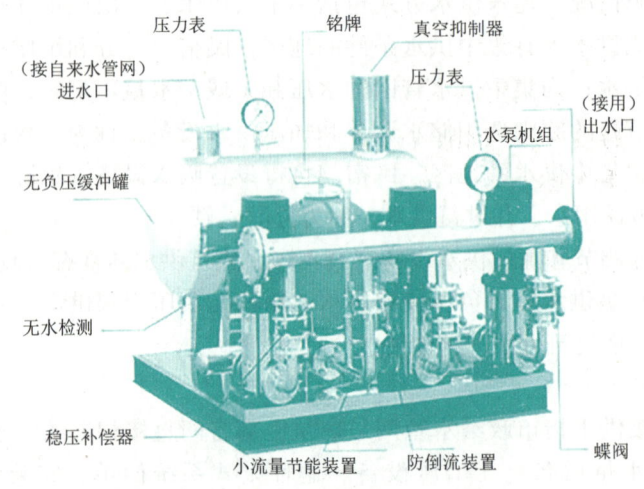

图 3-1　无负压变频供水设备

（三）供水系统设置安全要点

1. 二次供水不得影响城镇供水管网正常供水

为二次供水设置的泵房、水池（箱）、水泵、阀门、电控装置、消毒设备、压力水容器、供水管道等设施应设有防污染措施，设备应有铭牌标识和产品质量相关资料。

2. 储水设施无污染

生活饮用水水池（箱）宜设在专用房间内，其直接上层不应有厕所、浴室、盥洗室、厨房、厨房废水收集处理间、污水处理机房、污水泵房、洗衣房、垃圾间及其他产生污染源的房间，且不应与上述房间相毗邻。

生活饮用水水池（箱）周围2m内不得有污水管和污染物。埋地式生活饮用储水池周围10m内，不得有化粪池、污水处理构筑物、渗水井、垃圾堆放点等污染物。水池（箱）材质、衬砌材料和内壁涂料，不得影响水质。

3. 避免水池（箱）对建筑的不利影响

生活饮用水水池（箱）体应采用独立结构形式，不得利用建筑物的本体结构作为水池（箱）的壁板、底板及顶盖。

设置屋顶水箱供水且水压不足时，可设置局部增压设施，增压设施宜选用单项供电，采取减震、降噪措施，且不应设置在客房上方。

4. 管道连接及出水口设置应避免水质污染

自备水源的供水管道严禁与城镇给水管道直接连接；回用雨水等非生活饮用水管道严禁与生活饮用水管道连接。

生活饮用水管道不得与大便器（槽）、小便斗（槽）采用非专用冲洗阀直接连接。卫生器具和用水设备等的生活饮用水管配水件出水口高出承接用水容器溢流边缘的最小空气间隙，不得小于出水口直径的2.5倍，出水口不得被任何液体或杂质所淹没。

5. 给水管道上合理设置阀门加强水流控制

室内给水管道的下列部位应设置阀门：从给水干管上接出的支管起端；入户管、水表前和各分支立管；室内给水管道向住户、公用卫生间等接出的配水管起端；水池（箱）、加压泵房、水加热器、减压阀、倒流防止器等处应按安装要求配置。

6. 设置必要的防倒流装置避免水质回流污染

直接从城镇给水管网接入小区或建筑物的引入管上，密闭的水加热器或用水设备的进水管上，以及每台水泵的出水管上，应设置止回阀或倒流防止器，避免因水压变化产生回流污染。

防倒流装置应安装在便于维护、不会结冻的场所，不应装在有腐蚀性和污染的环境，具有排水功能的倒流防止器不得安装在泄水阀排水口等可能被淹没的场所。

7. 合理安装管道减少噪声影响

给水管道的支架应采用隔振支架，配水管起端宜设置水锤消除装置，配水支管与卫生器具配水件的连接宜采用软管连接。

图 3-2 水锤消除器

图 3-3 水锤消除器安装示意图

（四）供水系统日常管理要点

1. 加强供水系统巡视检查

定期对供水设备设施进行巡视检查，注意查看是否有水泵故障、管道渗漏、水龙头漏水、阀门锈蚀或损坏、水管保温层破损等现象，及时请专业人员进行维修处理。

2. 做好水箱安全管理和清洗

水箱要定期消毒清洗，避免细菌在水箱内滋生，通常根据水质情况，每半年清洗一次，水箱清洗后要用清水冲洗干净，并根据水箱的体积放入适量的漂白粉进行消毒处理。半年进行一次水质化验，确保水质达到合格标准。

表 3-2 二次供水水质检查主要指标

项目	色度	浑浊度	嗅和味	肉眼可见物	Ph	总硬度（以 $CaCO_3$ 计）	细菌总数	总大肠菌群
单位	度	NTU	—	—	—	mg/L	个/L	个/L
要求	不超过15度	不超过3度	不得有异嗅异味	不得含有	6.5~8.5	450	100	3

资料来源：根据《二次供水设施卫生规范》（GB 17051—19997）和《生活饮用水卫生标准》（GB 5749—2006）整理

3. 做好阀门养护

做好阀门的维护保养可以有效延长阀门寿命和保证启闭可靠，日常管理应做好以下几点：经常保持阀门的清洁，检查并保持阀门零部件的完整性；

定期拧紧螺栓防止松动泄漏；定期加注润滑油脂，减少阀杆螺纹与阀杆螺母摩擦，保持开关灵活；不经常启闭的阀门，也要定期转动手轮，对阀杆螺纹添加润滑剂，以防锈蚀；室外阀门，要对阀杆加保护套，以防雨、雪、尘土锈污。

二、热水系统管理

（一）热水供应要求

生活热水是民宿客人入住客房的核心需求，宜保证 24 小时不间断地向客房提供热水，合适的水温、稳定的水压与充足的卫生水源和水量，是衡量热水供应质量的重要方面。

1. 快速热水供应

由于生活热水在加热制备、贮存、输水、配水果茶中可能滋生军团菌等病菌，通常要求集中供应的热水温度不低于 60℃，如果达不到，则需加设消毒装置或系统定期升温灭菌。同时供水温度最高不超过 70℃。《生活热水水质标准》（CJ/T521—2018）同时要求热水龙头或混合阀单出热水时出水水温不低于 46℃，同时要求从开始放水至达到最低出水温度的时间不应大于 15 秒。值得注意的是一般人体皮肤接触水温超过 45℃时，产生热甚至烫的感觉，温度达到 47℃时有烫伤痛感。在一些老年照顾、幼儿园等弱势群体为主的建筑中，为保证淋浴者不被烫伤，热水龙头出水温度通常控制在 38℃~42℃。民宿应结合实际情况合理设置热水出水温度。

2. 冷热水水压平衡

客房洗浴用水要求出水强劲，热水供水压力宜保证在 0.2~0.35MPa 之间；通常采用自动变频恒压供水方式，保证冷水系统和热水系统压力平衡。用水末端采用恒温龙头、恒温阀等是也控温稳压的有效措施，既能控制出水温度防止烫伤，也能减少调节水温带来的水量浪费。

3. 热水出水量充足

为保证洗浴热水水量充足和适宜，应合理设置热水管网的管径和压力，各用水点每分钟出水量通常要求为：面盆 6 升/分钟；浴缸 18 升/分钟；淋浴 14 升/分钟；豪华客房淋浴 16 升/分钟。

（二）常用热水设备及使用安全

1. 电热水器

电热水器是指以电作为能源进行加热的热水器，主要有储热式（又称储水式）、即热式、速热式（又称半储水式）三种。电热水器安装方便，加热效

率高，安全环保。

（1）储热式电热水器

储热式电热水器使用前需要提前预热，具有出水量大、水温稳定、自动恒温保温等特点，但不能连续使用超出额定容量的水量。常用壁挂型容积通常为40~100升，因此需要考虑卫生间安装的空间及美观性。水垢会导致热水器加热效率降低、出水口堵塞等问题，因此储热式热水器选购应重点关注内胆的材质及防腐抗垢的性能。水质硬度高的地区使用储热式电热水器时，宜在热水器进水管前加装一个小型软化装置，降低水的硬度，减少结垢现象。

（2）即热式热水器。即热式热水器即开即热，功率较大，体积小巧，有淋浴型和厨用型（小厨宝），没有结水垢的问题。即热型热水器一般需要20~30安培电流，对电气线路要求高。

（3）速热式热水器。速热式热水器容量在6~30升，相对而言体积较小，功率更大，加热速度快，一次预热后即可连续供应热水。

民宿使用电热水器供应生活热水时，应注意热水器功率大小，合理匹配电源线，一般1500瓦以下的热水器所用电源线的横截面不应小于1.5平方毫米，2000~3000瓦的热水器所用电源线的横截面不应小于2.5平方毫米，同时需要考虑到该电源线是专供热水器单独使用，还是与其他用电器同时使用等因素。

2. 燃气热水器

燃气热水器是指以燃气作为燃料，通过燃烧加热的方式，将热量传递到流经热交换器的冷水中生产热水的一种热水设备。燃气热水器的优点是即开即用，无需等待，占地面积较小。为避免燃气不充分燃烧导致的一氧化碳中毒，燃气热水器应安装在浴室外面，但不宜太远，避免热水管道太长导致热损失。严禁在浴室内安装直接排气式燃气热水器等在使用空间内积聚有害气体的加热设备。

燃气热水器四周应有安全间距，不要密封在吊柜内，上面或周围不要放置易燃物，不要把毛巾、抹布堵挡在热水器的进、排气口上，以免造成火灾。燃气热水器应经常检查气源至热水器的整个管路系统，避免漏气；检查进水阀过滤纱网，避免造成进水阀堵塞等。每半年或一年应请燃气管理部门指定的专业人员对热水器进行检修保养，保持燃气热水器性能良好。当燃气热水器出现漏气、漏水、停水后火焰不灭、燃烧状况不良等现象时，应停止使用，并及时通知特约维修单位修理，严禁私自拆卸修理。

3. 太阳能热水器

太阳能热水器将太阳能光能转化为热能，将水从低温加热到高温，通过太阳能集热器、储水保温水箱、管道保温系统（连接管道）、自动控制系统和其他外部设备（如循环泵、电磁阀及伴热带等），满足生活热水需要。

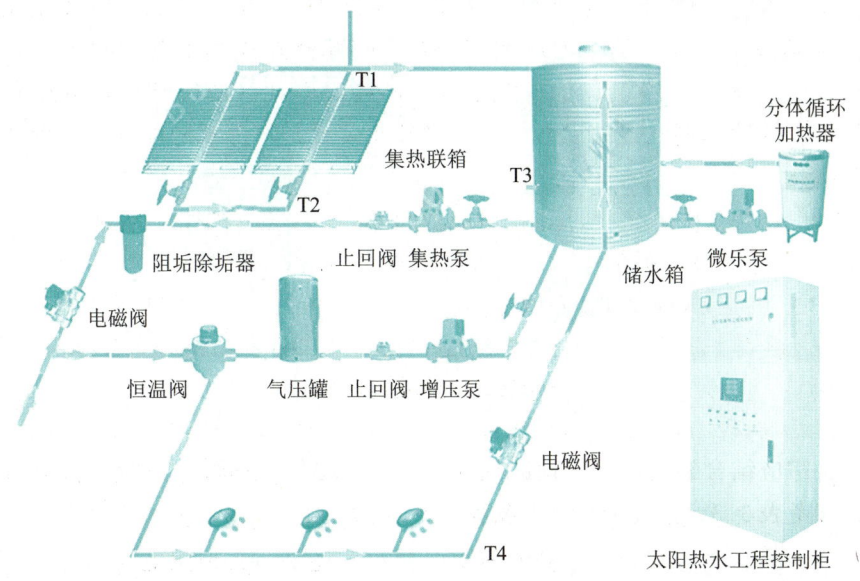

图 3-4　太阳能热水系统

太阳能热水器按结构形式分为真空管式太阳能热水器和平板式太阳能热水器，真空管式太阳能热水器使用较多。由于太阳能热水系统中的集热器及其置于室外的管路在严冬季节常常因积存在其中的水结冰膨胀而胀裂损坏，尤其是高纬度寒冷地区，因此宜选购具有防冻保护功能的太阳能热水器产品。

部分太阳能热水器具有电辅助加热功能，以保证阴天及雨雪天热水供应，选用这类产品注意查看是否配置防干烧、防冻、防溢流、漏电保护、水箱保护措施。

4. 空气源热泵热水器

空气源热泵热水器是利用空气作为低温热源来制取生活热水的热泵热水器，即通过消耗部分电能，把空气中的热量转移到水中制取热水，主要由空气源热泵循环系统和蓄水箱两部分组成。

空气源热泵机组可任意放置在屋顶或地面，不占用建筑的有效使用面积，施工安装简便，对环境无污染，是广泛使用的绿色节能技术。需要注意的是，空气源热泵的性能会随着室外气候变化而变化，在低温环境下其能效比会急速下降。因此，我国寒冷地区冬季气温较低，气候干燥，热泵冬季供热量不足，需设辅助加热器。

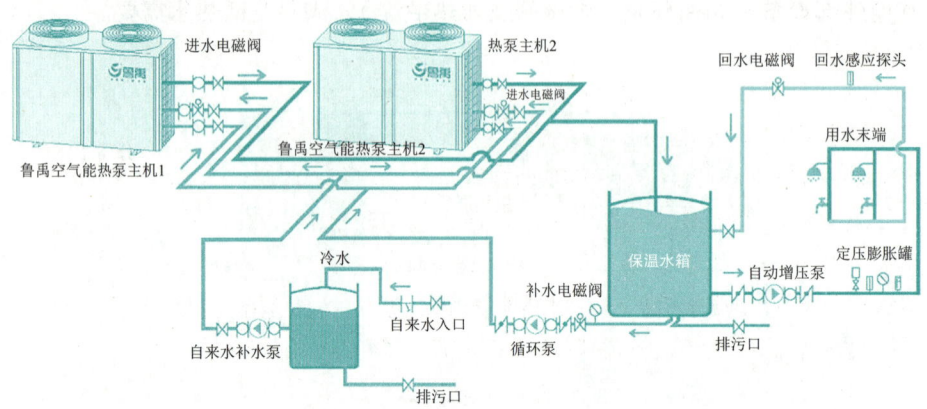

图 3-5　空气源热泵热水系统

民宿应结合经营需求、地区气候特点、能源供应情况、安全性、性价比等，参考表 3-3，合理选择热水设备。

表 3-3　1 吨热水从 15℃加热到 55℃所需费用估算

热水器种类	燃气热水器		电热水器	太阳能热水器	空气源热泵热水器
能源种类	天然气	液化气	电	太阳能+电辅	电+空气能
安全性	燃爆隐患	燃爆隐患	漏电隐患	安全	安全
使用年限	5~8 年	5~8 年	10 年	10 年	15 年
热效率	80%	85%	95%	250%	425%
能源单价	3.4m³/元	8 kg/元	0.6 元/kw·h	0.6 元/kw·h	0.6 元/kw·h
200L 耗能	1.18m³	0.86 kg	9.79 kw·h	3.72 kw·h	2.19 kw·h
1 吨热水需要能源	5.9m³	4.3 kg	48.95kw·h	18.6 kw·h	10.95 kw·h
每月费用	601.8 元	1032 元	881.1 元	334.8 元	197.1 元
每年费用	7221.6 元	12 384 元	10 573.2 元	4017.6 元	2365.2 元

注：按照 1 吨热水加热 1℃所需热量约 1000 大卡，加热 40℃所需热量 40 000 大卡估算。

5. 热水循环系统

我国建筑给排水设计规范中对热水循环系统的设计做出了具体规定:"热水供应系统应保证干管和立管中的热水循环""要求随时取得不低于规定温度的热水的建筑物,应保证支管中的热水循环,或有保证支管中热水温度的措施"。

由于民宿生活热水使用的不均匀性,热水供应系统处于动态、静态的无规律变化中,集中热水供应系统应考虑设置热水循环系统,弥补不用水或少用水时管道的热损失,以保证用水时能及时放出符合温度要求的热水。

热水循环水典型做法是由循环管路(包括冷水管、热水管和回水管)、循环泵、截止阀、热水设备组成一个水路循环流动系统,热水管串联上所有的用水点,然后在热水管路末端接入回水管。循环泵的功能有触发、温控两种,触发功能主要以水流动来触发传感器使循环泵工作,这种方式使用较多,但每次触发之后需要等十多秒钟热水才会到达,比较节能。温控是以温度温差来控制,能一直保持热水管随时都有热水,能耗相对较高。

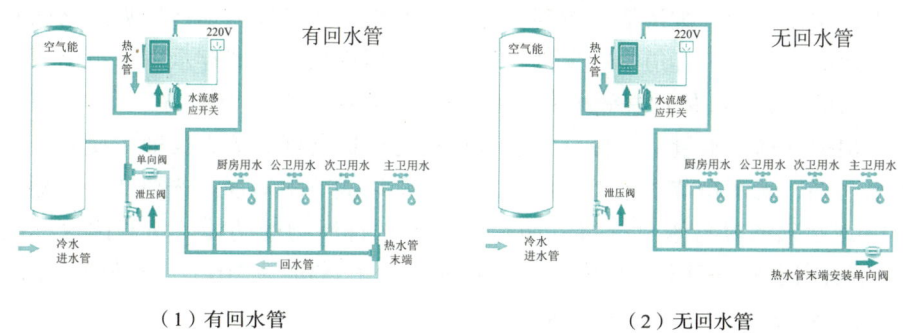

(1)有回水管　　　　　　　　　　　(2)无回水管

图 3-6　热水循环系统

三、排水系统管理

(一)排水基本知识

建筑排水系统的任务是能迅速通畅地将污水排到室外,并能保持系统气压稳定,同时将管道系统内有害有毒气体排到一定空间而保证室内环境卫生。

民宿污水根据其来源主要有以下两种:厨房污水含有机物,固体杂质,油脂含量高;卫生间污水包括冲洗便器污水和洗浴废水,主要有有机物、固体杂质、细菌、洗涤剂等。

生活排水系统将建筑中生活废水(即日常生活中排泄的污水等)和生活污水(主要指粪便污水)排至室外。我国目前建筑排污分流设计中将生活污

水单独排入化粪池,而生活废水则直接排入市政(污水管网)下水道。

(二)排水设施

1. 排水系统

室内排水系统是将室内人们在日常生活和生产中使用过的水分别汇集起来,直接或经过局部处理后,及时排入室外污水管道,主要由卫生器具、排水管道系统、通气管系统和清通设备等部分组成。

2. 卫生器具

卫生器具是建筑排水的重要组成部分,主要有马桶、小便斗、台盆、浴缸等。卫生器具一般采用不透水、无气孔、表面光滑、耐磨损、耐冷热、便于清扫并有一定强度的材料制造,如陶瓷、塑料、不锈钢等。卫生器具正向着冲洗功能强、节水、低噪声、智能控制、造型新颖等方向发展。

马桶是卫生间中用于收集大小便等生活污水,快速排入下水道的坐式大便器,自身带有存水弯防止臭气溢出。马桶根据冲水原理有直冲式和虹吸式两类。直冲式座便器利用冲水时冲水的自身重力,将污物从座便器存水弯中压出以实现排污,排污能力较强,冲水声音大,防臭能力弱;虹吸式马桶利用冲水时马桶排污管道中产生的虹吸力,将污物从座便器存水弯中吸出而达到排污的目的,缸体冲洗效果更干净,冲水噪声小,防臭效果好。

根据马桶用水量,马桶分为节水马桶与普通马桶。节水马桶主要有气压节水马桶、无水箱节水马桶,以及废水再利用式节水马桶。选择节水马桶时应注意必须兼具省水、维持洗净功能及输送排泄物的功能。我国国家标准《坐便器用水效率限定值及用水效率等级》(GB 25502—2017)对马桶用水效率等级做了规定,如表3-4所示。

表3-4 坐便器用水效率限定值及用水效率等级

坐便器水效等级	1级	2级	3级
坐便器平均用水量	≤4.0	≤5.0	≤6.4
双冲坐便器全冲用水量	≤5.0	≤6.0	≤8.0
备注:每个水效等级中双冲坐便器的半冲平均用水量不大于其全冲用水量最大限值的70%。			

资料来源:《坐便器用水效率限定值及水效率等级》(GB 25502—2017)

马桶根据排污方向分为后排式(横排式)和地排式(下排式),选购后排式马桶应考虑排污口中心离地面的高度,一般为180mm;地排式马桶排污口在地面,则应注意排污口中心点离墙的距离,排污口离墙距离分为400mm、

305mm、200mm 三种。其中北方城市对 400mm 坑距马桶使用较多，南方城市对 305mm 坑距马桶使用较多。

3. 排水附件

（1）存水弯

①存水弯指在卫生器具内部或器具排水管段上设置的一种内有水封的连通配件，存水弯中的水封将下水道中的臭气与室内空气隔绝开，防止臭气进入室内，是室内排水管道的主要附件之一。按照形状不同，存水弯主要分为 S 形和 P 形；S 形存水弯用于与排水管垂直连接的场所，如洗脸台盆下水；P 形存水弯用于与排水横管或排水立管水平直角连接的场所，如蹲式大便器的排水。

②水封高度通常为 50~100mm，若水封高度太大，污水中固体杂质容易沉积在存水弯底部，堵塞管道；水封高度太小，管内气体容易克服水封的静水压力进入室内，污染环境。

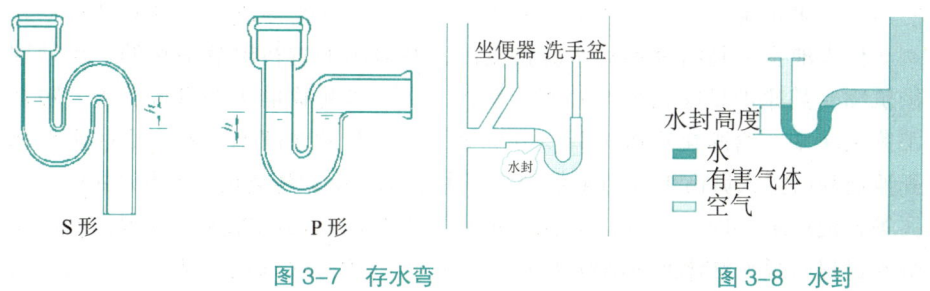

图 3-7　存水弯　　　　　　图 3-8　水封

③因静态和动态原因造成存水弯内水封高度减少，不足以抵抗管道内允许的压力变化值时，管道内气体进入室内的现象叫水封破坏，这是导致卫生间臭气的主要原因。水封水量损失主要有以下三个原因：自虹吸损失、诱导虹吸损失，以及蒸发损失。为了避免虹吸损失，排水管道应合理配置通气管；为避免水分蒸发过度，管理人员应定期向存水弯部分注水，保持一定水封高度。

（2）地漏

①地漏是地面与排水管道系统连接的排水器具，可以起到防臭气、防堵塞、防蟑螂、防返水等作用。由于地漏排除的是地面污水，其中含水渍、固体物、纤维物、毛发、易沉积物等，因此地漏应重点关注排水速度、防臭效果、易清理性、防堵塞的功能。地漏性能好坏直接影响室内空气的质量，对卫浴间的异味控制非常重要。

②地漏按材质分为 PVC、锌合金、不锈钢、黄铜；按防臭原理分为传统水封式、翻板式、弹簧式、硅胶密封式、双存水弯式。传统水封式地漏，又称钟罩式地漏，即用一个扣碗扣在下水管口上，营造出一个"U"型存水弯，

从而达到密封的目的。水封式地漏因其构造的缺陷，容易水分蒸发或管道内气压失去平衡，导致水封破坏，积存污物和产生异味，不建议使用。双存水弯地漏是近年来出现的新型地漏，设置有两个存水弯，环环相辅，产生更好的水封密闭性。

（1）水封地漏　　（2）翻板式地漏　　（3）弹簧式地漏　　（4）硅胶式地漏　　（5）双存水弯地漏

图 3-9　地漏的类型

4. 污水处理设施

（1）化粪池

化粪池指的是将生活污水分格沉淀，及对污泥进行厌氧消化的小型处理构筑物。其原理是固化物在池底分解，上层的水化物体进入管道流走，防止了管道堵塞，给固化物体（粪便等垃圾）有充足的时间水解。生活污水经化粪池处理后排入城市市政污水管网（下水道），污水中较重的杂质如粪便、纸屑等在池中数小时后沉淀形成池底污泥，三个月后污泥经厌氧分解、酸性发酵等过程后脱水熟化便可清掏出来。

（2）隔油池（器）

①民宿餐饮废水主要有食物纤维、淀粉、油脂、洗涤剂等，需经隔油池或油水处理器预处理后再排放，排放应符合地方主管部门对污水排放的要求，一般污水含油量应低于 100mg/L。隔油池利用废水中悬浮物和水的比重不同而达到分离的目的。

图 3-10　小型隔油器

②餐饮厨房洗涤池排水管建议安装小型隔油器，可大大提高油水分离效果。隔油器主要由流入口、杂物箱、隔板、箱板、盖板、流出口及排水口罩等结构组成，可分为截流分离区和净化排水区两大功能区。截流分离区主要是将含油污水中的固体杂物（菜渣等）截流除去，并利用重力分离法将油、污泥和水逐步分离；净化排水区则将处理后的中水进一步沉淀分离，最后经排水口罩过滤排出，从而实现对含油污水的高度净化。

（三）排水系统安全管理要点

（1）污水管道与雨水管道严格分开，禁止将污水未经处理合格排入雨水管道。禁止将废渣如各种废弃物、泥土、垃圾等冲入下水道。

（2）餐厅污水排放口必须设置过滤网，滤出的垃圾按生活废弃物处理，含油量较多的废水禁止不经分离或未经处理直接倒入下水道。

（3）废弃油类、废化学品等对环境会造成较大危害的物品禁止倒入下水道，应妥善存放在专门回收容器中，由指定具回收资质的单位或机构回收处理。

（4）做好对排污设施的定期检查和清理维护。根据民宿污水情况或定期对污水集水坑、污水泵、排污管道等进行清理，对隔油池、化粪池等污水处理设施应请专业公司进行定期清理，并做好清理的监督管理工作。

（5）定期或雨期到来之前对屋面进行清扫，检查清扫屋顶落水、雨水口上的积尘、污垢及杂物，检查雨水口、落水管、雨水管支架的牢固程度。

第二节　电气安全

一、用电合理配置

（一）合理估算用电负荷，保证持续供电

持续稳定的电力供应是民宿正常经营的基础。民宿在设计和建设之前，应合理估算用电负荷，与供电部门沟通进行变压器增容和换线，保障供电电压稳定和安全。

（二）使用节能灯具，营造温馨氛围

客房照明应满足功能照明、亮度合适、光线柔和、避免炫光，方便宾客正常活动需要。灯具宜采用 LED 灯节能灯具，灯光以暖色调为主。

（三）照明控制方式合理，方便宾客使用

民宿客房、餐厅、公共区域应设置方便宾客使用的开关，并有明显标

识。客房中顶灯宜设置双控或双回路控制，能同时在门边和床头控制。客房床头宜设置总控开关和床头灯具开关，总控开关面板应与其他开关面板有所区别，安装位置单列或有明显标识。排气扇、灯及排气开关宜设置在卫生间门外。

客房宜设置节电开关，合理实施照明控制。宾客取卡离开房间后，系统延时关闭所有受控设备（包括卫生间照明、衣柜灯、电视、床头灯、台灯、落地灯及其他非不间断电源等）。客房中灯具，除了床头灯、台灯，其余灯宜设置分组控制。床头附近宜设置总控开关，宾客可一键将客房内一般照明全部熄灭。

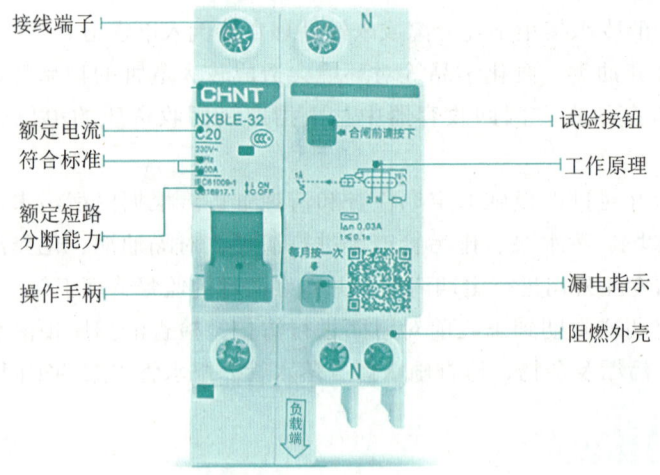

图 3-11 漏电保护空气开关

（四）合理设置插座，数量充足

民宿应根据宾客在各区域的活动规律合理设置充足的插座，满足宾客手机充电、电脑使用、小型会议、临时设备等用电需要，注意宾客安全性、舒适性、方便性、合理性。

客房通常设置电视机插座、床头插座、写字台插座、空调用插座，洗脸台面设置普通防水五孔插座。插座的位置应考虑美观、安全及便于宾客使用：床头附近应设置插座或 USB 插口，插座高出柜面 100mm。写字台插座位置应高于台面 50~100mm，不宜设置在桌子下方。休闲沙发处距地 300mm 宜设置一个电源插座作为备用。电视机插座位置宜距地 800mm，可被电视遮挡住，达到美观的效果。

【案例 3-1】

充分重视设施安全，减少安全隐患

2020 年 8 月，吴先生带着妻子和 5 岁的女儿入住莫干山某高端民宿。期间，他们 5 岁的女儿在房间内跑来跑去，一不注意，手甩到了电视机的架子上，电视从架子上掉了下来，砸中了孩子的脚导致骨折。吴先生认为是因为民宿的设备设施有安全隐患导致，要求民宿负责全部医药费用之外，赔偿 3 万元相关损失。

（案例来源：根据百度百家号——海峡消费报 2020-08-14 "五岁女儿乱跑被电视砸骨折，家长怒向民宿索赔 3 万"整理）

思考： 电视机砸到小孩的根本原因是什么？这件事情中民宿、住客各自应该承担什么责任？民宿如何避免此类隐患？

案例点评： 儿童好动且安全意识不足，在狭小的客房中跑动容易发生安全事故。案例中，儿童碰到电视架，电视便掉下来，说明电视安装不够牢固或者螺丝松动，存在安全隐患。事故中双方都应负一定责任：民宿未有效保障设施安全，家长未尽到看管责任。民宿经营者应提高设施安全管理意识，保障设备设施安全使用，对有安全隐患的地方要及时进行整改和维修，以免影响客人体验，避免造成安全事故。同时，客人入住前，应和客人进行充分必要的沟通，做好相关提示，降低意外事故发生的可能。

二、电气安全设置

（一）电气安全基本要求

近年来民宿电气火灾事故频发，民宿应加强电气线路及其敷设、安全用电等方面的设计和管理，并定期维护保养、检测。电气安全方面主要遵守《民用建筑电气设计标准》（GB 51348—2019）、《建筑设计防火规范》（GB 50016—2014）、《农村民居雷电防护工程技术规范》（GB 50952—2013）、《建筑物防雷设计规范》（GB 50057—2010）等规范的要求。

1. 民用建筑电气设计标准中相关要求

我国《民用建筑电气设计标准》（GB 51348—2019）规定了民用建筑电气设计必须遵循的基本原则和应达到的基本要求，主要是：

（1）保证电气设施运行安全可靠、经济合理、技术先进、维护管理方便。

（2）电气设计应体现以人为本，对电磁污染、声污染及光污染采取综合治理，达到环境保护相关标准的要求，确保人居环境安全。

（3）积极采用和推广成熟、有效的节能措施，降低电能消耗。

（4）选择符合国家现行标准的产品，禁止使用已被国家淘汰的和不符合国家技术标准的劣质产品。

2. 建筑设计防火规范中相关要求

为了预防建筑火灾，减少火灾危害，保护人身和财产安全，《建筑设计防火规范》对消防电源及其配电、电力线路铺设及电气装置、消防应急照明和疏散指示标志等做了具体要求。相关要求主要包括：

（1）消防用电设备应采用专用的供电回路，应满足火灾时连续供电的需要。

（2）备用消防电源的供电时间和容量，应满足该建筑火灾延续时间内各消防用电设备的要求。

（3）电气线路应采用具有良好绝缘性能的安全线缆。

（4）电气线路铺设应尽量避开建筑潮湿、高温部位，不安装在可燃物上。

（5）开关、插座和照明灯具靠近可燃物时，应采取隔热、散热等防火措施。

3. 建筑防雷设计要求

我国《民用建筑电气设计标准》（GB 51348—2019）、《建筑物防雷设计规范》（GB 50057—2010）、《农村民居雷电防护工程技术规范》（GB 50952—2013）等对建筑物防雷电破坏提出了具体技术要求。

《建筑物防雷设计规范》根据建筑物的重要性、使用性质、发生雷电事故的可能性和后果，按防雷要求划分了三类防雷建筑物，分别为第一类防雷建筑物、第二类防雷建筑物、第三类防雷建筑物，防雷要求依次降低。

不属于现行国家标准《建筑物防雷设计规范》中第二、三类防雷建筑物的农村民居，在可能发生对地闪击的地区，符合一定条件的应划为一般农村民居防雷建筑物。

防雷建筑物需要根据上述规范要求设置相应的防雷措施，主要包括设置接闪器、引下线、接地体的外部防雷装置，设置防雷等电位联结，以及采取防止闪电电涌侵入的措施。

（二）电气线路安全设置

环境温度，外部热源的热效应，浸水对绝缘的损害，灰尘聚集对散热和绝缘的不良影响，撞击、振动和其他应力作用以及因建筑物的变形而引起的危害等，对布线系统的敷设和使用安全都将产生极为不利的影响和危害。

保证电路安全要做好几个方面的措施：使用安全合格的线缆；通过电线

的电流不应超过电线的安全载流量；不使电线受潮、受热、受腐蚀或碰伤、压伤，尽量不让电线通过温度高、潮湿、有腐蚀性气体的场所，电线通过容易损伤的地方做好保护措施；定期检查维修线路，对破损、老化线路及时更换，确保线路安全。

1. 使用安全电缆

为保证线路运行安全和防火、阻燃要求，电气线路及其布线用管（槽）和附件必须选用难燃类制品，不使用绝缘老化或失去绝缘性能的电气线路。

民用建筑装修常采用线缆有 BV、BVVB、BVR 线等，其中第一个字母 B 代表"布线用线材"，V 代表"绝缘材料为塑料 PVC，即聚氯乙烯"，R 代表"软线"。同时，线材标识 ZR 代表阻燃，NH 代表耐火。

BV 指单股铜芯聚氯乙烯普通绝缘电线，无护套线，简称单芯单股硬线，常用于固定场合布线使用。

BVR 指聚氯乙烯绝缘铜芯软布电线，简称软线，通常由 7 根或 7 根以上铜丝胶合而成，安装穿管较为方便，多用于转角多的固定场合布线或电机连接使用。

BVVB 指铜芯聚氯乙烯绝缘聚氯乙烯扁平护套线，铜芯（硬）布电线，常简称护套线，由 2 根或 3 根以上的 BV 线套成，多作为明装电线，或机械防护较高、潮湿场合安装使用。

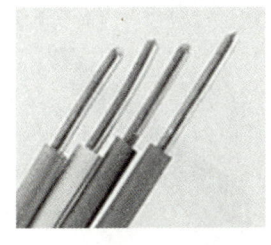  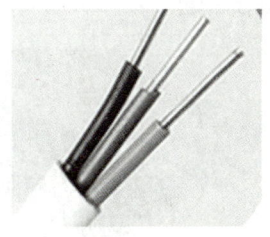

（1）BV 单芯单股硬线　　　（2）BVR 多芯多股软线　　　（3）BVVB 扁平硬护套线

图 3-12　常用电线

电线有多种颜色，火线一般使用红色，零线一般使用黄色、蓝色、绿色，保护接地线必须使用黄绿双色。常用电线规格及其承载电流、极限功率如表 3-5 所示，民宿装修中应根据使用场合、设备功率等情况保证安全合理选用线材。

表 3-5 常用 BV/BVR 电线电流功率

截面积（m²）	安全电流（安培）	最大承载功率（KW）220v	最大承载功率（KW）380v	适用场所	断路器规格
1.5	8~15	4200	9500	照明	C16
2.5	16~25	5800	13 000	照明、插座	C25
4	25~32	7600	17 000	空调、热水器	C32
6	32~40	10 000	22 000	入户线、空调	C40
10	40~65	13 800	31 000	入户线、中央空调	C63

2. 安全铺设电气线路

为了增强电线的绝缘、防潮、防腐和保持通畅等性能，电气线路铺设可采用金属导管或塑料导管保护，做好必要的隔热防潮措施。保护接地线应采用焊接、压接、螺栓联结或其他可靠方法联结，严禁缠绕或挂钩。

插头与插座应按规定正确接线，插座保护接地极在任何情况下都应单独与保护接地线可靠连接，不得在插头（座）内将保护接地极与工作中性线连接在一起。

（1）PVC 阻燃绝缘电工套管　　（2）热镀锌钢导管　　（3）热镀锌防腐电缆槽盒

图 3-13 常用线路安装管材

一般线路必须使用套管安装的情况如下：

（1）电缆进入建筑物、隧道、穿过楼板及墙壁处应采用套管安装。

（2）潮湿高温环境容易使电线老化损害，因此室内敷设电气线路时应尽量避开潮湿部位和炉灶、烟囱等高温部位，且不应直接敷设在可燃物上，导线的连接部分应牢固可靠。

（3）安装条件有限致电气线路必需敷设在可燃物上或在有可燃物的吊顶

内时,线路须穿金属管、阻燃套管保护,或采用阻燃电缆(ZR)。禁止采用刚性塑料的导管和槽盒布线。

可燃物包括木结构、木吊顶板、PV吊顶板、泡沫吸声板、PC聚碳酸酯板和膜材等。

3. 电气线路安全保护

电气线路铺设在建筑内部或者潮湿环境中,应做好防潮、隔热和耐久性保护。

(1)线路防潮保护。明敷金属导管应做好防腐、防潮处理。潮湿场所中配电线路布线采用的导管壁厚不宜小于2mm。

(2)线路耐久性保护。在楼板、墙体、柱内暗敷的电气线缆保护管的覆盖层不应小于15mm;在楼板、墙体、柱内暗敷的消防设备配电线缆保护管的覆盖层不应小于30mm。覆盖层应采用不燃性材料。

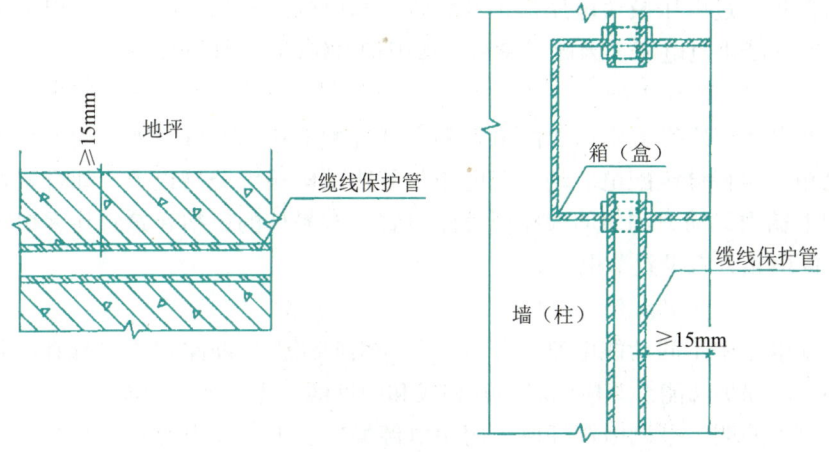

图3-14 暗敷缆线保护管覆盖层最小值示意

(3)线路安装洞口防火封堵。电缆、导管、电缆桥架及封闭式母线槽在穿越不同防火分区的楼板、墙体时,其洞口应进行防火封堵,以防止火灾蔓延扩大灾情。常用防火封堵材料有防火封堵板材、泡沫封堵材料、阻燃模块、防火密封胶、柔性有机堵料、无机堵料及阻火包等。

(4)线路隔热保护。使用额定功率超过100瓦的灯具时,引入线应采用瓷管、矿棉等不燃材料做隔热保护;使用额定功率超过60瓦的灯具时,灯具及镇流器不应直接安装在可燃物上。

图 3-15　阻火包　　　　　　　　图 3-16　防火泡沫

（三）电气设备分路控制

为了更好地保护电气线路和用电设备，电气线路上应设置短路保护、过负荷保护、过电压及欠电压保护等装置，当电气线路发生故障时，保护装置能及时切断供电电源。因此，民宿应重视配电箱的合理设置。

1. 合理设置分级配电箱

配电系统应设置室内总配电箱和室外分配电箱或设置室外总配电箱各分配电箱，实行分级配电。动力配电箱与照明配电箱宜分别设置，如合置在同一配电箱内，动力和照明线路应分路设置。有条件的民宿建筑宜在客房内设置分配电箱，宜设置节电开关。

2. 配电箱中实施分路控制

配电箱中不同功能电路宜分设，各配出回路保护断路器均应具有过载保护和短路保护功能，并应同时断开相线和中性线。主要的回路有：

（1）照明、空调电源插座、厨房电源插座、卫生间电源插座与其他电源插座均应分别设置配电回路。

（2）供电条件受限情况下需普通照明与插座共用同一分支回路时，应保证该分支回路或该插座处具有剩余电流保护功能，该插座对应的使用功能不会对照明功能产生不利影响。

（3）每个柜式空调电源插座应单独设置 1 个回路，其他空调电源回路不宜超过 2 只插座。

3. 配电箱中设置安全装置

配电箱中工作零线应通过接线端子板连接，并与保护零线接线端子板分设。配电箱中连接线应采用绝缘导线，接头不得松动，不得有外露带电部分。

为提高和保障用电设备安全可靠有效，防止某个配电回路出现电流故障时，电气设备出现火灾或触电事故，配电线路上应设置具有短路、过载、过电压及欠电压等保护功能并能同时断开相线和中性线的保护装置，以保证用电安全。尤其在潮湿环境中，用电设备及电路应重点做好过负荷、短路及保护漏电。电动汽车充电装置应具备充电完成后自动断电的功能，并具备短路漏电保护装置，充电装置附近应配备必要的消防设施。

断路器是一种能够接通和分段正常负荷电流、过负荷电流、过压电流的一种开关设备，其在运行中可以通过接通和分段短路电流来保障电气设备的稳定、安全运行，被广泛使用。断路器规格应根据保护电器的额定电流、动作电流和动作时间要求合理选用。

漏电保护器是当电路中的漏电流超过某一设定值时，能自动切断电源或发出报警信号的一种安全保护装置，能防止漏电导致的人身触电伤亡事故。配电箱中必须装设漏电保护器，额定漏电动作电流不大于 30mA，使用于潮湿和有腐蚀介质场所的漏电保护器应采用防溅型产品，其额定漏电动作电流应不大于 15mA，额定漏电动作时间应小于 0.1s。

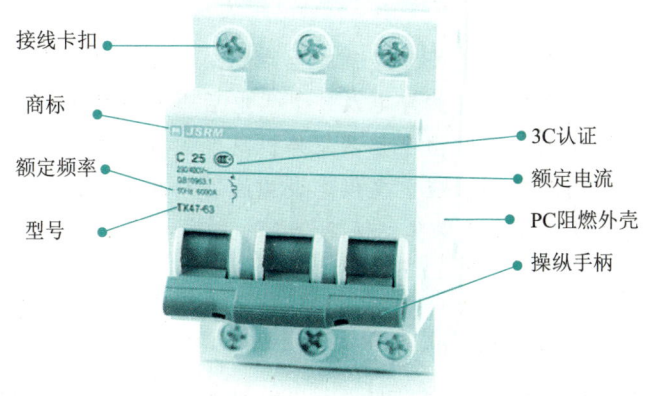

图 3-17　空气开关（断路器）

漏电保护开关兼具断路器和漏电保护功能，不仅能和其他断路器一样将主电接通或断开，而且具有漏电电流检测和判断功能，具有良好的适用性。

【案例 3-2】

青岛某宾馆停电致空调烧坏停业半月，供电公司不赔误工费

2018 年 3 月 5 日至 6 日凌晨，青岛崔先生经营的旅馆遭遇突然停电，几分钟后供电恢复。之后崔先生发现两台空调外机损坏，其中一台主板烧坏，一台压缩机损毁。空调厂家检修后认为需要时间从工厂调取配件。因为天气寒冷，旅馆被迫停业十五天。崔先生认为之前未接到供电公司停电通知，突然停电导致了空调损坏及后续的停业损失，要求供电公司赔偿空调维修费用 19 000 元，以及无法营业 15 天，每天 3000 元的经营费用标准，共计 6.4 万元赔偿。青岛供电公司称只有在计划停电时，才会提前通知用户，而崔先生遭遇的停电是故障性停电，因此没有得到及时通知。同时，烧毁的空调外机可以赔偿，但根据供电责任保险条款的规定，用户要求的间接损失不给赔偿。

（案例来源：作者根据信网新闻 2018-04-04 "宾馆停电空调受损 青岛供电公司不赔误工费"整理）

思考： 突然停电为什么会导致空调烧坏？有什么保障措施？民宿如何保证供电安全？

案例点评： 电力供应是民宿经营的生命线，稳定的电力供应保证设备安全正常运行。案例中由于突然停电及恢复供电后瞬间电流太大，空调室外机的主板和压缩机烧毁，同时由于空调室外机更换配件需要时间，导致旅馆的经营受到影响。因此管理者应重视供电设施的安全配置，以及供电的安全和可靠，定期进行设备的维护保养，保障设备的正常运行。

（四）消防供电

1. 应急电源

当正常照明电源发生故障，即市电供电异常或者发生火警切断所有非消防电源时，应能及时自动启动照明和应急疏散指示光源的应急电源。

当正常照明因故失效后，人员由于无法有效观察周围环境而极易发生人身伤害，因此需要设置不中断或瞬时恢复的应急照明。应急照明灯在正常电源失效后，其备用电源的转换时间必须保证在允许中断的时间内恢复。

应急疏散照明，由于设备用电量较小、电源转换时间要求较高，特别是在消防疏散过程中要保证持续供电，因此用蓄电池组做应急电源，能保证其可靠性，而与其他电源组合的方式可保证应急供电持续时间。民宿建筑内消防应急照明和灯光疏散指示标志的备用电源的连续供电时间应不少于 0.5

小时。

消防应急疏散照明的蓄电池组在非点亮状态下,不得中断蓄电池的充电电源。疏散标志灯平时应处于点亮状态,疏散照明灯可工作在非点亮状态。

民宿疏散照明宜由独立的消防疏散照明配电箱供电,应在灯具内或集中设置蓄电池组供电,从美观角度宜选内附蓄电池组的疏散照明灯具。

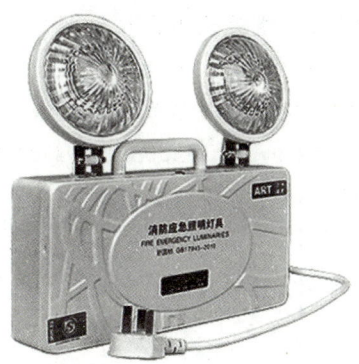

图 3-18　蓄电消防应急灯

2. 消防电路铺设

消防配电线路与其他配电线路宜分开敷设在不同的电缆井、沟内;确有困难需敷设在同一电缆井、沟内时,应分别布置在电缆井、沟的两侧,且消防配电线路应采用矿物绝缘类不燃性电缆。

消防应急疏散照明系统的配电线路应穿热镀锌金属管保护敷设在不燃烧体内,在吊顶内敷设的线路应采用耐火导线(NH)并采取防火措施的金属导管保护,保护层厚度不应小于30mm。

3. 疏散指示灯设置

消防疏散照明灯及疏散指示标志灯设置应符合下列规定:

消防应急(疏散)照明灯应设置在墙面或顶棚上,设置在顶棚上的疏散照明灯不应采用嵌入式安装方式。

疏散指示标志灯在顶棚安装时,不应采用嵌入式安装方式。安全出口标志灯应安装在疏散口的内侧上方,底边距地不宜低于2m;疏散走道的疏散指示标志灯具应在走道及转角处离地面1m以下墙面上、柱上或地面上设置,采用顶装方式时,底边距地宜为2~2.50m。

设在墙面上、柱上的疏散指示标志灯具间距在直行段为垂直视觉时不应大于20m,侧向视觉时不应大于10m;对于袋形走道,不应大于10m。

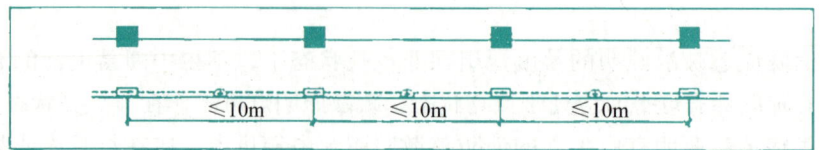

图 3-19　直行疏散走道疏散照明布置示意图

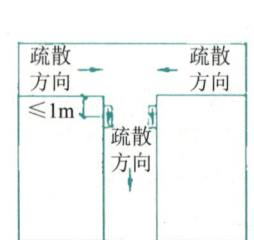

图 3-20　交叉疏散走道标准灯布置

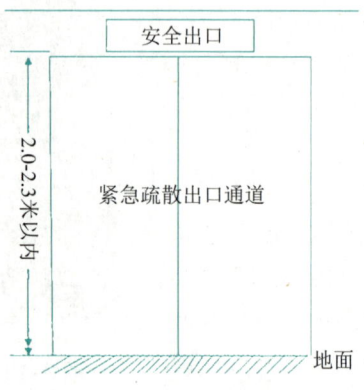

图 3-21　安全出口指示安装示意图

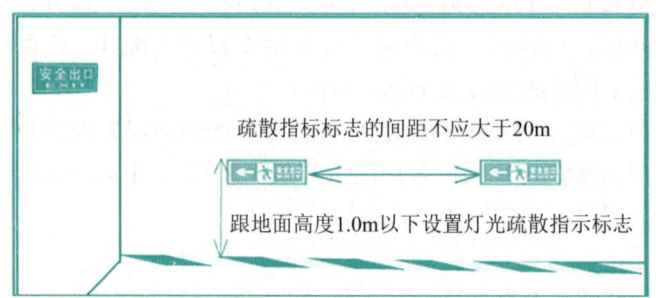

图 3-22　安全疏散指示安装示意图

三、建筑防雷安全

（一）防雷基本知识

1. 雷电现象

雷电是常见的自然现象之一，它是由于大气中的云体之间、云地之间正负电荷互相摩擦产生剧烈的放电现象。

2. 雷电危害

雷电具有极大的综合性破坏力，包括直击雷的危害和感应雷的危害。

直击雷是指雷电直接击在建筑物、构架、树木、动植物上，因电效应、热效应和机械力效应等造成建筑物等损坏以及人员伤亡。直击雷的电磁场有可能使机房微电子设备遭受浪涌过电压的危害。

感应雷也称雷电感应，是在雷电过程中产生的强大瞬间电磁场，它可在地面金属网络中产生感应电荷（例如有线、无线通讯网络、电力输电网络和其他金属材料制成的线路系统），这种高强度的感应电荷会在这些金属网络中形成强大的瞬间高压电场，对用电设备形成高压电弧放电，从而引起火灾、爆炸、危及人身安全或对供电系统造成危害。

3. 雷电防护

雷电防护是建筑整个空间范围设置全方位、综合性的雷电防护措施，包括外部防雷和内部防雷。外部防雷也称为外部避雷，保护建筑物免受直击雷引起的火灾事故及人身安全事故。内部防雷是针对雷电感应的防护，避免瞬时强磁场导致瞬时高电压造成设备损害及电气事故。

4. 防雷装置

防雷装置指用于减少闪电击中建筑物（构造物）或其附近造成的物质性损害或人身伤亡的装置，由外部防雷装置和内部防雷装置组成。

外部防雷装置包括接闪器（避雷针、金属屋面、金属构件等）、引下线（将雷电流从接闪器传至接地装置的导体）、接地装置（用于传到雷电流并将其流散入大地，包括接地体和接地线）组成。

内部防雷装置包括防雷电波侵入（过电压保护）、防地电位反击（设置安全距离、等电位联结）、防雷电感应（电磁屏蔽、合理布线）、共用接地（金属导线、绝缘配件）等措施，以及雷电预警等多方面进行综合性的防护和预防。

（二）民宿防雷设计要求

根据《建筑物防雷设计规范》划分条件，年预计雷击次数大于 0.25 的民宿建筑应划为第二类防雷建筑；满足下列要求之一的民宿建筑应划为第三类防雷建筑：年预计雷击次数大于或等于 0.05 且小于 0.25；在建筑群中最高的建筑物或位于建筑群边缘高度超过 20m 的建筑物；通过调查确认当地遭受过雷击灾害的类似建筑物；历史上雷害事故严重地区或雷害事故较多地区的较重要建筑物。

不属于现行国家标准《建筑物防雷设计规范》（GB 50057—2010）中第二、三类防雷建筑物的农村民居，在可能发生对地闪击的地区，凡符合下列条件之一时，应划为一般农村民居防雷建筑物，应按《农村民居雷电防护工程技术规范》(GB 50952—2013)的要求进行防雷工程的设计和施工：预计雷击次数大于或等于 0.013 次／年且小于 0.05 次／年的农村民居；在年平均雷暴日大于 15 天／年的地区，高度在 10m 及以上且低于 15m 的农村民居；在年平均雷暴日小于或等于 15 天／年的地区，高度在 15m 及以上低于 20m 的农村民居；曾遭受过雷击的农村民居及其周边 60m 范围内的农村民居。

民宿应结合所在区域地质、地貌、气象、环境等条件和雷电活动规律以及建筑特点等，因地制宜地采取防雷措施，防止或减少雷击引发的人身伤亡和财产损失，做到安全可靠、技术先进、经济合理。

（三）民宿雷电防护措施

1. 外部防雷接地

雷暴天气较为多发的地区，民宿建筑宜做外部防雷保护。

钢筋混凝土结构（包括含有钢筋的砖混结构）和钢结构民宿建筑的外部防雷宜利用钢筋混凝土屋面钢筋网、梁内钢筋和钢结构金属屋面作为接闪器；宜利用柱内钢筋和钢结构柱作为自然引下线，应利用基础内钢筋作为接地装置。

砖石、砖瓦、砖木的砌体结构或竹木结构的农村民居，应专门设置接闪器、引下线和接地装置。

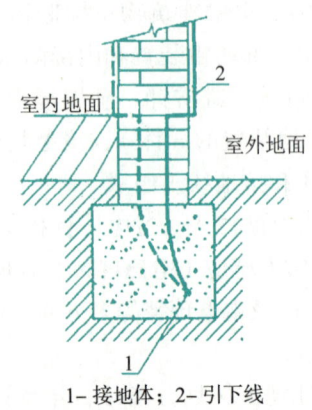

1- 接地体；2- 引下线

图 3-23　敷设在素混凝土基础内的圆（扁）钢接地体

2. 建筑等电位联结

防雷等电位联结指将建筑内分散布置的金属物体直接用连接导体或经电涌保护器连接到防雷装置上以减小雷电流引发的电位差。即把建筑物内、附近的所有金属物，如混凝土内的钢筋、自来水管、煤气管及其他金属管道、机器基础金属物及其他大型的埋地金属物、电缆金属屏蔽层、电力系统的零线、建筑物的接地线统一用电气连接的方法连接起来（焊接或者可靠的导电连接）使整座建筑物成为一个良好的等电位体。

防雷装置应与建筑物的金属装置、建筑物内系统，从外部引入建筑物的外来导电物体和线路之间互相连接以实现等电位。互相之间连接的方法可采用：在那些自然等电位连接不能提供电气贯通之处用等电位连接导体，在用等电位连接导体做直接连接不可行之处用电涌保护器（SPD）连接，在不允许用等电位连接导体做直接连接之处用隔离放电间隙（ISG）连接。

普通建筑物下列部位应注意做好等电位联结：建筑采用金属屋顶、立面采用玻璃幕墙等金属表面，以及有较多钢柱、钢梁、混凝土内钢筋和金属门窗框架等大尺寸金属件，应做防雷等电位联结并与防雷装置可靠相连；在建筑物的地下一层或地面层处，建筑物金属构件、电气装置的外露可导电部分、建筑物内布线系统、进出建筑物的金属管道应与防雷装置进行防雷等电位联结；从建筑物外进入的供应设施的金属管道，宜在靠近入户处进行等电位联结。建筑内在正常使用时可触及的电气装置外可导电部分、便于利用的钢筋混凝土结构中的钢筋、电梯轨道等应与建筑物内的接地导体、总接地端子实施保护等电位联结；建筑物内的保护接地导体和功能接地导体应连接到总接地端子，与建筑物的保护接地、功能接地和雷电防护的接地极应相互连接。接到总接地端子上的每根导体，应连接牢固可靠，并可被单独拆开。

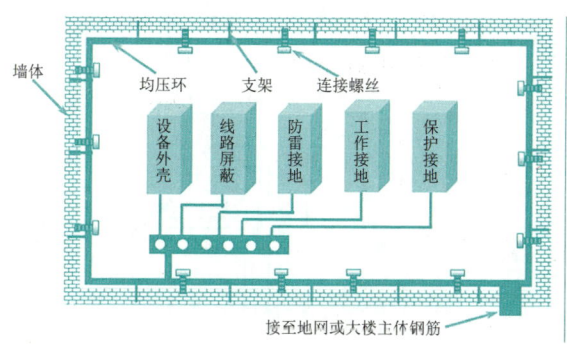

图 3-24　建筑等电位联结示意图

3. 局部辅助保护等电位联结

在卫生间、泳池、喷水池周边等潮湿场所，由于人体洗浴导致阻抗降低，沿金属管道、金属构件等传导来的较小电压就可引起电击伤亡事故，需要加强安全防护。潮湿场所防电击保护主要包括两个措施，一是对电气配电回路采用额定剩余动作电流不超过 30mA 的剩余电流保护器（RCD）进行保护，二是设置辅助保护等电位联结。

一般民宿建筑主要在卫生间内实施局部等电位联结,即将卫生间内金属管道或器具与地面钢筋网、墙内钢筋网通过等电位联结线在等电位联结端子板处联结起来,使卫生间内的电位处在同一电位上。设置等电位联结后,无论从哪里导入了不正常的电压,该场所内所有导电部分的电位都同时升高到同一电位水平,不会产生电位差,从而避免发生电击事故。

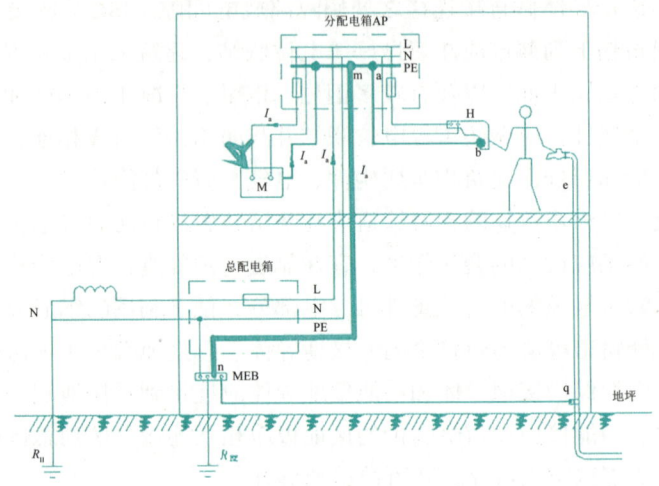

图 3-25　卫生间无等电位联结

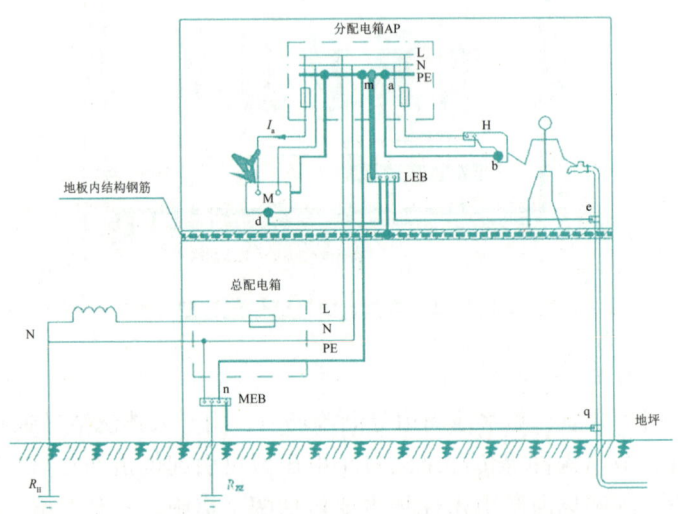

图 3-26　卫生间设置等电位联结

卫生间等电位联结具体做法是：等电位连接线采用 BVR—1X4 导线在地面内和墙内穿塑料管暗敷，等电位端子板与墙内或地面内的钢筋网采用 25×4 扁钢连接。卫生间内的金属管道、备用插座、电热水器插座、热水器插座和马桶插座的 PE 线、镜前灯的 PE 线、金属浴缸的预留接线盒、骨架和与本层建筑物钢筋网相连的地面或墙上预埋件等分别与局部等电位联结端子板（LEB）相连。局部等电位联结端子板采取螺栓连接，设置在方便检测的位置，以便拆卸进行定期检测。

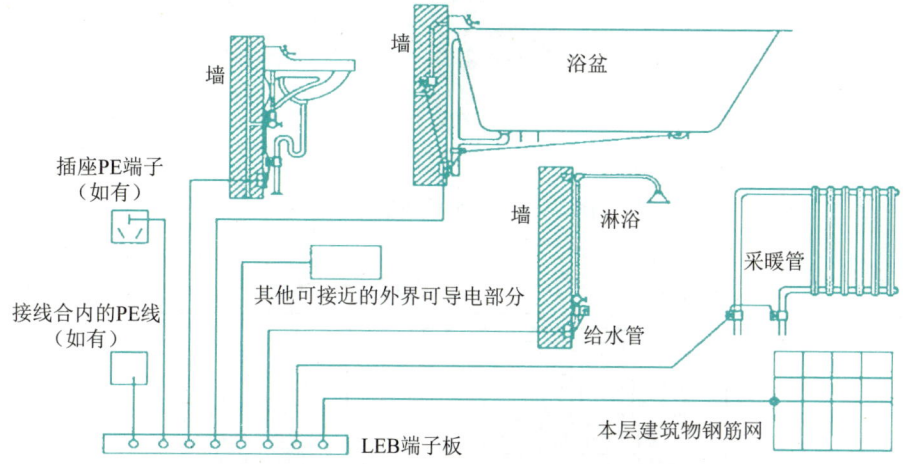

图 3-27　卫生间等电位联结

图 3-28　等电位联结（LEB）端子板

图 3-29　金属管道等电位联结

4. 防电涌保护

浪涌保护器（SPD）也叫防雷器，是一种用于限制瞬时过电压和分泄电涌电流的安全保护装置。当电气回路或者通信线路中因为外界的干扰突然产生尖峰电流或者电压时，浪涌保护器能在极短的时间内导通分流，从而避免浪涌对回路中其他设备的损害。浪涌保护器包括电压开关型 SPD、限压型 SPD、组合型 SPD（电压开关型和限制型元件组合而成）。

图 3-30　浪涌保护器 SPD

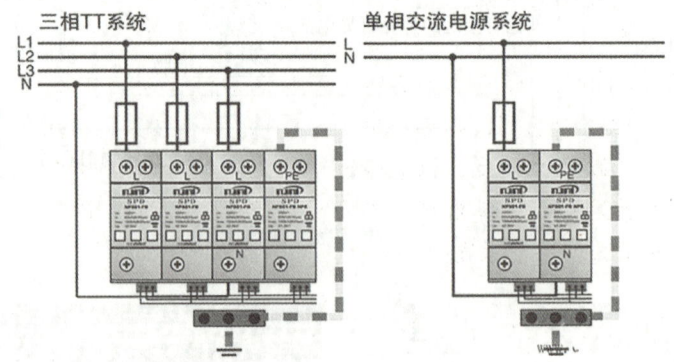

图 3-31　浪涌保护器接线方式

对于不装防雷装置的所有建筑物和构筑物，应在进户处将绝缘子铁脚连同铁横担一起接到电气设备的接地网上，并应在建筑总配电箱（柜）装设浪涌保护器。

民宿如果在建筑物上设置固定的节日彩灯或其他用电线路，应采取有效的防闪电电涌侵入措施，在配电箱（柜）内开关的电源侧与外露可导电部分之间装设浪涌保护器。

应注意的是浪涌保护器选购应慎重，部分地方住宅设计标准限制入户配电箱中使用浪涌保护器，以避免产品质量良莠不齐和居民缺乏专业维护知识而引发电气火灾。

第三节　暖通系统安全

一、室内空气品质

（一）室内空气质量要求

我国《民用建筑工程室内环境污染控制规范》（GB 50325—2020）、《室内空气质量标准》（GB/T 18883—2002）对建筑室内空气质量都提出了相关规定和要求。

（二）建筑室内空气污染

建筑室内空气的污染源主要有五个方面，一是室内尘埃，包括未按时清理的通风滤网、客房吸烟、地毯窗帘等布草织品上的尘埃以及浴室等处因高湿度而滋生的微生物；二是有毒有害的挥发性有机物，包括室内装修、家具中的残留，过量使用的清洁用品和干洗后的床上用品等；三是户外和人类活动导入的污染源，包括通过室内外空气交换进入的雾霾、机动车尾气、工业污染物、花粉、灰尘、微生物、病菌，以及宠物过敏源、尘螨排泄物等；四是可吸入颗粒物，如细菌、病毒、孢子、石棉、人造矿物纤维、二手烟、蚊香等燃烧粒子，以及大理石、氡气衰变所产生的放射性粒子；五是甲醛与臭氧，甲醛挥发普遍存在于黏合剂、密度板、纺织物、塑料等中，臭氧主要是在使用紫外光杀菌设备和激光打印机、复印机过程中产生。

（三）室内空气改善措施

1. 控制污染源

民宿建设和改造装修中应采用合格的环保建材，家具及装饰用品应采用低污染物含量的产品，符合《民用建筑工程室内环境污染控制规范》（GB 50325—2020）要求。从源头上控制污染产生，最为有效。

2. 加强通风换气

当建筑物存在大量余热余湿及有害物质时，宜优先采用通风措施加以消除。通风换气是改善室内空气品质，提高舒适性的最经济、最有效的途径。当自然通风不足的房间，则应采用机械通风保证通风效果。

3. 空调合理使用

空调系统运行期间通常是门窗关闭的，应保证补充一定量的室外新风，改善室内空气品质。同时空调系统的过滤网、滴水盘、通风管道应定期清洗杀菌。在呼吸性疾病流行期间，空调系统运行应重视卫生防疫管理。

4. 污染物净化

在污染源控制和通风稀释难以保证室内空气品质的情况下，宜采用一些污染物净化手段，可以采用吸附法、光催化法、低温等离子体净化法和其他如生物净化法等。

民宿建筑应优先采用自然通风方式降温除湿，当自然通风不能满足室内热环境要求时可采用自然通风和机械通风相结合的复合通风，气候条件不允许的地区可采用分体空调、多联机等空调形式降温。

二、通风系统管理

（一）建筑通风基本要求

建筑通风的目的是防止大量热、蒸汽或有害物质向人员活动区散发，防止有害物质对环境及建筑物的污染和破坏。近年来，由于缺少通风造成的室内环境污染超标问题突出，民用建筑要加强室内通风换气。

当采用通风处理余热余湿可以满足要求时，应优先使用通风措施，可以极大降低空气处理的能耗。

1. 合理利用自然通风

考虑节能要求，自然通风主要通过合理适度地改变建筑形式，利用热压和风压作用形成有组织气流，满足室内要求、减少通风能耗。在设计时应充分考虑自然通风的利用。在夏季，应尽量采用自然通风；在冬季，当室外空气直接进入室内不致形成雾气和在围护结构内表面不致产生凝结水时，也应考虑采用自然通风。

2. 通风系统应分区可控，避免病毒传播

组织良好的通风对通过空气传播的疾病具有很好的控制作用。为避免类似 SARS、H1N1 流感、新冠等病毒通过通风系统传播，在设计通风系统时，应使其具备在疾病流行期间避免不同房间的空气掺混的功能，避免疾病通过通风系统从一个房间传播到其他房间；或使通风系统具备此功能的运行模式，在以空气传播为途径的疾病流行期间可切换到相应通风模式下运行。

（二）通风系统类型

通风包括从室内排除污浊空气及余热和向室内补充新鲜空气两个方面。前者称为排风，后者称为送风。为实现排风和送风所采用的一系列设备、装置的总体称为通风系统。迫使室内空气流动的动力称为通风系统的作用动力，通风系统按作用动力来划分可分为自然通风和机械通风。

1. 自然通风

(1) 自然通风的特点

自然通风主要是依靠室外风所造成的自然风压和室内外空气温度差所造成的热压来迫使空气进行流动,从而改变室内空气环境。自然通风是一种经济而有效的通风方法。自然通风具有经济、节能、简便易行、不需专人管理、无噪声等优点。缺点是受自然条件影响较大,不能保证对送风温度、湿度及洁净度的要求,不能处理从污染房间排出的浑浊气体。同时,通风量不受控制,通风效果不稳定。

(2) 建筑朝向的选择

考虑利用夏季最多风向来增加自然通风的风压作用或对建筑形成穿堂风。因此要求建筑的迎风面与最多风向成 60°~90° 角。同时,因春秋季往往时间较长,应充分利用春秋季自然通风。根据我国气候区域特点,中纬度的温暖气候区、温和气候区、寒冷地区更适合采用中庭、通风塔等热压通风设计,而热湿气候区、干热地区更适合采用穿堂风等风压通风设计。

(3) 通风口的设置

①采用自然通风的生活、工作的房间的通风开口有效面积不应小于该房间地板面积的 5%;厨房的通风开口有效面积不应小于该房间地板面积的 10%,并不得小于 $0.60m^2$。

②自然进风口的位置应尽可能低。夏季自然通风用的进风口,其下缘距室内地面的高度不宜大于 1.20m。自然通风进风口应远离污染源 3m 以上;冬季自然通风用的进风口,当其下缘距室内地面的高度小于 4m 时,宜采取防止冷风吹向人员活动区的措施。

③为了提高自然通风的效果,应采用流量系数较大的进排风口或窗扇,如在工程设计中常采用的性能较好的门、洞、平开窗、上悬窗、中悬窗及隔板或垂直转动窗、板等。设计或选用的机械开关装置,应便于维护管理并能防止锈蚀失灵,且有足够的构件强度。严寒寒冷地区的自然通风进风口和排风口不使用期间应可有效关闭并具有良好的保温性能。

2. 机械通风

机械通风是利用通风设备所造成的压力,迫使室内外空气进行交换的一种通风方式。可进行局部通风,改善室内局部空气条件,可根据实际需要调节风量。

机械通风可以根据实际情况控制通风效果,可以通过调节装置改变风量的大小。但其设备初次投资较大,并且设备占有较大的空间,需要专门的人员进行管理,还会产生噪声。

值得注意的是，为避免某些区域室内污浊空气或有害气体影响其他房间，其通风系统应单独设置，包括厕所、浴室、厨房、餐厅和会议室，散发有毒物质、气体或可燃气体的房间。

（三）卫生间通风

卫生间污浊空气和水蒸气需要有效排除，当卫生间无外窗时，应设置机械通风系统，并留有必要的进风面积。设置机械排风的情况下，为保证有效的排风，卫生间宜设竖向排风道，竖向排风道应具有防火、防倒灌及均匀排气的功能，并应采取防止支管回流和竖井泄漏的措施。顶部应设置防止室外风倒灌装置。浴室、卫生间应保持一定负压，以防止气味或热湿空气从浴室、卫生间流入更衣室或其他公共区域。当卫生间面积比较大时，排风量比较大，容易造成负压过大，达不到预期的排风效果，因此卫生间应考虑适当补风，无外窗时，卫生间补风一般采用两种方法，一是在不影响美观的情况下在合适的地方设置百叶风口，如在门的下部设置有效截面积不小于 $0.02m^2$ 的固定百叶，或距地面留出不小于 30mm 的缝隙。二是设置送风装置，送风装置应与排风装置联锁，避免排风系统突然停止，送风装置照样运行，卫生间内出现正压，污浊空气就会散发到其他房间或走廊的现象。

（四）厨房通风

厨房应处理好通风排气，并应防止厨房油烟污染餐厅。厨房通风系统总的来说分为送风系统和排风系统两大部分。厨房中所有灶具释放的热量都以辐射和对流的方式传至厨房空间。

厨房发热量大且散发大量油烟和蒸汽的厨房设备应设排气罩等局部机械排风设施；其他区域当自然通风达不到要求时，应设置机械通风；采用机械排风的区域，当自然补风满足不了要求时，应采用机械补风。

产生油烟设备的排风应设置油烟净化设施，其油烟排放浓度及净化设备的最低去除效率不应低于国家现行相关标准的规定。排风罩、排油烟风道及排风机设置安装应便于油、水的收集和油污清理，且应采取防止油烟气味外溢的措施。厨房排风管的水平段应设不小于 2% 的坡度，坡向排气罩。罩口下沿四周设集油集水沟槽，沟槽底应装排油污管。

厨房相对于其他区域应保持负压，补风量应与排风量相匹配，且宜为排风量的 80%~90%。当厨房难以保证负压防止气味外溢时，可在厨房门口安装风幕机。风幕机是通过高速电机带动贯流或离心风轮产生从上到下的强大气流，以形成一面"无形门帘"的空气净化设备，也称风帘机、空气幕、空气风幕机、风闸、空气门。风幕机的高速气流可以隔离室外的油烟和异味进入室内，也可以有效地阻挡室外灰尘进入室内，保持室内的清洁。

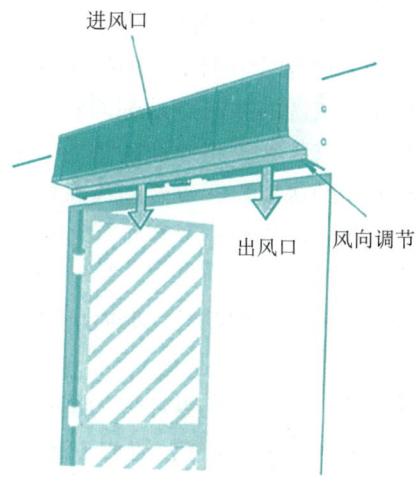

图 3-32　风幕机安装示意图

竖向集中排油烟系统宜采用简单的单孔烟道，在烟道用户排油烟机软管接入口处安装可靠的止逆阀，止逆阀材料应防火。厨房排油烟风道内不可避免地有油垢聚集，因此不得与高温的防火排烟风道合用，以免发生次生火灾。

罐装石油气厨房应设置直通室外的可开启外窗。厨房灶台宜设置排油烟机和油烟净化器，并在高位排放。

（五）新风系统

新风是指建筑物外的空气，或在进入建筑物前未被空调通风系统循环过的空气。定时足量引入新风是对室内进行通风换气，减少室内空气污染的重要措施。《民用建筑采暖通风与空气调节设计规范》（GB 50736—2012）标准要求，$20m^2$ ＜人均居住面积 ≤ $50m^2$ 情况下，每两小时要换气一次。

新风系统是由送风系统和排风系统组成的一套独立空气处理系统，它分为管道式新风系统和无管道新风系统两种。管谙式新风系统由新风机和管道配件组成，通过新风机净化室外空气导入室内，通过管道将室内空气排出；无管道新风系统由新风机组成，同样由新风机净化室外空气导入室内。

新风系统的工作过程是根据在密闭的室内一侧用专用设备向室内送新风，再从另一侧由专用设备向室外排出，在室内会形成新风流动场，从而满足室内新风换气的需要。采用高风压、大流量风机、依靠机械强力由一侧向室内送风，由另一侧用专门设计的排风风机向室外排出的方式强迫在系统内形成新风流动场。在送风的同时对进入室内的空气进行过滤、消毒、杀菌、增氧、预热（冬天）。

随着人们对室内空气品质要求的提高，市场上有些新风系统具备空气冷热处理等功能，即与空调系统融合一体，为用户提供更为舒适的室内空气。需要注意的是，新风系统与空调的共同点是都能实现室内空气调节作用，但新风系统主要实现室内外空气置换，将浑浊的室内空气排出去，将室外新鲜空气引进来；中央空调末端的送风口，没有新风系统的功能，只能带动室内空气流动，而无法将室内污浊空气排出。

（六）通风系统安全设置

通风系统设置应注意进风口、排风口、风机的合理设置，避免环境污染。

1. 进风设置

（1）为了使送入室内的空气免受外界环境的不良影响而保持清洁，机械送风系统进风口的位置，应设在室外空气较清洁、洁净的位置或地点。

（2）为了防止排风（特别是散发有害物质的排风）对进风的污染，进、排风口的相对位置，应遵循避免短路的原则，当进、排风口在同一高度时，宜在不同方向设置，且水平距离一般不宜小于10m。

（3）为了防止送风系统把进风口附近的灰尘、碎屑等扬起并吸入，进风口的下缘距室外地坪不宜小于2m，当设在绿化地带时，不宜小于1m。

2. 排风设置

（1）餐饮厨房的排风应处理达标后向室外高空排放。

（2）废气及室外设备的排风口应高于人员经常停留或通行的高度。

（3）厨房、卫生间通风系统的排风口宜设置在建筑物顶端并采用防雨风帽（一般是锥形风帽），目的是把这些有害物排入高空，以利于稀释。

（4）与地下供暖管沟、地下室开敞空间或室外相通的共用通风道底部，应设有防止小动物进入的笼网。

3. 风机设置的安全考虑

（1）室外露天安装的通风机应避免运行噪声及振动对周边环境的影响，必要时应采取可靠的防护和消声隔振措施。

（2）严寒地区，冬季经常下雪，屋顶积雪很深，如风机安装基础过低或屋面吸、排风（烟）口位置过低，会很容易被积雪掩埋，影响正常使用，应注意加强清理和防护。

三、采暖系统管理

（一）建筑供暖基本要求

建筑供暖方式应根据建筑物规模、所在地区气象条件、能源状况及政策、节能环保和生活习惯要求等，通过技术经济比较确定。

1. 建筑供暖设计要求

累年日平均温度稳定低于或等于 5℃ 的日数大于或等于 90 天的地区，应设置供暖设施，并宜采用集中供暖。供暖室内设计温度应符合下列规定：严寒和寒冷地区主要房间供暖温度应在 18℃~24℃，夏热冬冷地区主要房间供暖温度宜在 16℃~22℃。

2. 供暖基本方式

常用供暖方式有集中供暖和分散供暖。集中供暖是指热源和散热设备分别设置，用热媒管道相连接，由热源向多个热力入口或热用户供给热量的供暖方式。分散供暖指热用户由自备的小型热源向室内供给热量的供暖方式，热源和散热设备可以分别设置或合为一体。分散供暖方式主要有电加热供暖、燃气炉供暖、空气源热泵供暖等方式。

（二）集中供暖

集中供暖通常利用城市热电联产的电厂、集中锅炉房、工业与其他余热等热源，集中生产蒸汽、热水，通过网管供给城镇或部分区域居民采暖使用。

集中供暖是一个大的系统工程，一般由热力站负责生产运行。民宿作为采暖用户，注意好采暖使用安全和户内采暖设施的检查维护即可，注意以下事项。

（1）室内暖气片不宜进行装修或包装，否则会影响热的传导、流动和覆盖，降低供热效果。

（2）禁止私自排放使用暖气水。暖气片中的循环水是经过加热以及化学试剂防腐处理的软化水，对供暖设施具有除垢、防腐作用，不能供生活使用。

（3）每年对室内供热设施进行检查，清洗过滤网，减少暖气内壁水垢、阀门失效等造成的水流不畅问题。

（4）冬季供暖启动时，检查进水阀门是否打开。可以从暖气片或分水器处进行防水排放管道中的空气，促进热水循环和流动，清洗过滤网，提高供热效果。

（5）供暖期结束后，应及时关掉暖气阀门，避免下一个供暖季来临时供暖公司打压试水时发生跑冒滴漏现象。注意查看地暖分水器是否漏水，避免热胀冷缩导致分水器联结的地暖管漏水。暖气管道中的水宜保留以防止空气进入腐蚀管道，延长暖气管道使用寿命。如果供暖系统冬季长时间不用，户外温度非常低，则需要将地暖管道里的水放掉。

（三）电加热供暖

电加热供暖是一种低温辐射供暖方式，通过安装在建筑构件中的电气元件将电能转换为热能，建筑构件受热后向室内空气辐射供暖的方式。电加热供暖主要有低温加热电缆地板采暖和低温辐射电热膜供暖两种。

电地暖用电量大，仅可应用于无集中供热、用电成本较低（水电、核电、光伏发电）、对电力有"移峰填谷"作用或对环保要求较高地区的建筑内。

1. 加热电缆地板采暖

加热电缆是以供暖为目的，通电后能够发热的电缆。加热电缆地板采暖又叫电地暖，通过将加热电缆埋设于地板下，把地板加热到表面温度18℃~32℃，均匀地向室内辐射热量而达到采暖效果。地板采暖方式舒适度高，不占用室内建筑面积，美观度高，较为多用。应注意的是，电地暖必须采取电路接地保护及漏电保护措施，加热电缆的线功率不宜大于17W/m，当面层采用带龙骨的架空木地板时，必须采取散热措施，且发热电缆的线功率不应大于10W/m。

2. 电热膜辐射采暖

低温辐射电热膜是以供暖为目的，通电后能够发热的薄膜，电绝缘材料与封装其内的发热电阻材料组成平面型发热元件，工作时表面温度不超过60℃，主要以辐射方式传递热量。

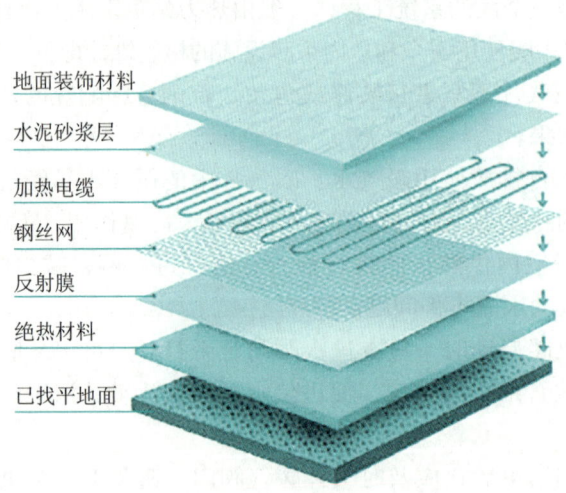

图 3-33　发热电缆地板采暖

电热膜辐射采暖可将电热膜敷设于建筑的内表面（顶棚、墙面等），安装在顶棚较多，安装时应注意为灯具、烟感器、喷头、风口、音响等预留安装位置。

通电热膜通电发热会变成一种半透明聚酯薄膜，温度持续升高，达到80℃~100℃时电热膜可能被破坏，不宜在厨房、卫生间、浴室采用。

（四）户式燃气炉供暖

燃气充足的地区，民宿可采用燃气供暖系统，常采用燃气供暖热水炉。

燃气供暖热水炉是以燃气为能源，额定热输入不大于70KW，系统工作压力不大于0.3MPa，工作时水温不大于95℃，采用大气式燃烧器或风机辅助式燃烧器或全预混式燃烧器的供暖热水两用型或单独供暖型器具。

户式燃气热水炉是一种水暖系统，主要由燃气壁挂炉、散热末端、温控系统以及管路系统组成，可以供生活热水及冬季采暖使用，采暖末端设备可以采用传统的散热器或者地暖管道。

燃气采暖系统应注意燃气使用安全，燃气炉应采用全封闭式燃烧、平衡式强制排烟型，排烟口应保持空气畅通，且远离人群和新风口。

视频3-1：家庭燃气使用安全知识

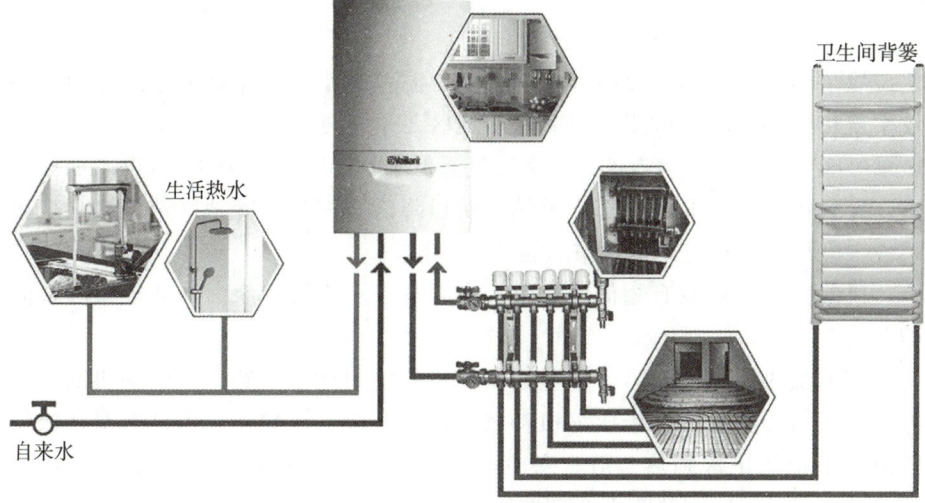

图3-34 燃气壁挂炉生活采暖系统

（五）空气源热泵供暖

1. 热泵技术

热泵技术是一种根据逆卡诺循环原理，通过吸收周围环境中的热量，并把它传递给被加热对象，实现低品位热能向高品位热能输送目的的绿色节能技术。根据所利用的低温热源种类不同，分为地下水热泵系统、地表水热泵系统、土壤源热泵系统和空气源热泵系统。

空气源热泵系统是利用制冷工质的不断气化和液化循环，吸收环境大气中的热量并传递给热水的设备系统。空气源热泵系统能效比（COP值）可高达 2~5，在运行中不释放附加热能，不排放有害物质，工质与被加热水完全分开，不会造成二次污染，属于节能环保产品。

2. 空气源热泵采暖系统

分散采暖的民宿可以采用户式空气源热泵。户式空气源热泵指采用单台名义制冷量不大于 50KW 的空气源热泵冷热水机组或空气源多联式热泵热水机组作为热源，通过制冷剂—水换热装置产生热水，为供暖末端设施和生活热水提供热源的设备。

空气源热泵采暖系统也是一种水暖系统，以热泵为热源设备，末端设备主要有散热器、地暖管道和风机盘管三种。散热器安装和维修比较简便，室内升温较快，但占用室内空间。地暖舒适度高，不占用房间面积，但安装和维护复杂；风机盘管可安装在顶棚或地面，实现制冷和采暖两用，但有一定噪声，热空气利用效率相对差。

3. 空气源热泵采暖效率

热泵的效率与建筑室内外温差有关，温差越小，热泵效率越高，而热泵效率直接影响其使用效果。因此寒冷地区冬季室外温度较低情况下，空气源热泵可能无法满足热水需求；当室外气温低于 0℃时，热泵的蒸发器表面会结霜，导致机组换热能力下降，供热量明显降低。因此寒冷地区选用热泵采暖系统，应注意热泵需具备除霜功能。

目前空气源热泵有超低温热泵、高温热泵、常规热泵、泳池热泵等不同类型。

超低温热泵中增加了一条连通压缩机的喷射增焓支路，当压缩机回气不够时，喷射增焓支路会给压缩机补气，提高冷凝器放热量，保证热泵在极低的温度下仍能正常制热，适宜寒冷地区使用。民宿可结合所在地区的气候、环境温度以及民宿制热需求合理选用热泵。

4. 空气源热泵使用安全

空气源热泵供暖系统应设置独立供电回路，其化霜水应集中排放。同时，供暖系统应具有防冻保护、室温调控功能，并应设置排气、泄水装置。

（六）壁炉采暖

此外，有些民宿会设置壁炉取暖。壁炉包括壁炉架、壁炉芯和烟道，根据燃料不同分为燃木壁炉、燃气壁炉和电壁炉。燃木壁炉适合有烟囱的别墅型民宿，一般多用于底层公共空间，使用中需要密切关注安全。燃气壁炉具有"真火假木"外观，不需要储存和添加木材，更为方便和环保，但不宜在客房中使用。电壁炉是具有壁炉外观的电暖炉，主要为民宿增添温馨氛围，可以用在客房中，

视频 3-2：冬季取暖安全事项

但取暖效果不佳，用电成本高。

四、空调系统管理

（一）室内空气舒适度

民宿室内环境的舒适度除了空间布局、色彩搭配、灯光效果等硬件环境方面，还包括良好的空气质量。影响空气舒适度的因素包括有室内空气温度、湿度、空气流动速度、污染物含量等因素。当这些因素综合作用于人体，并处于最佳组合状态时，能使人体产生舒适感，通常称为最佳舒适度。民宿室内不同区域空气舒适度指标可参照表3-6所示。

舒适度还与室内外温度差有关，当室内温度比室外温度低10℃时，人的身体就感到不舒服，易患感冒。一般要求室内外温差不大于7℃。

表3-6 室内空气舒适度指标参考表

参数	季节／场所	夏季	冬季
温度（℃）	客房	24~26	18~22
	公共区域	24~26	18~22
相对湿度（%）	客房	≤60	≥35
	公共区域	≤65	≥30
新风量（立方/人/小时）	客房	≥30	
	公共区域	≥20	
客人停留区域风速（米/秒）	客房	0.10~0.20	
	公共区域	0.20~0.30	
噪声（db）	客房	35	
	公共区域	45	

资料来源：参照《旅馆建筑设计规范》（JGJ 62—2014），基于二、三星级酒店要求整理。

新风指室外新鲜空气，向空调系统补充新风是降低室内二氧化碳含量、保证空气品质的必要措施，一般使室内二氧化碳浓度不超过1%（1000 PPM）为基准。新风量的大小要满足卫生要求、补充局部排风量和保障空调风机正压要求。通常设计空调系统新风量不小于总风量的10%，运行管理中保证每人新风量为 30m³/h。

（二）空调基本术语

空调是使服务空间内的空气温度、湿度、清洁度、气流速度和空气压力梯度等参数达到给定要求的技术和设备。国家规范中制冷量比较大的称为空调机，制冷量比较小的称为空调器。

合理选用空调是安全、节能、有效地使用空调的基础。空调基本参数有制冷（热）功率、制冷（热）量、能效等级、工作方式等。表 3-7 为某空调产品规格参数示例。

表 3-7　某空调产品规格参数示例

空调型号	KFR-72LW/N8MJC3	制冷功率	2750W
空调功率	3匹	制热功率	3150W
工作方式	变频	制热量	9310W
冷暖类型	冷暖电辅	制冷量	7290W
适用面积	32~48m²	电辅加热功率	2400W
能效等级	三级	空调类型	落地式

1. 空调制冷量

制冷量是指空调进行制冷运行时，单位时间内从密闭空间、房间或区域内去除的热量总和，法定计量单位 W（瓦）。我国国家标准规定，房间空调器的大小按制冷量参数标注。表 3-7 中型号"KFR-72LW"的空调，其中数字"72"即表示这台空调的制冷量为 7290W 的空调器。

空调制冷量是反映空调制冷能力的重要参数，是空调选型的基本依据，一般民用建筑可按照每平方米 120~170W 估算空调的制冷量需求。同时，房间用途、发热设备多少、建筑保温情况、房间所在楼层、朝向、高度等因素也会影响空调制冷需求，通常位于顶层、层高超过 3m、西晒房间、有大面积玻璃窗的房间，以及建筑密封保温较差的房间，空调制冷量宜适当提高。

例如按照客房 130W/m²，公共区域为 160W/m² 的空调单位制冷量估算，则 30m² 客房制冷量需 3900W，30m² 公共区域制冷量需 4800W，应选择制冷量高于 3900W 和 4800W 的空调才能有效满足制冷需求。

2. 空调功率（匹数）

空调功率指空调的输入电功率，即空调制冷或制热时消耗的电能量，单位为 W 或 KW。

空调匹数是种通俗说法，一般 1 匹（马力）=735W（瓦），指的也是输入功率。

空调功率结合空调的能效比可计算制冷量。即在输入功率相同的情况下，不同能效比的空调其制冷量不相同。例如，当空调能效比 3.0 时，那么 1 匹空调制冷量是 2205W；1 匹能效比为 3.5 的空调其制冷量则为 2573W。

人们按照"匹数"选购空调时，一般按照默认空调能效比 3.0~3.5 折算，则 1 匹空调的制冷量为 2400~2600W；2 匹空调的制冷量为 4800~5000 瓦；3 匹空调的制冷量为 6500~7300W。因此，"匹"不能准确反映空调器制冷能力。

如表 3-7 所示空调的制冷功率为 2750W，标识"空调功率"为 3 匹。

3. 空调能效等级

常用空调能效等级分为 1~5 级，1 级表示能源效率最高，代表空调在一般使用过程中越节能。

不同类型空调的能效等级划分标准不同，我国空调相关国家标准中规定，分级热泵型（冷暖型）空调采用实测全年能源消耗效率（APF）分级，单冷空调按实测制冷季节能源消耗率（SEER）对产品进行能效分级，多联式空调（热泵）按照机组制冷综合性能系数［IPLV（C）］分级。

能源消耗效率（制冷综合性能系数）指一年当中空调运行产生的制热量和制冷量，与同期所消耗的总电能的比值，单位为 w·h/w·h。能源消耗效率越高的空调消耗单位能量产生的制冷（热）量越高，因此越节能。空调选购时，一般定频热泵型或单冷型房间空调能效等级应不小于 5 级，变频空调能效等级应不小于 3 级。

不同能效等级对应的具体能源消耗效率值可查阅相应国家标准。如额定制冷量 4500W 以下一级能效热泵空调的全年能源消耗效率 APF 为 5.0，二级为 4.5，三级为 4.0。如表 3-7 所示热泵空调，其能效等级为三级，制冷量为 7290W，则根据规范查询其全年能源消耗效率为 3.3。

4. 定频空调与变频空调

空调按照压缩机转速是否可调整，分为定频空调和变频空调。

我国入户电网电压为 220 伏、50 赫兹，在这个条件下工作的空调，压缩机转速基本不变，依靠不断地开、停压缩机来调整室内温度，称为定频空调。

变频空调指加装了变频器的空调，即在常规空调的结构上增加了一个变频器，通过变换供电频率控制和调整压缩机转速，使之始终处于最佳的转速状态，从而提高能源转换效率。

变频空调一般比定频空调运行节能，值得注意的是变频空调启动时高频运转能耗较高，此时能效比非常低，长时间不间断使用后转入低功耗运行，才能体现出节能效果。因此，短时间使用空调的区域，以及变频空调频繁启停都不能实现运行节能。

（三）常用空调类型

民宿可以选用一般家用空调，根据设备组合方式主要有分体式空调、风管机和多联机。

1. 分体式空调

分体空调指普通壁挂式或柜式空调，由室内机和室外机组成，分别安装在室内和室外，中间通过制冷剂管路和电线连接。

分体式空调把噪声比较大的压缩机、轴流风扇等安放在室外机中；把电气控制电路部件和室内换热器等室内不可缺少的部分安装在室内机组中，减小室内运行噪声。分体式空调外形样式多，占地少，室内机安装位置灵活，经济实用。

表3-7所示空调型号中"KFR"代表这是一款常用的热泵冷暖型柜式空调。

2. 多联机空调

多联机空调指一台室外机通过配管连接两台或两台以上室内机，室外侧采用风冷换热形式、室内侧采用直接蒸发换热形式的一次制冷剂空调系统。

多联机采用一拖多的形式，一台室外机带动多台室内机，节约室外安装空间，室内机可以单独启动和调节，使用和控制灵活。

应注意的是，多联机室外机安装管路较长较复杂，当管道过长时，能量流失增加，空调效率随之降低。多联机类似于把多台分体空调集中到一个室外机中，一旦室外机及其控制电路出现故障，将导致整套空调无法运行。

3. 风管式空调

风管式空调俗称风管机，是空调主机联接风管向室内送风的小型全空气系统。

图3-35　多联机空调

图3-36　风管机空调

风管机本质上也是一种分体空调，每台室外机与室内机一对一配置，室内机主要有卧式暗装风管机、单面嵌入式室内机、双面嵌入室内机、四面嵌入室内机等，室内机可接风管并根据室内空间情况将送风口统一均匀布置在室内，也可以接入新风管引入新风，改善空气品质。

因此风管机安装维护方便，使用灵活，室内安装美观，同时可以有良好的送风效果。

当需要多台室内机时，相比多联机，风管机的室外安装空间较多，影响建筑外立面美观。同时，风管机全空气送风，空气质量好，运行噪声相对较高，适合独立的大空间使用。

应注意的是，风管机通过风管高静压送风，送风管路太长会增加风压的损失，影响送风效果。

空调宜结合实际情况合理选用高能效产品，当地有地下水或地表水资源时，可采用低温水直接供冷，或设计水源热泵系统供冷/供热。当采用地下水作为冷热源时，需设计可靠的地下水回灌设施。

（四）空调设置安全要点

空调系统对室内空气品质的影响主要表现为新风不足、空气分布无效、新风入口位置不良、送风风道和空气处理脏污、空调维护不良、过滤器效率低下、冷凝水排放不利等。因此，空调设计安装中应注意下列事项。

1. 空调安装要点

空调设备安装不得危害建筑结构安全，室外设备不得危及邻居或行人。

空调室外机安装位置应符合下列要求：应有良好的通风换热环境，确保进风与排风通畅，在排出空气与吸入空气之间不发生明显的气流短路；避免受污浊气流影响；可方便地维修和清扫；不应有明显震动和噪声；不应对室外环境造成热污染。

空调室内机安装应考虑到层高或吊顶、架空地板高度，满足空调设备及管道的安装、清扫和检修要求；应优化室内机与室外机的布置，冷媒管等效长度不宜超过 5m，空调冷凝水应有组织地排放。

空调系统的电加热器应与送风机连锁，并应设无风断电、超温断电保护装置；电加热器必须采取接地及剩余电流保护措施。

2. 空调气流组织

空调区的气流组织极大影响空调运行效果，应根据空调区的温湿度参数、允许风速、噪声标准、空气质量、温度梯度以及空气分布特性指标（ADPI）等要求，结合内部装修、工艺或家具布置等合理确定。

空调区送风方式及送风口选型，宜采用百叶、条缝型等风口贴附侧送；

采用贴附侧送风，送风口上缘与顶棚距离较大时，送风口应设置向上倾斜10°~20°的导流片；送风口内宜设置防止射流偏斜的导流片；射流流程中应无阻挡物。

回风口的布置应符合下列规定：不应设在送风射流区内和人员长期停留的地点。采用侧送时宜设在送风口的同侧下方。兼做热风供暖、房间净高较高时，回风口宜设在房间的下部。

当侧送气流有阻碍或单位面积送风量较大，且人员活动区的风速要求严格时，不应采用侧送；设有吊顶时，应根据空调区的高度及对气流的要求，采用散流器或孔板送风。

3. 空调噪声控制

通风与空调系统产生的噪声，当自然衰减不能达到允许噪声标准时，应设置消声设备或采取其他消声措施。

（1）减少机械噪声

降低声源噪声是噪声控制最重要和基础的措施。空调噪声主要由压缩机和风机引起，可以通过采用新型压缩机、压缩机外包消声层、对风机及气流组织进行优化设计、风管内衬玻璃棉或者橡塑吸音材料消声器降低噪声。

（2）优化空调安装位置

当空调机临近建筑物时应对安装位置进行优化设计，以达到无须采用特别的消声措施而满足建筑物对噪声的要求。当安装位置受到限制时，必须采用适当的消声措施，例如保持安装距离以实现噪声衰减，或设置隔离墙或消声器，但应注意不要因为加装消声措施占据了必须的吸排风及维修空间，影响空调机正常工作。同时应注意保持空调的基础及管架稳固，避免产生二次噪声，必要时可在机器下面安装防振垫或在本体与水管间加柔性接头。

（3）减少空调振动噪声

当通风、空调、制冷装置以及水泵等设备的振动靠自然衰减不能达标时，应设置隔振器或采取其他隔振措施。

对不带有隔振装置的设备，当其转速小于或等于1500r/min时，宜选用弹簧隔振器；转速大于1500r/min时，根据环境需求和设备振动的大小，亦可选用橡胶等弹性材料的隔振垫块或橡胶隔振器。

选择弹簧隔振器时，橡胶隔振器与基础之间宜设置一定厚度的弹性隔振垫。橡胶隔振器应避免太阳直接辐射或与油类接触。

五、暖通系统防疫管理

新冠肺炎疫情对世界经济和生活产生了极大影响，为避免呼吸性疾病通过空调通风系统传播和蔓延，空调通风系统运行管理方面应注意下列安全事项。

（一）运行要求

（1）当空调通风系统为全空气系统时，应当关闭回风阀，采用全新风方式运行。

（2）当空调通风系统为风机盘管加新风系统时，应当满足下列条件：应当确保新风直接取自室外，禁止从机房、楼道和天棚吊顶内取风；保证排风系统正常运行；对于大进深房间，应当采取措施保证内部区域的通风换气；新风系统宜全天运行。

（3）当空调通风系统为无新风的风机盘管系统（类似于家庭分体式空调）时，应当开门或开窗，加强空气流通。

（二）管理要求

（1）新风采气口及其周围环境必须清洁，确保新风不被污染。

（2）人员密集的场所应当通过开门或开窗的方式增加通风量，同时工作人员应当佩戴口罩。

（3）建议关闭空调通风系统的加湿功能。

（4）加强对风机盘管的凝结水盘、冷却水的清洁消毒。

（5）空调通风系统的清洗消毒可使用250~500mg/L含氯（溴）或二氧化氯消毒液，进行喷洒、浸泡或擦拭，作用10~30分钟。对需要消毒的金属部件建议优先选择季铵盐类消毒剂。

（6）下水管道、空气处理装置水封、卫生间地漏以及空调机组凝结水排水管等的U型管应当定时检查，缺水时及时补水，避免不同楼层间空气掺混。

（7）发现疑似、确诊新型冠状病毒感染的肺炎病例时应当停止使用空调通风系统，并在疾病预防控制中心的指导下，对空调通风系统进行消毒和清洗处理，经卫生学评价合格后方可重新启用。

思考与练习

1. 一家中档民宿有 15 间客房，其中 10 间为单独设卫生间的双床客房，5 间为设公共盥洗室和淋浴室的三人间客房，24 小时供应热水，请为民宿估算合理的水箱容量。
2. 如何防范和减少客房中的异味和臭气？
3. 浙江地区民宿中一间 40m^2 的客房，应该选择怎样的空调比较合理？
4. 疫情常态化背景下，民宿如何安全使用空调？
5. 请为一家位于甘肃乡村的民宿设计一个采暖初步方案，并说明理由。

第四章
民宿消防安全

| 本章导读 |

本章主要从消防安全角度，讨论民宿消防基础设施、消防技术措施、日常消防安全管理、火灾扑救与疏散逃生四方面内容，使读者了解民宿防火、灭火方面的重要事项，并能掌握民宿运营过程中的消防安全检查要点，具备防火、灭火意识和基本能力。

学习目标

1. 了解民宿消防安全法规政策和技术标准。
2. 基本掌握与民宿规划、建设、运营相关的消防安全知识。

思维导图

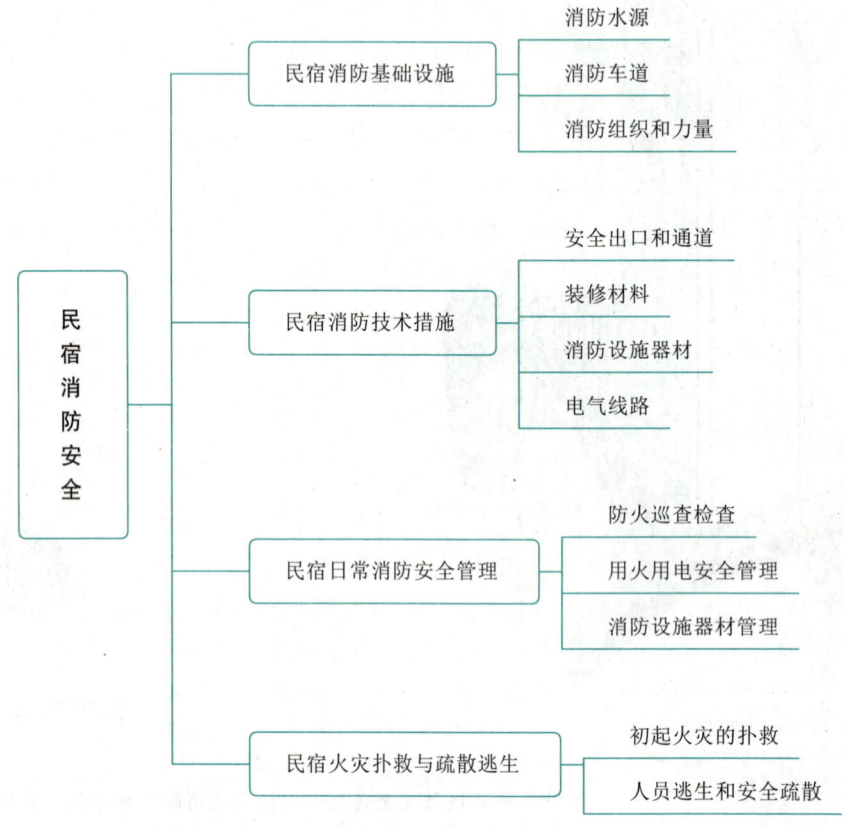

第一节　民宿消防基础设施

《旅游民宿基本要求与评价》中明确提出"民宿应符合治安、消防、卫生、环境保护、安全等有关规定与要求，取得当地政府要求的相关证照"。一直以来，消防安全是困扰和制约民宿业发展的主要因素之一。

2017年，原住建部、公安部、原国家旅游局三部门联合印发《农家乐（民宿）建筑防火导则（试行）》（建村〔2017〕50号），规定："设有农家乐（民宿）的村镇，其消防基础设施应与农村基础设施统一建设和管理。""砖木结构、木结构的农家乐（民宿）连片分布的区域，应采取设置防火隔离带、设置防火分隔、开辟消防通道、提高建筑耐火等级、改造给水管网、增设消防水源等措施，改善消防安全条件、降低火灾风险。"

北京市地方标准《乡村民宿建筑消防安全规范》（DB11／T 1753—2020）第4.1条规定：设有乡村民宿的村庄，其消防安全布局、消防车通道、消防水源、消防电源、消防通信、消防装备、消防组织等应纳入乡镇总体规划、乡规划和村庄规划，并与其他基础设施统一规划、同步实施。

和酒店、宾馆不同的是，出于对自然景观和环境的追求，民宿往往位于山清水秀、空气清新的乡村、山区和海岛，因此地理位置相对偏远，基本都在城市消防救援力量保护半径之外。需要提醒的是，对民宿消防基础设施的要求，针对的不是一家一户的民宿，而是民宿相对集中的片区，如某个景区或某个村镇。

视频4-1：民宿户外用火安全

本节重点就消防水源、消防车道、消防组织和力量展开阐述。

一、消防水源

消防水源是指火灾发生时向水灭火设施、车载或手抬等移动消防水泵、固定消防水泵等提供消防用水的水源，包括市政给水、消防水池和天然水源等。根据水源性质，可分为天然水源和人工水源两种。

水是有效、实用、廉价的主要灭火剂。在我国，有些地区天然水源十分丰富，有的地区常年干旱，水资源十分缺乏。因此，消防水源的选择应根据当地实际情况确定。

我国大量民宿分布于乡村地区，有的依山而建，有的建于缺水地区，经济较为发达的地区能够有条件铺设自来水管道和消防给水管道，条件一般的只铺设自来水管道,满足正常的生活用水,条件较差的,甚至连自来水管道都未铺设。一旦发生火灾,没有有效的消防用水,无法及时控制火势,民宿只能被烧毁,连片的甚至会火烧连营,损失巨大。

(一)天然水源

天然水源,是指由地理条件自然形成的,可供灭火时取水的水源。一般指自然界中的河流、湖泊、海洋、水库等地表水,另外井水等地下水源也可作为消防水源。当天然水源作为消防水源时,应需满足以下条件:

(1)能保证枯水期和冬季的消防用水。

(2)应防止被可燃液体污染。

(3)有取水码头及通向取水码头的消防车道。

(4)应采取确保消防车、固定和移动消防水泵在枯水位取水的技术措施,当消防车取水时,最大吸水高度不应超过 6m。

(5)应采取防止冰凌、漂浮物、悬浮物等物质堵塞消防水泵的技术措施,并应采取确保安全取水的措施。

图 4-1 河流

图 4-2 池塘

图 4-3 水库

图 4-4 江河

图 4-5　水井　　　　　　　　　图 4-6　湖泊

（6）当井水等地下水源作为消防水源时，还应设置探测水井水位的水位测试装置，其最不利水位应满足水泵吸水要求，其最小出水流量和水泵扬程应满足消防要求。

（二）人工水源

人工水源是指城市或工厂企业等单位为了生产、生活和消防安全的需要而设置的能够储存、提供灭火用水的设施。人工水源主要指市政给水、消防水池，雨水清水池、中水清水池、水景和游泳池等也可作为备用消防水源。

《农家乐（民宿）建筑防火导则（试行）》第八条规定："设有农家乐（民宿）的村镇建设给水管网时，应配置消火栓。已有给水管网但未配置消火栓的地区，村镇改造时应统一配置室外消火栓。无给水管网的地区，村镇改造时应设置天然水源取水设施或消防水池，山区宜设置高位消防水池。消防水池的容量不宜小于144m³，当村镇内的农家乐（民宿）柱、梁、楼板为可燃材料时，消防水池的容量不宜小于200m³。"

1. 市政给水

消防水源首选是市政给水。消防给水管道内平时所充水的pH值应为6~9。

市政给水管网应能连续供水，且满足两路供水要求：

（1）市政给水厂应至少两条输水干管向市政给水管网输水。

（2）市政给水管网应为环状管网。

（3）应至少有两条不同的市政给水干管上不少于两条引入管向消防给水系统供水。

设有市政给水管网的地区，应设室外消防给水系统。室外消防给水管道和室外消火栓的设置应符合下列要求：

（1）在消防站（点）的保护范围内时，室外消火栓栓口的压力不应低于

0.10MPa；不在消防站（点）保护范围内时，室外消火栓应满足其保护半径内建筑最不利点灭火的压力和流量的要求。

（2）消防给水管道的管径不宜小于100mm。

（3）消防给水管道的埋设深度应根据气候条件、外部荷载、管材性能等因素确定。

（4）室外消火栓间距不宜大于120m；三、四级耐火等级建筑较多的地区，室外消火栓间距不宜大于60m。

（5）寒冷地区的室外消火栓应采取防冻措施，或采用地下消火栓、消防水鹤或将室外消火栓设在室内。

（6）室外消火栓应沿道路设置，并宜靠近十字路口，与房屋外墙距离不宜小于2m。

2. 消防水池

消防水池是指人工建造的供固定或移动消防水泵吸水的储水设施。消防水池应符合下列要求：

（1）容量不宜小于100m³。建筑耐火等级较低的地区，消防水池的容量不宜小于200m³。

（2）应采取保证消防用水不作它用的技术措施。

（3）宜建在地势较高处。供消防车或机动消防泵取水的消防水池应设取水口，且不宜少于2处；水池池底距设计地面的高度不应超过6m。

（4）保护半径不宜大于150m。

（5）设有2个及以上消防水池时，宜分散布置。

（6）寒冷和严寒地区的消防水池应采取防冻措施。

此外，缺水地区宜设置雨水收集池等储存消防用水的蓄水设施。雨水清水池、中水清水池、水景和游泳池作为消防水源时，还应有保证在任何情况下均能满足消防给水系统所需的水量和水质的技术措施。

图4-7 室外消火栓

图4-8 蓄水设施

消防水池的出水、排水和水位应符合下列规定：

（1）消防水池的出水管应保证消防水池的有效容积能被全部利用。

（2）消防水池应设置就地水位显示装置，并应在值班室等地设置显示消防水池水位的装置。

（3）消防水池应设置溢流水管和排水设施，并应采用间接排水。

二、消防车道

消防车道是指火灾时供消防车通行的道路。不少民宿所在的偏远村庄、村寨、景区没有消防车通道，直接影响火灾扑救工作。消防车道应保持畅通，供消防车通行的道路严禁设置隔离桩、栏杆等障碍设施，不得堆放土石、柴草等影响消防车通行的障碍物。

（一）消防车道的一般要求

街区内的道路应考虑消防车的通行，道路中心线间的距离不宜大于160m。

当建筑物沿街道部分的长度大于150m或总长度大于220m时，应设置穿过建筑物的消防车道。确有困难时，应设置环形消防车道。

有封闭内院或天井的建筑物，当内院或天井的短边长度大于24m时，宜设置进入内院或天井的消防车道；当该建筑物沿街时，应设置连通街道和内院的人行通道（可利用楼梯间），其间距不宜大于80m。

在穿过建筑物或进入建筑物内院的消防车道两侧，不应设置影响消防车通行或人员安全疏散的设施。

供消防车取水的天然水源和消防水池应设置消防车道。消防车道的边缘距离取水点不宜大于2m。

（二）消防车道的通行要求

（1）车道的净宽度和净空高度均不应小于4m。

（2）转弯半径应满足消防车转弯的要求。

（3）消防车道与建筑之间不应设置妨碍消防车操作的树木、架空管线等障碍物。

（4）消防车道靠建筑外墙一侧的边缘距离建筑外墙不宜小于5m。

（5）消防车道的坡度不宜大于8%。

（三）消防车道的其他要求

（1）环形消防车道至少应有两处与其他车道连通。尽头式消防车道应设置回车道或回车场，回车场的面积不应小于12m×12m；对于高层建筑，不宜小于15m×15m；供重型消防车使用时，不宜小于18m×18m。

（2）消防车道的路面、救援操作场地、消防车道和救援操作场地下面的管道和暗沟等，应能承受重型消防车的压力。

（3）消防车道可利用城乡、厂区道路等，但该道路应满足消防车通行、转弯和停靠的要求。

图4-9 消防车道

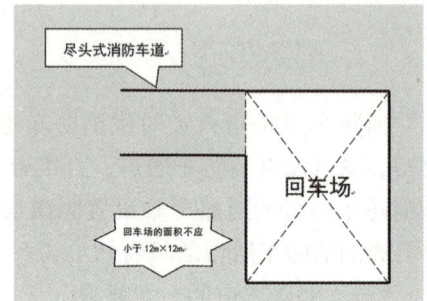

图4-10 尽头式消防车道

三、消防组织和力量

《中华人民共和国消防法》规定："县级以上地方人民政府应当按照国家规定建立国家综合性消防救援队、专职消防队，并按照国家标准配备消防装备，承担火灾扑救工作。""乡镇人民政府应当根据当地经济发展和消防工作的需要，建立专职消防队、志愿消防队，承担火灾扑救工作。"

由于民宿普遍距离城市消防救援站较远，而且道路狭窄、迂回曲折，不利于消防救援力量及时到场，因此，在民宿相对集中的地区，当地政府应统筹建立专职或志愿消防救援队伍。

《农家乐（民宿）建筑防火导则（试行）》第四十八条规定：村民委员会或经营管理农家乐（民宿）的行业协会应建立志愿消防队。有条件的地区，应根据需要建立专职消防队。志愿消防队应有固定场所，配备消防车、手抬机动泵、吸水管、水枪、水带、灭火器、破拆工具等消防装备，设置火警电话和值班人员，有志愿消防队员。志愿消防队应组织队员每月开展不少于2次消防技能训练、1次消防业务学习。

（一）专职消防队

专职消防队是指由专职消防队员组成，承担乡镇、农村火灾扑救和预防工作，并按照国家规定承担重大灾害事故和其他以抢救人员生命为主的应急救援工作的消防队。专职消防队的建设与管理，应遵循利于执勤值班、安全实用、方便生活等原则。专职消防队具体承担以下任务：

（1）根据火灾报告、救援求助或地方政府、消防救援机构的指令，及时赶赴现场实施火灾扑救和应急救援。

（2）熟悉所在乡镇、农村的情况，制定完善灭火救援预案，定期开展灭火救援演练。

（3）开展防火巡查和消防宣传教育，普及消防安全知识。

（4）完成地方政府或有关部门交办的其他与消防工作有关的任务。

（二）志愿消防队

志愿消防队是指以志愿人员为主，自愿、无偿从事灭火救援和群众性自防自救工作的志愿服务组织，是国家综合性消防救援队和专职消防队的重要补充。

乡镇政府建立的志愿消防队应当将志愿消防员编组轮流值班备勤，每班至少有 2 名队员在队值班，其他值班人员在单位或家庭备勤。在队值班人员接警后应当迅速驾驶消防车辆、携带灭火救援装备出动，并以电话、广播等形式及时通知其他值班人员直接赶赴现场。村（居）民委员会、单位和个人组建的志愿消防队可结合本地、本单位实际，确定值班备勤方式。

（三）微型消防站

北京市地方标准《乡村民宿建筑消防安全规范》规定：乡村民宿经营者可建立微型消防站，设置存放点并配备消防头盔、灭火防护服、消防手套、消防安全腰带、消防员灭火防护靴、自救呼吸器等个人防护装备以及外线电话、手持对讲机等通信器材。

1. 装备配备

微型消防站应根据扑救初起火灾需要，配备一定数量的灭火、通信、防护等器材装备，巡查区域较大的，可配备电瓶车，电瓶车应随车携带灭火器或简易破拆工具。有条件的单位微型消防站可选配消防车辆。消防器材装备应根据灭火救援需要，结合建筑（场所）功能布局、室内（外）消火栓设置，分区域合理设置存放点。

2. 响应程序

微型消防站应按照"1 分钟邻近员工先期处置、3 分钟第一灭火力量到场扑救、5 分钟增援力量协同作战"的要求，制定完善灭火应急救援和疏散预案，定期开展训练演练，提高快速反应能力。

（1）"1 分钟响应启动"程序要求。单位微型消防站值班员接到火灾报警后，应立即发出火警指令，启动应急响应程序。就近调派火灾发生地点周边员工 1 分钟内到达火灾发生地点进行先期处置。同时，通知单位火灾发生地点相邻楼层或区域的消防员以及微型消防站在岗人员立即出动，并向当地 119 消防指挥中心报警。

（2）"3 分钟到场扑救"程序要求。在接到火警报告或调派指令后，火灾发生地点相邻楼层或区域的消防员或微型消防站队员应在 3 分钟内到达起火发生地点，就近取用消防器材装备，按应急处置程序开展人员疏散、火灾扑救等工作。

（3）"5 分钟协同作战"程序要求。起火单位微型消防站全体值班人员应在 5 分钟内到场参与扑救，加入消防区域联防协作组织的单位微型消防站，在其他单位发生火灾后，应按照"一处着火，多点出动"的要求，根据火警信息或调派指令，5 分钟内启动联动响应，携带灭火救援装备赶赴起火地点协同作战。消防救援站到场后，单位微型消防站应服从消防救援机构的统一指挥，协助开展处置。

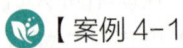

【案例 4-1】

云南香格里拉县独克宗古城火灾

2014 年 1 月 11 日 1 时 10 分，云南省迪庆藏族自治州香格里拉县独克宗古城发生重大火灾事故，烧损、拆除房屋面积 59 980m^2，直接经济损失 8983 万元。曾经繁华的茶马古道重镇，一夜间被无情的大火吞没，到处残垣断壁，满目疮痍。火灾的直接原因是民宿老板在卧室内使用取暖器不当，入睡前未关闭电源，取暖器引燃可燃物引发火灾。间接原因如下。

（1）独克宗古城 2012 年 6 月新建成的"独克宗古城消防系统改造工程"消防栓未正常出水，自备消防车用水不能满足救火需要，导致火势蔓延。

（2）"独克宗古城消防系统改造工程"设计方案中，未严格按国家工程建设消防技术标准设计消火栓具体防冻措施，留下消火栓不能保证高原地区低温冰冻先天缺陷。

（3）"独克宗古城消防系统改造工程"施工中，未严格按照设计要求埋深敷设管线，部分消火栓管顶覆土深度未达到要求，更加降低防冻标准，不能有效防止低温冰冻。

（4）"独克宗古城消防系统改造工程"在监理过程中，虽发现施工中存在未严格按照设计要求埋深敷设管线的问题，但仅向施工单位发出监理工程师通知单，未严格把关，进行跟踪督促整改。

（5）建设方为解决消火栓冰冻问题，自行采用支墩和保温材料进行了补充改造，但因直管穿越冻土层未进行保温处理，支敷改造中又堵塞了消火栓的泄水孔，不仅未起到防冻作用，反而埋下了消火栓低温冻结的隐患，在冬季低温冰冻气象条件作用下，导致不能正常供水（火灾当日最低气温零下9摄氏度）。

图 4-11　香格里拉独克宗古城

（6）相关部门对"独克宗古城消防系统改造工程"建设督促指导不到位，建设单位未依法向公安消防部门申请备案，州、县消防部门在知道这一建设工程的情况下，也未督促指导建设单位依法办理相关手续。工程建设过程中也未开展抽查、检查和督查。

（7）独克宗古城内通道狭小，纵深距离长，大型消防车辆无法进入或通行，古城内建筑物多为木质，耐火等级低，大量酒吧、客栈、餐厅使用柴油、液化气等易燃易爆物品。市政消防给水管网压力不足，且在扑救火灾时，未能及时联动，提供加压保障。

（案例来源：迪庆州香格里拉县独克宗古城"1·11"重大火灾事故调查报告—事故调查处理—国家应急管理宣教网）

思考：该起火灾发生地的独克宗古城采用的是什么类型的消防水源？存在什么问题导致不能有效供水？

案例点评：独克宗古城采用的市政给水系统，在该起火灾事故中，设计单位在"独克宗古城消防系统改造工程"项目设计中，未进行消火栓具体防冻措施设计，违反《建筑设计防火规范》相关规定。施工单位在组织实施"独克宗古城消防系统改造工程"时，未严格按照设计标准落实管线埋深，部分消火栓管顶覆土深度未达到设计要求，起火点邻近6座消火栓5座管顶覆土深度不符合设计要求，火灾事故后同一时段测试消火栓仍然冻结不出水。这是造成该起重大火灾事故最为重要的间接原因。由此可见，消防水源是民宿集中区域特别是木结构建筑群消防安全的重要保障。一旦发生火灾，没有

有效的消防用水，就无法及时控制火势，造成严重后果。严寒、寒冷等冬季结冰地区，除了消防水池、水塔和高位消防水池等采取防冻措施外，市政给水系统（室外消火栓）也必须严格按照国家有关规范的要求采取防冻措施。

第二节　民宿消防技术措施

《农家乐（民宿）建筑防火导则（试行）》第五条规定"本导则适用范围内的农家乐（民宿）不纳入建设工程消防监督管理和公众聚集场所开业前消防安全检查范围"。这意味着，民宿作为一种特殊的住宿业态，受客观条件限制，可不执行《建筑设计防火规范》等有关旅馆的消防技术标准。但为保障民宿的消防安全，民宿仍应满足各地政府制定的有关民宿消防安全的文件要求。本节重点就安全出口和通道、装修材料、消防设施器材、电气线路展开阐述。

一、安全出口和通道

安全出口，是供人员安全疏散用的楼梯间、室外楼梯的出入口或直通室内外安全区域的出口。《农家乐（民宿）建筑防火导则（试行）》第十一条规定：封闭楼梯间、敞开楼梯间、室外楼梯的出入口或直通室外的出口可以作为安全出口；当主体结构为可燃材料时，木质楼梯应经阻燃处理，楼梯的宽度、坡度应满足人员疏散要求。

（一）疏散楼梯的形式

1. 防烟楼梯间

在楼梯间入口处设置防烟的前室、开敞式阳台或凹廊（统称前室）等设施，且通向前室和楼梯间的门均为防火门，以防止火灾的烟和热气进入楼梯间。

2. 封闭楼梯间

在楼梯间入口处设置门，以防止火灾的烟和热气进入楼梯间。

3. 敞开楼梯间

建筑物内由墙体等围护构件构成的无封闭防烟功能，且与其他使用空间相通的楼梯间。

4. 敞开楼梯

建筑物内不封闭、无墙体等围护构件的楼梯。

（二）安全疏散的要求

安全疏散的要求是制约和影响民宿是否满足消防安全要求、能否办理相关证照的瓶颈性难题。2016年，浙江省公安厅印发《浙江省民宿（农家乐）治安消防管理暂行规定》（浙公通字〔2016〕60号），在满足基本消防安全条件的基础上，降低了民宿安全疏散方面的要求，在全国率先解决了民宿消防安全要求准入门槛过高的问题，为合法经营提供了解决路径。在此之后，一些地方政府、部门也从实际出发，在调研论证的基础上，出台了相关法规或标准。

1.《浙江省人民政府办公厅关于确定民宿范围和条件的指导意见》（浙政办发〔2016〕150号）

民宿可设置1部疏散楼梯；若楼梯间不能直通屋顶平台并通向相邻建筑进行疏散，且规模达到下列条件的，应设置2部疏散楼梯：①建筑层数为3层，且任一楼层建筑面积大于200m²；②建筑层数为4层，且任一楼层建筑面积大于125m²。

2.《农家乐（民宿）建筑防火导则（试行）》（建村〔2017〕50号）

（1）墙、柱、梁、楼板和屋顶承重构件等均为不燃材料的农家乐（民宿），应符合下列消防安全要求：

①采用钢结构时应进行防火保护，柱的耐火极限应达到2h，梁的耐火极限应达到1.50h。

②每层安全出口不应少于2个，相邻两个安全出口最近边缘之间的水平距离应大于5m。当房间门至楼梯入口的疏散距离小于15m，且使用楼梯疏散的各层人数之和不超过50人时，除首层外可设置1个安全出口。

③楼梯间隔墙、室外楼梯贴邻的外墙、楼梯的建造材料应采用不燃材料。

（2）墙、柱、梁、楼板等均为不燃材料，屋顶承重构件为可燃材料的农家乐（民宿），应符合下列消防安全要求：

①经营用建筑层数不应超过3层。

②采用钢结构时应进行防火保护，柱的耐火极限应达到2h，梁的耐火极限应达到1h。

③每层安全出口不应少于2个，相邻两个安全出口最近边缘之间的水平距离应大于5m。当房间门至楼梯入口的疏散距离小于15m，且使用楼梯疏散的各层人数之和不超过25人时，除首层外可设置1个安全出口。

④楼梯间隔墙、室外楼梯贴邻的外墙、楼梯的建造材料应采用不燃材料。

（3）柱、梁、楼板等为可燃材料的农家乐（民宿），应符合下列消防安全要求：

①经营用建筑层数不应超过3层；当经营用建筑层数为3层时，每层最大建筑面积不应超过200m²；当经营用建筑层数为2层时，每层最大建筑面积不应超过300m²。

②每一层安全出口不应少于 2 个，相邻两个安全出口最近边缘之间的水平距离应大于 5m。当每层最大建筑面积不超过 200m²，房间门至楼梯入口的疏散距离小于 15m，且使用楼梯疏散的各层人数之和不超过 15 人时，除首层外可设置 1 个安全出口。

3. 北京市地方标准《乡村民宿建筑消防安全规范》

（1）根据民宿建筑材料的燃烧性能，将其分为三类：

A 类，墙、柱、梁、楼板、楼梯和屋顶承重构件等均为不燃材料；

B 类，墙、柱、梁、楼板、楼梯等均为不燃材料，屋顶承重构件为可燃性材料。

C 类，墙、柱、梁、楼板任意构件为可燃性材料。C 类乡村民宿经营用建筑层数地上不应超过 2 层，第 2 层经营面积不应超过 300m²。

（2）在此基础上，明确符合下列条件之一的乡村民宿，可设置 1 部疏散楼梯：

A 类，使用楼梯疏散的总人数不超过 50 人且房间门至疏散楼梯的最远疏散距离不大于 15m。

B 类，使用楼梯疏散的总人数不超过 25 人且房间门至疏散楼梯的最远疏散距离不大于 15m。

C 类，使用楼梯疏散的总人数不超过 15 人且房间门至疏散楼梯的最远疏散距离不大于 15m。

二、装修材料

（一）装修材料及燃烧性能分类

按其使用部位和功能，装修材料可分为顶棚装修材料、墙面装修材料、地面装修材料、隔断装修材料、固定家具、装饰织物、其他装修装饰材料等七大类。

燃烧性能是指材料燃烧或遇火时所发生的一切物理和化学变化，由材料表面的着火性和火焰传播性、发热、发烟、炭化、失重以及毒性生成物的产生等特性来衡量。

国家标准《建筑材料及制品燃烧性能分级》（GB 8624—2006）对建筑内部装修材料的燃烧性能进行了分类，分别为 A 级（不燃材料）、B1 级（难燃材料）、B2 级（可燃材料）、B3 级（不燃材料），见表 2-14 所示。

（二）易燃可燃装修材料的火灾危害

在火灾中产生烟雾和毒气的室内装修材料主要是有机高分子材料和木材。

常见的有毒有害气体包括一氧化碳、二氧化碳、二氧化硫、硫化氢、氯化氢、氰化氢、光气等。

近年来，很多火灾由于易燃、可燃装修材料导致火势迅速蔓延扩大，释放大量有毒有害烟气，造成人员伤亡。有的是烟头点燃了床上织物，有的是窗帘、帷幕着火后引起了火灾，还有的是由于吊顶、隔断采用木制品，着火后很快就被烧穿。因此，在民宿的装修设计中，应正确处理装修效果和使用安全的矛盾，积极选用不燃材料和难燃材料，对于达不到难燃要求的可燃材料，可以通过阻燃处理的方式提高燃烧性能等级，做到"防患于未然"。

2018年8月25日，黑龙江省哈尔滨市松北区某酒店发生大火，致20人死亡，23人受伤。经查，起火原因是某酒店二期温泉区二层平台，靠近西墙北侧顶棚悬挂的风机盘管机组电气线路短路，形成高温电弧，引燃周围塑料绿植装饰材料并蔓延成灾。

2017年2月5日，浙江省台州市天台县赤城街道一足浴中心发生火灾，共造成18人死亡，18人受伤。经查，事故由该足浴中心汗蒸房墙面的电热膜导电部分出现故障，产生局部过热，引燃周围可燃物并蔓延成灾，同时场所采用大量的可燃易燃装修材料最终酿成惨剧。

使用易燃、可燃装修材料导致的火灾危害主要有：

1. 使建筑失火的几率增大

建筑内部装修采用可燃、易燃材料多、范围大，则引起燃烧的几率就增大，大量的火灾实例都充分说明了这一点。

2. 传播火焰，使火势迅速蔓延扩大

建筑一旦发生火灾时，可燃、易燃性装修材料在被引燃、发生燃烧的同时，会把火焰传播开来，造成火势迅速蔓延。

3. 造成室内轰燃提前发生

装修后建筑物内更加封闭，热量不易散发，加之可燃性装修材料导热性能差，热容小，易积蓄热量，因此会促使建筑物内温度上升，缩短轰燃前的酝酿时间。

4. 增大了建筑内的火灾荷载

建筑物内火灾荷载大，则火灾持续时间长，燃烧更加猛烈，且会出现持续性高温，因而造成的危害更大。

5. 严重影响人员安全疏散和扑救

易燃可燃装修材料燃烧时能产生大量烟雾和有毒气体，不仅降低了火场的能见度，而且还会使人中毒，严重影响人员疏散和扑救。由于高温状态下的热对流，如果遇上竖井等管道产生烟囱效应，蔓延的速度将更快。

（三）民宿装修材料的要求

根据《建筑内部装修设计防火规范》（GB 50222—2017），建筑内部装修设计应积极采用不燃性材料和难燃性材料，避免采用燃烧时产生大量浓烟或有毒气体的材料，做到安全适用，技术先进，经济合理。

《农家乐（民宿）建筑防火导则（试行）》第二十一条规定，禁止采用可燃、易燃装修材料。楼梯间的顶棚、墙面和地面应采用不燃装修材料；疏散走道的顶棚应采用不燃装修材料，墙面和地面应采用不燃或难燃的装修材料；客房与公共活动用房的顶棚、地面应采用不燃或难燃的装修材料。建筑外墙不得采用可燃易燃保温材料和可燃易燃外墙装饰装修材料。

三、消防设施器材

消防设施器材是保证建筑物消防安全和人员疏散安全的重要设施，在建筑火灾的扑救过程中发挥着巨大的作用。消防设施器材包括火灾自动报警系统、自动灭火系统、消火栓系统、防烟排烟系统以及应急广播和应急照明、安全疏散设施、灭火器等。民宿由于规模较小，需要因地制宜配置相应的消防设施器材。

（一）《农家乐（民宿）建筑防火导则（试行）》

（1）民宿应设置独立式感烟火灾探测报警器或火灾自动报警系统。

（2）每 $25m^2$ 应至少配备一具 2kg 灭火器，灭火器可采用水基型灭火器或 ABC 干粉灭火器，灭火器设置在各层的公共部位及首层出口处。

（3）每间客房均应按照住宿人数每人配备手电筒、逃生用口罩或消防自救呼吸器等设施，并应在明显部位张贴疏散示意图。

（4）安全出口、楼梯间、疏散走道应设置保持视觉连续的灯光疏散指示标志，楼梯间、疏散走道应设置应急照明灯。

（二）北京市地方标准《乡村民宿建筑消防安全规范》

（1）应在客房内配备手电筒，在客房内按照床位数配备自救呼吸器，在二层及以上客房内根据客房室内地面与室外地坪高差配备以下逃生避难器材：

①高差不大于 6m 的楼层配备逃生绳。

②高差大于 6m、不大于 15m 的楼层配备逃生缓降器、逃生梯、应急逃生器等逃生避难器材。

（2）应在客房内明显部位张贴疏散示意图，在安全出口、楼梯间、疏散走道设置疏散指示标志，在楼梯间、疏散走道设置应急疏散灯。

（3）当乡村民宿距离最近的市政消火栓或室外消火栓大于 150m 时，应利用自来水管道在建筑各层设置轻便消防水龙。当自来水管道水压难以满足灭火需求时，或存在在营业期间停水持续时间超过 0.50h 的情况时，应设置背负式细水雾灭火装置，其储液容器的容积不应小于 12L。

（4）当乡村民宿具有以下情况之一时，宜设置简易自动喷水灭火系统：

①院落内具有封闭式天井或内庭院。

②客房数量超过 8 间。

③同时容纳用餐、休闲娱乐人数超过 40 人。

（5）简易自动喷水灭火系统的喷头应布置在客房、餐厅、疏散走道、厨房、储物间等室内场所，按喷水强度 4L/min·m^2、作用面积 100m^2、持续喷水时间 0.50h 进行设计，并应符合 DB11/1022 的相关要求。

（6）乡村民宿室内的灭火器宜采用水基型灭火器，建筑及封闭式天井和内庭院每 25m^2 应至少配备一具 2kg 灭火器，灭火器应设置在各层便于发现取用的公共部位及首层出入口处。

（7）乡村民宿建筑应设置火灾自动报警系统或火灾报警装置，客房内应设置感烟火灾探测器，厨房内应设置感温火灾探测器，使用燃气的厨房还应设置相适应的可燃气体探测器。

（三）《浙江省人民政府办公厅关于确定民宿范围和条件的指导意见》（浙政办发〔2016〕150 号）

（1）疏散通道和安全出口应保持畅通，3 层及 3 层以上楼层应每层配置逃生绳、逃生梯等逃生设施，且应对其采取保护措施。

（2）客房、厨房、内走道应安装独立式或联网型火灾探测报警器，楼梯间、疏散走道应设置消防应急照明和疏散指示标志，客房应配备逃生用口罩和手电筒等器材。

（3）每层配备不少于 2 具 3kg 以上 ABC 型干粉灭火器，并放置在公共区域。

四、电气线路

电气火灾是日常生活、生产中最常见的一类火灾。由于电气线路、用电设备老化、故障或使用不当，在使用过程中出现高温、电弧、打火花现象，在具备燃烧条件下引燃本体或其他可燃物。因此，民宿在装修改造中，应合理布置电器的设置位置，选择合适规格、型号的电器，使之与可燃物隔离或远离可燃物，防止发生过载或接触不良。

2020 年 5 月 4 日凌晨，广西贺州市富川县朝东镇岔山村古韵民宿 2 号楼发生火灾，过火面积约 60m^2，造成 2 人死亡，直接财产损失约 30 万元。经查，起火原因为屋内墙上插头处电气故障，引燃木质墙体及墙体内的保温泡沫板等可燃物。

因此，《农家乐（民宿）建筑防火导则（试行）》对民宿的电气线路做了较为详细的规定。

（1）室内敷设电气线路时应避开潮湿部位和炉灶、烟囱等高温部位，且不应直接敷设在可燃物上，导线的连接部分应牢固可靠。当必须敷设在可燃物上或在有可燃物的吊顶内时，应穿金属管、阻燃套管保护，或采用阻燃电缆。严禁私拉乱接电气线路，严禁擅自增设大功率用电设备，严禁在电气线路上搭、挂物品。

（2）严禁使用铜丝、铁丝等代替保险丝，不得随意更换大额定电流保险丝。客房内严禁使用大功率用电设备；厨房内使用电加热设备后，应及时切断电源。停电后应拔掉电加热设备电源插头。用电取暖时，应选用具备超温自动关闭功能的设备。

（3）照明灯具表面的高温部位应与可燃物保持 0.50m 以上的距离；靠近可燃物布置时，应采取隔热、散热等措施。使用额定功率超过 100W 的灯具时，引入线应采用瓷管、矿棉等不燃材料做隔热保护；使用额定功率超过 60W 的灯具时，灯具及镇流器不应直接安装在可燃物上。

【案例 4-2】

家中发生火灾独居老人昏迷，智能烟感报警器发挥大作用！

2020 年 11 月 27 日 8 时 47 分，南京建邺区消防救援大队消防特勤徐啸鹏的手机上收到一条云平台的报警信息，显示莲花新城一户 7 楼居民家中发生火灾。该住户是一名独居老人，徐啸鹏立即通过电话联系上了老人的监护人。正巧老人的大儿子就住在该单元 15 楼，于是下楼到母亲家中查看。"他看到房间里全是烟雾，老人已经倒在客厅里，然后家人就一起把老人救出，抬到通风良好的地方，老人就苏醒了。与此同时，我们用了 5 分钟以内时间赶到现场进行扑救。"徐啸鹏告诉记者。徐啸鹏介绍，智能烟感报警器是消防智慧平台中的一个板块，当火灾初期的烟雾达到一定数值时，对应的智能报警器就会探测感知险情并发出报警信号，实现初期火灾实时监测、实时报警、实时联动。"它反应比较灵敏，发生火灾后能第一时间通过平台短信通知到我们消防特勤与监护人的手机上，然后我们第一时间打电话给监护人确认是否是真实的火情。我们赶到现场需要时间，他如果自己可以及时进行处理，可以有效地把火灾扑救在初期。"

（案例来源：光明网《家中突发大火 独居老人昏迷》）

思考： 民宿为什么要安装火灾探测报警器？

案例点评： 危急时刻，民宿内安装的火灾探测报警器能发挥大作用，第一时间发出警报，提醒人员紧急疏散或进行火灾扑救。火灾探测报警器一旦感应到烟雾，会发出大于 80 分贝的声音和发出光报警。民宿内火灾探测报警器的安装部位，应当包括公共活动区域、客房、起居室、客厅、餐厅、内走道、每层疏散楼梯上部以及其他具有火灾危险的房间和部位。

第三节 民宿日常消防安全管理

民宿业主（经营负责人）是消防安全责任人，承担民宿的日常消防安全管理工作，应将消防安全工作与民宿的日常经营同步实施。

现实中，民宿经营者多数为个体或家庭经营模式，员工人数不多，消防安全管理水平相对较低。另外，多数民宿经营者未经过专门的消防安全培训，缺乏必备的自救逃生技能和初起火灾扑救能力。特别是旅游旺季的时候，人流量大，民宿整体的消防安全风险陡然增加。民宿的日常消防安全管理应重点抓好以下三项工作。

一、防火巡查检查

营业期间，民宿经营者应当组织开展每日防火巡查，确定巡查的人员、内容、部位和频次。巡查的内容主要包括：

（1）用火、用电有无违章情况。

（2）安全出口、疏散通道是否畅通，安全疏散指示标志、应急照明是否完好。

（3）消防设施、器材和消防安全标志是否在位、完整。

（4）常闭式防火门是否处于关闭状态。

（5）厨房燃气安全使用情况。

（6）其他消防安全情况。

视频 4-2：电动车火灾多发原因及对策

防火巡查检查时，发现消防安全隐患的，应当当场纠正、及时整改，妥善处置火灾危险；无法当场处置的，应当落实人员、经费，采取针对性的整改措施，尽快消除隐患。防火巡查应当填写巡查记录，巡查人员及主管人员应当在巡查记录上签名。

表 4-1　每日防火巡查记录表

时间	用火用电		消防通道安全出口疏散通道		疏散指示标志应急照明灯具		消防安全标志消防设施器材		防火门		消防安全重点部位人员值班		其他消防安全情况	具体问题及处理情况	巡查人员签字
	正常	违章	畅通	违章	正常	故障	正常	故障	正常	故障	在岗	脱岗			

其中，厨房防火巡查检查的主要内容如下。

①厨房区域应采用耐火极限不低于 2h 的防火隔墙与其他区域进行分隔。墙壁应从地面砌筑到楼板，不能仅砌筑到吊顶。

②厨房与其他部位应当采取分隔措施，并设置自然排风窗。燃油、燃气锅炉房不得设置在主体建筑内。

③厨房内燃气燃油管道、仪表、阀门应定期检查，排油烟罩应及时擦洗，烟道每季度应清洗一次。

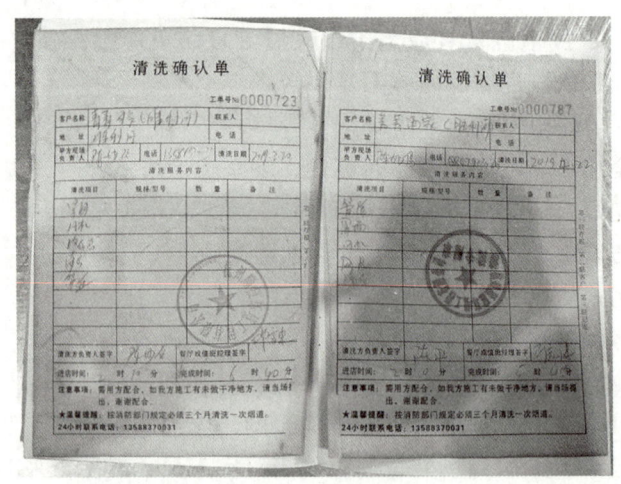

图 4-12　厨房排烟管道清洗记录

④厨房内可能散发可燃气体的部位应设置可燃气体报警装置。厨房内常用的燃料有天然气、液化石油气。天然气属于比空气轻的燃气,液化石油气属于比空气重的燃气,在检查燃气浓度检测报警器时,应注意二者的区分:当检测比空气轻的燃气时,检测报警器与燃具或阀门的水平距离不得大于8m,安装高度应距顶棚 0.30m 以内,且不得设在燃具上方;当检测比空气重的燃气时,检测报警器与燃具或阀门的水平距离不得大于 4m,安装高度应距地面 0.30m 以内。

图 4-13　使用液化石油气的厨房,可燃气体探测器应安装于房间下部

二、用火用电安全管理

用火、用电是引发火灾事故的主要原因之一。民宿在经营管理和装修施工时,应当建立用火、动火安全管理制度,明确用火、动火管理的责任人和审批程序等内容。电气焊工、电工等操作人员应当持证上岗,执行有关消防安全管理制度和操作规程,落实作业现场的消防安全措施。

1. 用火安全管理

(1)严禁在营业时间进行动火作业。

(2)电气焊等明火作业前,实施动火的部门和人员应当按照消防安全管理制度办理动火审批手续,并在民宿主要出入口和作业现场醒目位置张贴公示。

(3)动火作业现场应当清除可燃、易燃物品,配置灭火器材,落实现场监护人和安全措施,在确认无火灾、爆炸危险后方可动火作业,作业后应当到现场复查,确保无遗留火种。

2. 用电安全管理

（1）电气线路敷设、电气设备安装和维修应当由具备相应职业资格的人员按国家现行标准要求和操作规程进行。

（2）电源插座、照明开关不应直接安装在可燃材料上。

（3）靠近可燃物的电器，应当采取隔热、散热等防火保护措施。

（4）电气产品应在规定的使用寿命期限内使用，超过使用寿命期限的应及时报废或更换；

（5）用电设备因停电或故障停止运行时，应及时切断电源。在查明原因，排除故障后才能重新接通电源。

3. 电气防火检查

（1）应避免将多个插排串联使用，尤其是在有较大功率负载时，严禁采用排插串联的方式引电。

（2）电气产品的安装位置应符合要求，电气线路的敷设应设套管保护，不应有私拉乱接现象。

（3）配电箱的箱门与壳体应设置跨接线，防止漏电。

（4）线路进出配电箱处应使用防火泥等材料封堵严密。

（5）电缆桥架应使用盖板封好，桥架穿墙处的孔洞应采用防火材料进行封堵。

（6）电缆桥架之间应采用跨接线进行等电位连接，以起到漏电保护作用。

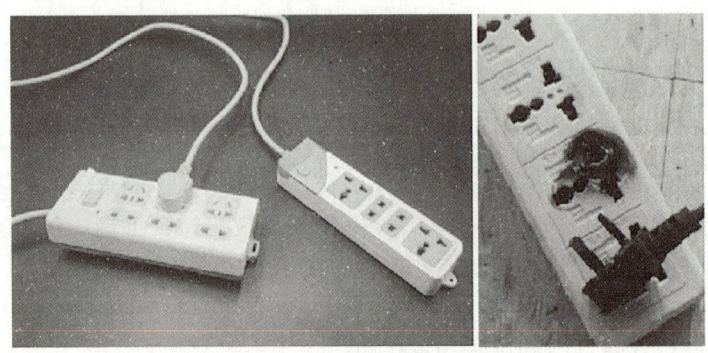

图 4-14　不应将多个插排串联使用

第四章 民宿消防安全

图 4-15 配电箱箱门设置了跨接线

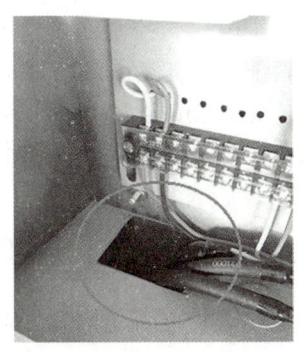

图 4-16 配电箱进出线处未进行防火封堵

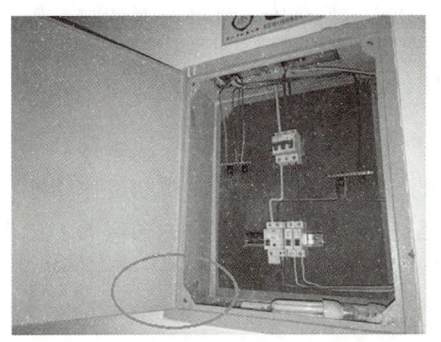

图 4-17 配电箱箱门未跨接，存在漏电风险

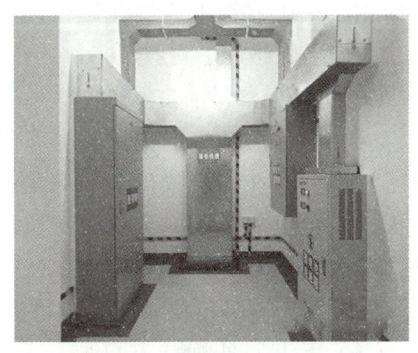

图 4-18 桥架安装规范，穿墙和楼板处封堵严密

图 4-19 电气线路穿管保护，接头处设置了接线盒

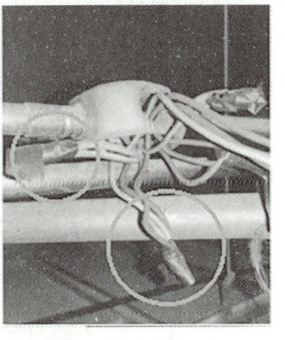

图 4-20 裸露电线未穿管保护

（7）电气线路敷设应采用套管保护，线路接头应采用压接、焊接、搪锡连接，或设置接线盒。

（8）配电箱、控制面板、接线盒、开关、插座等不应直接安装在可燃的装修材料上，当其靠近可燃物时，应采取隔热、散热等防火措施。

（9）大于60W的白炽灯、卤钨灯、荧光高压汞灯、高压钠灯、金属卤灯等高温灯具的引入线，应采用瓷管、石棉、玻璃丝等不燃烧材料进行隔热保护。

三、消防设施器材管理

民宿经营管理者应当定期对灭火器、消火栓、安全疏散指示标志、应急照明灯具等消防设施器材进行检查和维护保养，确保消防设施器材完好有效，处于正常运行状态。消防设施器材应当设置明显的提示性、警示性标识；消火栓箱、灭火器箱上应当张贴使用方法标识。消防设施器材存在故障、缺损的，应当立即维修、更换。

（一）灭火器

灭火器是最常见的灭火设施，具有使用方便、造价经济、便于移动的特点。它们分布在建筑物内各个可能起火的场所，能够在火灾初期迅速将小火扑灭，避免更大范围的火灾。灭火器需要定期进行检查、维护和保养，以保证其灭火效果。

在对灭火器进行检查时，应着重关注以下几个方面。

（1）灭火器外观状态良好，无锈蚀、变形等现象，手柄、插销、铅封、压力表等组件应齐全完好。

（2）灭火器压力表指针应指向绿区。若指向红区，表示灭火器欠压，灭火剂喷射的射程不足，影响灭火效果；若指向黄区，表示灭火器超压，存在安全隐患。发现以上两种情况均应立即对灭火器进行维修更换。

图4-21　灭火器压力表指针应指向绿区

（3）手提式灭火器充装量大于3kg时，应配有喷射软管。

图 4-22 灭火器型号为 MFZ/ABC4,说明其充装量为 4kg,B 灭火器正确配备了喷射软管,但 C 灭火器未配备

（4）查看灭火器筒体上的出厂日期和检修日期，灭火器应在有效期内：水基型灭火器出厂期满 3 年需进行首次维修，此后每满 1 年进行一次复检，出厂满 6 年应报废；干粉灭火器出厂期满 5 年需进行首次维修，此后每满 2 年进行一次复检，出厂满 10 年应报废。

表 4-2 灭火器维护保养周期表

类型	首次维修	复检	报废
水基型	出厂后满 3 年	首次维修后每满 1 年	出厂后满 6 年
干粉、洁净气体	出厂后满 5 年	首次维修后每满 2 年	出厂后满 10 年
二氧化碳	出厂后满 5 年	首次维修后每满 2 年	出厂后满 12 年

（二）消火栓

消火栓系统分为室内消火栓系统和室外消火栓系统。室内消火栓安装在建筑内部，可以直接向火场供水灭火，通常安装在消火栓箱内，与消防水带和水枪等器材配套使用。室外消火栓系统是设置在建筑外面的供水设施，主要供消防车取水灭火，也可以直接连接水带、水枪出水灭火。

在对消火栓系统进行检查时，应着重关注以下几个方面：

1. 室内消火栓

（1）室内消火栓外观状态良好，无渗漏、锈蚀现象。

图 4-23 室内消火栓开启后不能关闭严密，出现漏水现象

（2）室内消火栓箱门应有"消火栓"字样的明显标识，箱门开启角度不小于 120 度，附近应有消火栓操作规程。箱内水枪、水带等组件应齐全，定期进行巡查检查并做好记录。

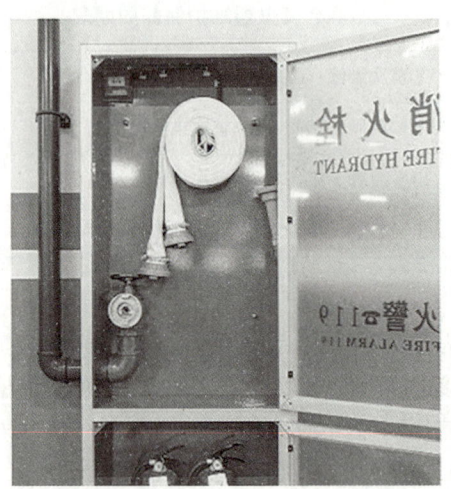

图 4-24 消火栓箱标识明显组件齐全，箱门开启角度不小于 120 度

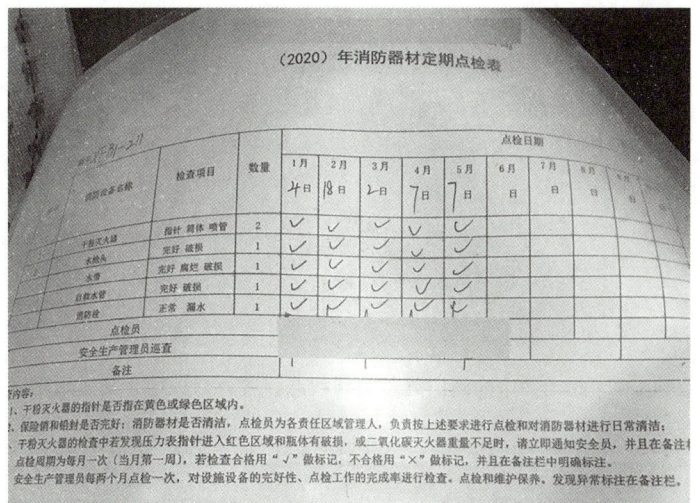

图 4-25　消火栓箱内存放有检查记录表

2. 室外消火栓

（1）室外消火栓外观状态良好，有明显标志，无渗漏、锈蚀，无影响取用的障碍物，不被埋压、遮挡。

图 4-26　室外消火栓被埋压

（2）室外消火栓前的阀门井应处于开启状态，特别是附近区域进行施工后，要及时对其进行检查，确保室外消火栓能够正常出水。

图 4-27　阀门井中的阀门处于关闭状态，室外消火栓无法正常出水

（3）通过试压枪头测试室外消火栓出水压力，应大于 0.10MPa。

图 4-28　室外消火栓出水压力应大于 0.10Mpa

第四节　民宿火灾扑救与疏散逃生

一、初起火灾的扑救

　　初起阶段的火灾又称初期火灾，是火灾发生的初始阶段，一般在起火后几分钟内。在火灾的初起阶段，物质燃烧的速度比较缓慢，火焰不高，燃烧释放出的辐射热能较低，燃烧面积不大，因此，初起阶段是扑救火灾的最佳时期，在场人员如能采取正确的方法，利用简易的灭火器材就能迅速将火扑灭。相反，如果在火灾的初起阶段不能采取正确的方法及时把火灾消灭在萌芽状态，势必会造成火势扩大，增大火灾中的财产损失和人员伤亡。

（一）初起火灾扑救的基本原则

1. "救人第一"原则

"救人第一"原则，是指火场上如果有人受到火势威胁，各单位消防人员、保安员及在场群众的首要任务就是把被火围困的人员抢救出来。在灭火力量较强时灭火和救人可以同时进行，救出人之前，灭火是为了打开救人通道或减少烟火对人员的威胁，为人员脱险创造条件。

图 4-29　消防队正在灭火

2. "先控制，后消灭"原则

先控制，后消灭是相对于不可能立即扑灭的火灾而言的。对于能一举扑灭的小火，要抓住战机迅速消灭；当火势较大，灭火力量相对较弱，不能立即扑灭时，要把主要力量放在控制火势发展或防止爆炸、易燃物泄漏等危险情况的发生上，防止火势扩大，为消灭火灾创造条件。

3. "先重点，后一般"原则

先重点，后一般是指在扑救初起火灾时，要全面了解并认真分析火场情况，区别重点与一般，对事关全局或生命安全的物资和人员要优先抢救，之后再抢救一般物资。人和物相比保护人是重点；贵重物资和一般物资相比，保护和抢救贵重物资是重点；控制火势蔓延的方向应以控制受火势威胁最大的方向为重点；有爆炸、毒害、倒塌危险的方面与其他方面相比，应以危险的方面为主；火场上的下风方向与上风、侧风方向相比，下风方向是重点；要害部位与其他部位相比，要害部位是火场保护重点；易燃可燃物集中区域与一般固体物资区域相比，前者是保护重点。

（二）初起火灾扑救的基本方法

燃烧必须同时具备三个条件：可燃物质、助燃物质和火源。灭火就是为了破坏已经产生的燃烧条件，只要能去掉一个燃烧条件，火即可熄灭。人们在灭火实践中总结出了以下几种基本方法：

1. 冷却灭火法

将灭火剂直接喷在可燃物上，使可燃物的温度降低到自燃点以下，从而使燃烧停止；用水冷却尚未燃烧的可燃物质防止其达到燃点而着火。用水扑救火灾，其主要作用就是冷却灭火，一般物质起火，都可以用水来冷却灭火。

图 4-30　要学会使用灭火器灭火

2. 窒息灭火法

可燃物质在没有空气或空气中的含氧量低于 14% 的条件下是不能燃烧的。所谓窒息法，就是隔断燃烧物的空气供给。采取适当的措施，阻止空气进入燃烧区，或用惰性气体稀释空气中的含氧量，使燃烧物质缺乏或断绝氧而熄灭，适用于扑救封闭式的空间、生产设备装置及容器内的火灾。火场上运用窒息法扑救火灾时，可采用石棉被、湿麻袋、湿棉被、沙土、泡沫等不燃或难燃材料覆盖燃烧或封闭孔洞；用水蒸气、惰性气体（如二氧化碳、氮气等）充入燃烧区域；利用建筑物上原有的门以及生产储运设备上的部件来封闭燃烧区，阻止空气进入。

3. 隔离灭火法

可燃物是燃烧条件中最重要的条件之一，如果把可燃物与引火源或空气隔离开来，那么燃烧反应就会自动中止。如用喷灭火剂的方法，把可燃物同空气和热隔离开来；用泡沫灭火剂灭火产生的泡沫覆盖于燃烧液体或固体的表面，把可燃物与火焰和空气隔开等，都属于隔离灭火法。采取隔离灭火的具体措施很多，如将火源附近的易燃易爆物质转移到安全地点；关闭设备或管道上的阀门，阻止可燃气体、液体流入燃烧区；拆除与火源相毗连的易燃建筑结构，形成阻止火势蔓延的空间地带等。

4. 抑制灭火法

将化学灭火剂喷入燃烧区参与燃烧反应，使游离基（燃烧链）的链式反应中止，从而使燃烧反应停止或不能持续下去。采用这种方法可使用的灭火剂有干粉和卤代烷灭火剂。灭火时，将足够数量的灭火剂准确地喷射到燃烧区内，使灭火剂阻断燃烧反应，同时还应采取冷却降温措施，以防复燃。

二、人员逃生和安全疏散

（一）人员疏散设施

1. 应急照明灯

这是为保障人员安全、迅速疏散提供必须的照明而设置的，一般设置在疏散走道、楼梯间、消防设备用房等。应急照明工作时间一般不低于20分钟，疏散走道的地面最低水平照度不低于0.5Lx。

2. 疏散指示标志

疏散指示标志应设置在疏散走道及其转角处距地面高度1m以下的墙面上，且灯光疏散指示标志间距不应大于20m；对于袋形走道，不应大于10m；在走道转角处，不应大于1m。民宿内设置的疏散指示标志不宜采用自发光疏散标志，应采用灯光型疏散指示标志。

3. 辅助疏散设施

《浙江省人民政府办公厅关于确定民宿范围和条件的指导意见》（浙政办发〔2016〕150号）规定：3层以上楼层应每层配置逃生绳、逃生梯等逃生设施，并对其采取保护措施。每间客房应设有开向户外的窗户，窗户不得设置金属栅栏，确需设置的，应能从内部易于开启，并可供人员逃生。

（二）应急疏散预案和演练

1. 制定灭火和应急疏散预案

制定的灭火和应急疏散预案要求火点、火情的设置接近或基本符合场所可能的火灾实际，疏散程序要合情合理，疏散方案要全面、具体、细致，实施手段和处置措施要科学、稳妥、有效，真正起到贴近实际演练的作用。

灭火和应急疏散预案应当至少包括下列内容：

（1）单位或建筑的基本情况、重点部位及火灾危险分析。

（2）明确火灾现场通信联络、灭火、疏散、救护、保卫等任务的负责人。

（3）火警处置程序。
（4）应急疏散的组织程序和措施。
（5）扑救初起火灾的程序和措施。
（6）通信联络、安全防护和人员救护的组织与调度程序和保障措施。
（7）灭火应急救援的准备。

2. 疏散演练

民宿应当按照灭火和应急疏散预案，至少每半年进行一次演练，并结合实际，不断完善预案。消防演练时，应当设置明显标识并事先告知演练范围内的人员。

3. 组织疏散

民宿一旦发生火灾，民宿业主和员工应履行消防法规规定的引导人员安全疏散的义务。比如，组织疏散人员应在安全出口的通道上大声呼喊，使被困人员循声而来，然后指引他们安全撤离；或组织人员在烟雾情况下，用照明灯具指示出口、通道位置，同时大声呼喊，引导疏散。

思考与练习

一、简答题

简述民宿微型消防站的应急响应程序及主要内容。

二、实训题

1. 实地调研一处民宿聚集的村落，了解其消防水源、消防车道和消防组织、力量情况。

2. 实地探访一家民宿，查看其消防设施器材的配备，是否符合《农家乐（民宿）建筑防火导则（试行）》的相关要求。

第五章
民宿治安安全

| 本章导读 |

随着我国经济的快速发展,集生态、文创、娱乐等多种体验方式为一体的民宿作为休闲住宿产品的升级版,逐渐成为一个新兴行业,越来越受到不同需求的人欢迎。虽然我国民宿业发展较快,但在民宿治安安全等方面还是存在着很大的发展和完善空间。本章首先明确了民宿治安安全的目的,其次分析了民宿治安安全的原则,再次提出民宿安全防范措施,最后从实践应用的角度出发介绍了民宿经营过程中对违法人员识别的方法。通过本章的学习实现在多元化经济背景下,运用共建共治共享理念保障民宿业的治安安全。

学习目标

1. 了解民宿治安安全的目的。
2. 了解民宿业在经营过程中开展治安安全的原则。
3. 熟悉民宿安全防范的措施。
4. 掌握民宿经营过程中对违法人员的识别方法。

思维导图

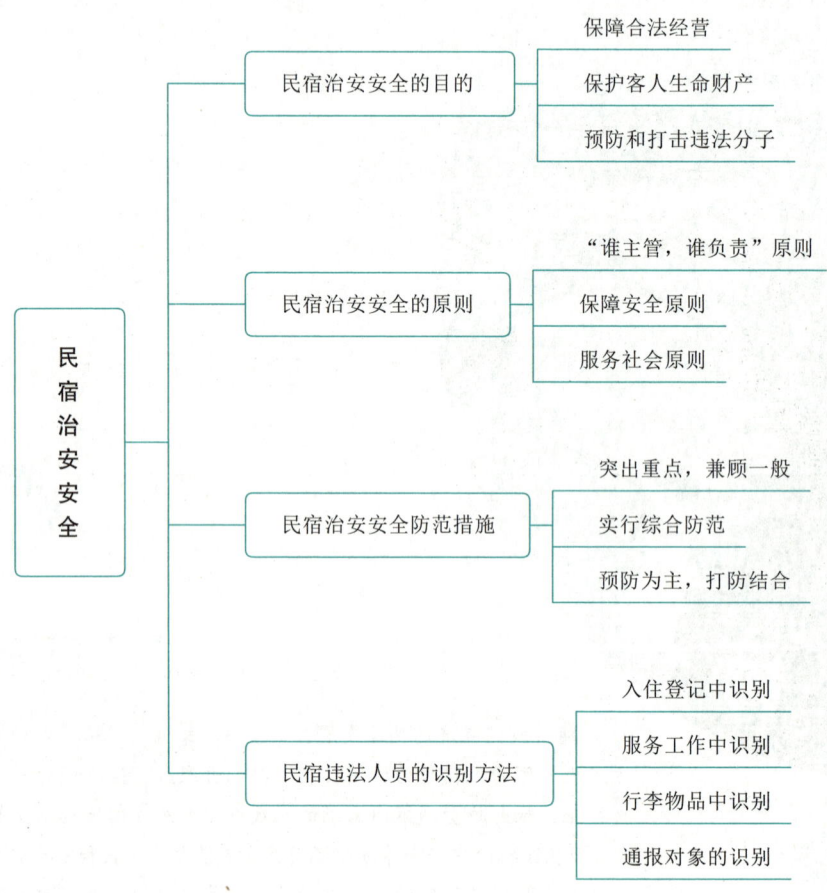

第五章　民宿治安安全

第一节　民宿治安安全的目的

民宿在经营管理过程中不断加强治安安全管理，一是为了保护民宿的合法权益，创造良好的治安环境，促进民宿业的健康发展，充分发挥其社会服务的功能作用；二是通过采取多种安全防范措施，预防控制案件的发生，确保住宿客人的人身和财物安全，保证其社会活动的正常进行；三是有效地发现和打击利用民宿作案的违法犯罪分子，促进社会治安的稳定。

旅游民宿（homestay inn）是指利用当地民居等相关闲置资源，经营用客房不超过4层、建筑面积不超过800m²，主人参与接待为游客提供体验当地自然、文化与生产生活方式的小型住宿设施。其和旅馆一样，是以服务的方式向住店客人收取合理报酬的，这就决定了民宿是面向社会服务的。为了招徕旅客，吸引更多回头客，民宿要设法提供一个舒适、宽松、安全的环境，这便要求民宿在加强治安管理、保障安全的同时，给住店客人提供生活、娱乐、购物等方便。因此，以住宿为主，集餐饮、康乐、服务于一身的民宿具有全面开放的特点。但考虑到住宿客人的安全问题，民宿的客房部应与公共区域相对隔离。而从经营角度来说，客房部与公共区域又不能完全隔离，以免给旅客造成不便。民宿在正常经营活动的前提下，要保证民宿和住宿客人的安全。

一、保障合法经营

合法经营是指民宿在开业前，必须经公安机关和工商行政管理部门审查批准，履行必要的手续，并在经营活动中遵纪守法。具体地说，一是开办民宿者，必须在开业前向所在地公安机关申报，经县级以上公安机关安全鉴定。具备安全条件的，由县级以上公安机关签署意见或者核发《特种行业许可证》，凭证到工商行政管理部门注册登记，领取《营业执照》。证、照齐备者，允许开业，属合法经营。二是民宿在日常的经营活动中，必须严格遵守国家和地方政府制定的法律、法规和规章，从其经营的内容到经营方式，都必须符合有关规定。凡未办理有关手续，擅自营业的民宿，也视为不合法。对不按规定办理开业审批手续，私自经营民宿或在经营活动中不执行国家和地方政府的有关规定，非法经营的，一经发现，也会被公安机关取缔。

【案例 5-1】

城市民宿不能成为治安监管死角

2020年6月21日至24日，顾某在从某APP上订购的一家城市民宿内，容留钱某等5人吸食毒品4次，后因群众举报而被公安机关抓获。2020年7月29日，县检察院以顾某涉嫌容留他人吸毒罪对其批准逮捕。

"我之所选择从某APP订购城市民宿，是因为有吸毒前科，在旅社或酒店住宿担心被公安机关查到，在民宿住宿就不容易被查到。"在接受承办检察官讯问时，顾某说。

"如果都像顾某这样做，那民宿岂不容易变成犯罪分子逃避治安监管的死角？"顾某的供述引起了检察官的警觉，经进一步调查，发现该案暴露出APP服务平台未严格履行对城市民宿的住房申报登记义务以及对提供民宿的出租人管理不到位等问题。

2020年11月，该县检察院向该APP的注册公司北京某科技有限公司发出检察建议，建议该公司进一步强化城市民宿的住房申报登记义务，按照相关法律法规要求，充分利用技术管理措施，实现住宿登记信息系统与公安机关共享，强化对某APP城市民宿出租人的管理，防止出现不法分子利用城市民宿逃避监管。

检察建议发出后，承办检察官积极与该公司法务部门对接，跟踪落实情况。后来，检察官收到该公司回函称，已建立房源上线、房东注册、房屋质量等的审核机制，深化数据驱动优势，强化审核能力，并成立专门部门支持调查取证工作，与公安机关探索推进民宿二维码管理系统，积极配合推进网约房源和订单等数据的实时推送。

该县检察院还将发现的问题及时向省检察院报告。省检察院公益诉讼部门针对城市民宿问题开展了全省调研，着手推动全省城市民宿监管问题进一步规范化。

（案例来源：检察日报 2021-03-15）

思考：民宿在给人们带来便利和促进经济增长的同时，由于没有民宿治安管理相关法律法规，以及民宿治安管理定位不清晰，导致产生了许多治安问题，如安全防范秩序混乱等各种治安案件和刑事案件频发；民宿引发的邻里之间矛盾纠纷；消防安全隐患问题突出等。

案例点评：在共建共治共享理论下，借鉴实践经验，民宿治安管理的优化路径应该首先从民宿治安管理立法开始，为民宿纳入法制化的社会治理提供法律保障，明确公安机关是民宿治安管理的主管部门，同时协调民宿管理相关部门协调配合，在公安机关对民宿治安管理的主导作用之外，发挥社会组织参与民宿治安管理的积极作用，通过下放部分职权和行业协会的自律管理的方式引导民宿治安多元化管理，同时发挥社区民众的自治力量来监督管理民宿，最后优化政府民宿管理政策的同时强调科学技术的促进作用，它能够提升民宿治安管理的效率，让民宿治安管理带来的发展成果惠及所有人。

二、保护客人生命财产

民宿是人员集散的重要场所。住宿客人身在他乡，对民宿的布局和周围的环境都比较陌生。而且，因旅游、度假、会议、活动等需要，部分旅客携带相应的贵重物品，很容易成为犯罪分子侵害的对象。民宿对住宿客人的人身和财物安全问题都负有义不容辞的保护责任。尽管民宿属于公共场所的范畴，但是，它有别于商店、体育馆、文化馆等。这是由于民宿除了是旅客活动的重要场所外，还是他们临时休息的地方。为了避免意外事故的发生，从民宿的选址和设计开始，民宿就要将涉及安全的内容纳入设计方案之中。从总体上说，民宿应与地质灾害多发地、危险物品生产工厂、储存仓库保持一定的距离。如果在选址上疏忽大意，民宿在开业后，客人将始终受到潜在的威胁。民宿建筑必须严格按照规范的设计图纸进行施工，任何违章建筑都可能导致治安灾害事故的发生。

民宿开业前，公安机关消防救援机构要对旅馆的两个方面进行安全审查，一是防火问题。民宿在设计和施工过程中，必须严格按照国家有关消防的规定安装防火设备。二是防盗问题。这是目前民宿建筑过程中容易忽视的问题。民宿要在开业前对公安机关发现的门窗、落水管等不安全隐患进行整改，以避免盗窃等案件的发生。值得注意的是，民宿在公安机关指导下需要妥善处理消防与防盗的关系。只强调安全门要保持畅通，无视防盗措施落实的做法不可取；只考虑防盗严密，而将安全门封死的做法亦不可行。必须两者兼顾，不可偏废。民宿在日常的经营管理中，要通过安全检查及时发现和消除隐患，以保障民宿和客人的安全。

三、预防和打击违法分子

民宿在经营过程中也可能成为不法之徒隐身匿迹和进行违法犯罪活动的重要场所。而且，他们还在不断地变化着藏身和作案的手法。民宿经营者要与其进行长期不懈的斗争。

为了防止与限制不法分子的活动,保护合法营业,巩固社会治安秩序,公安部发布了《旅馆业治安管理办法》(2011修订),将旅馆住宿业纳入特种行业管理。通过对店主、职工进行爱国主义教育,组织他们学习政府法令、政策,提高思想觉悟,进而结合社会改革运动中心工作,有意识地培养治安积极分子。并且,根据法令制度,结合具体情况,严格安全检查,坚持普遍管理与重点管理、日常管理与突出管理、公开管理与秘密管理相结合,对不法分子形成了内外夹击之势,逐步掌握了违法犯罪活动的规律和从业人员的复杂成分,有力地配合了侦查工作。因而,在加强社会治安、维护社会秩序、发现和打击不法分子的破坏活动、保卫国家经济建设等方面起到了很大作用。

拓展知识5-1:广东省民宿管理暂行办法

2006年3月1日起施行的《中华人民共和国治安管理处罚法》中规定:卖淫、嫖娼的,处十日以上十五日以下拘留,可以并处五千元以下罚款;情节较轻的,处五日以下拘留或者五百元以下罚款。在公共场所拉客招嫖的,处五日以下拘留或者五百元以下罚款。引诱、容留、介绍他人卖淫的,处十日以上十五日以下拘留,可以并处五千元以下罚款;情节较轻的,处五日以下拘留或者五百元以下罚款。制作、运输、复制、出售、出租淫秽的书刊、图片、影片、音像制品等淫秽物品或者利用计算机信息网络、电话以及其他通讯工具传播淫秽信息的,处十日以上十五日以下拘留,可以并处三千元以下罚款;情节较轻的,处五日以下拘留或者五百元以下罚款。对有组织播放淫秽音像的、组织或者进行淫秽表演的、参与聚众淫乱活动行为之一的,处十日以上十五日以下拘留,并处五百元以上一千元以下罚款。明知他人从事前款活动,为其提供条件的,依照前款的规定处罚。

以营利为目的,为赌博提供条件的,或者参与赌博赌资较大的,处五日以下拘留或者五百元以下罚款;情节严重的,处十日以上十五日以下拘留,并处五百元以上三千元以下罚款。

拓展知识5-2:关于毒品的基本知识

对有非法种植罂粟不满五百株或者其他少量毒品原植物的,非法买卖、运输、携带、持有少量未经灭活的罂粟等毒品原植物种子或者幼苗的,非法运输、买卖、储存、使用少量罂粟壳行为之一的,处十日以上十五日以下拘留,可以并处三千元以下罚款;情节较轻的,处五日以下拘留或者五百元以下罚款。有前款第一项行为,在成熟前自行铲除的,不予处罚。对有非法持有鸦片不满二百克、海洛因或者甲基苯丙胺不满十克或者其他少量毒品的,向他人提供毒品的、吸食、注射毒品的、胁迫、欺骗医务人员开具麻醉药品、精神药品的行为之一的，处十日以上十五日以下拘留，可以并处二千元以下罚款；情节较轻的，处五日以下拘留或者五百元以下罚款。教唆、引诱、欺骗他人吸食、注射毒品的，处十日以上十五日以下拘留，并处五百元以上二千元以下罚款。

旅馆业、饮食服务业、文化娱乐业、出租汽车业等单位的人员，在公安机关查处吸毒、赌博、卖淫、嫖娼活动时，为违法犯罪行为人通风报信的，处十日以上十五日以下拘留。

第二节　民宿治安安全的原则

民宿业治安安全的原则，是民宿主管部门和经营者以及从业人员协助治安管理的行为规范。民宿业必须根据自身的特点，正确掌握和运用国家及地方的民宿业治安管理法律、法规和规章，在搞好行业经营管理的同时，最大限度地避免和减少工作中的失误，防止各类案件和治安灾害事故的发生，确保民宿和旅客生命财产的安全。

民宿业的治安工作，应有利于发展社会市场经济、有利于方便群众生活出发，坚持专门机关与群众路线相结合，努力做到依法管理、严密管理、科学管理和文明管理。鉴于此，民宿业治安安全的原则是：谁主管，谁负责；保障安全；服务社会。

视频5-1：吴中公安打造"平安民宿"

一、"谁主管，谁负责"原则

（一）"谁主管，谁负责"的概念

民宿业治安管理工作"谁主管，谁负责"的原则，是根据旅馆业治安管理工作的新特点提出来的，是贯彻专门机关与群众路线相结合，依靠社会力量加强民宿业治安管理的新举措；是搞好民宿治安管理工作的重要途径之一。

"谁主管，谁负责"原则的主要含义是，民宿业行政管理部门要对下辖的民宿单位治安管理工作负起责任，要通过制定和明确民宿治安管理的职责范围，狠抓落实，保障安全。换而言之，民宿的治安秩序和治安问题，主要依靠其行政主管部门来管理和解决。作为治安管理的公安机关要督促和检查民宿及其行政主管部门认真做好安全防范工作，及时帮助整改存在的问题，完善各项管理制度。同时，认真查处违反民宿业治安管理规定的人和事，并依法追究有关单位领导和直接责任人的法律责任。

（二）认识"谁主管，谁负责"原则的必要性

"谁主管，谁负责"的治安管理原则要求民宿业的主管部门和民宿担负起维护好民宿内部治安秩序的责任，"看好自己的门、管好自己的人、办好自己的事"，形成民宿业治安管理社会化的格局，充分发挥和依靠民宿工作人员与违反民宿治安管理的行为作斗争，共同为创造一个良好的民宿治安秩序而奋斗。例如在禁毒防范方面，公安机关与娱乐场所、经营服务场所的法定代表人、负责人签订《场所禁毒责任协议书》；场所的法定代表人、负责人应当与场所管理人员，场所管理人员应当与所有从业人员签定年度《从业人员禁毒协议书》，严格落实禁毒责任制。

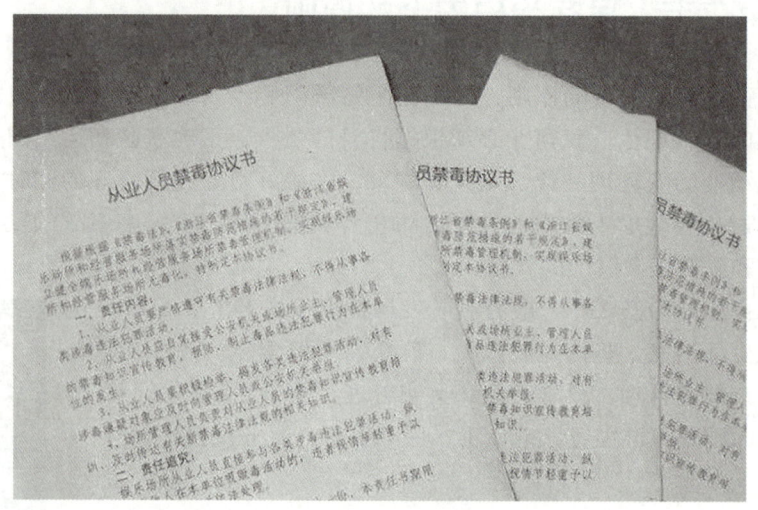

图 5-1　民宿从业人员禁毒协议书样本

（三）配合公安机关贯彻"谁主管，谁负责"原则

推行"谁主管，谁负责"的原则中，公安机关对民宿业的治安管理职能不是削弱，而是应该加强。因为强调"谁主管，谁负责"，其目的是促使民宿及其主管部门将民宿业的经营管理与治安管理有机地结合起来，推进社会治安综合管理工作进一步落到实处，有利于公安机关更好地加强对民宿业的治安管理。按照"谁主管，谁负责"的原则，公安机关需要加强对民宿业的安全监督和具体指导，热心帮助民宿开展各类安全活动。各类民宿要积极配合公安机关开展各类工作，切实落实"谁主管，谁负责"原则，自我完善管理机制，强化治安管理。

二、保障安全原则

（一）保障安全的概念

保障安全，是民宿业开展治安工作的出发点和最终归宿。民宿在实际工作中，无论是制定各项治安管理制度，采取种种防范措施，还是开展各类宣传和教育活动，其目的都是切实保障民宿和客人生命财产的安全。贯彻保障安全的原则，民宿要配合公安机关在对民宿业的治安管理过程中，不断健全民宿各类安全规章制度、进行人员培训和完善安全设施设备。在经营过程中不仅要抓经济效益，而且要抓社会效益，在保障安全的前提下开展经营活动。

（二）保障安全的必要性

民宿业与社会生产和人民生活有着密切的联系。它不但是服务群众、方便群众的家外之家，也会成为一些不法分子进行违法犯罪活动的场所。因此，民宿业的治安安全，对保障民宿和旅客生命财产安全，对于维护整个社会治安秩序，具有重要意义。

保障安全是民宿业经营管理的一个重要方面。民宿对于投宿的旅客，要认真做好生活服务工作，而保障他们的安全则是最基本的一条。同时，民宿自身的安全也是其赖以生存的保障。当前部分民宿安全防范措施不落实，片面追求经济效益，忽视治安安全工作，对发生在民宿内的违法犯罪活动放任不管，直接危害了民宿利益和旅客生命财产的安全，也影响了民宿的经济效益。

保障安全是提高民宿业社会效益和经济效益的需要。民宿业的社会效益和经济效益是相辅相成的，民宿只有为旅客提供一个既安全又舒适的生活环境，才能赢得社会的称誉和旅客广泛的好评，收到良好的社会效益。由此，广大旅客才会趋之若鹜，慕名前往投宿，给民宿带来好的经济效益。然而，安全的环境是通过严格民宿业治安安全创造出来的。因此，那种认为公安机关对民宿业治安管理严，会影响民宿经济效益的想法是错误的。如果放松了民宿的治安管理，那么，民宿业的治安状况必然不好，旅客就缺乏安全感。

三、服务社会原则

（一）服务社会的概念

服务社会，指的是民宿在经营管理中配合公安机关对民宿进行治安管理时，要服从服务于经济建设的大局，有利于各项方针、政策的贯彻落实，有利于社会经济的发展，积极主动地为前来投宿的客人创造方便有利的条件。

民宿业的治安安全，其根本宗旨就是能提供一个安全、良好的住宿环境。所以，必须根据民宿业自身的特点，充分配合公安机关的指导和管理，不断加强和改善管理手段和法，大力开展预防、控制、打击违法犯罪，以促进民宿业更好地发展。

（二）服务社会的必要性

民宿业只有适应和服务于社会经济发展的变革，才能促进经济的迅速发展。民宿业的治安安全，必须端正业务指导思想，树立为社会经济服务的观念、为民宿业的健康发展而从严管理的观念。绝不能片面地认为，民宿业发展得越快，治安安全越松就越有利于经济的发展。应该以社会的安定、人民群众生命财产的安全为重，严格依法办事，把民宿业治安安全纳入民宿日常经营的轨道上。只有这样，才能使我们的民宿业更好地为社会服务，为经济建设服务。

第三节　民宿治安安全防范措施

民宿业的安全防范工作面广、量大，情况复杂，没有切合实际、行之有效的措施是难以取得理想成效的。要搞好民宿业的安全防范工作，必须突出重点，兼顾一般；必须坚持"人防、技防"相结合，综合防范；必须贯彻"预防为主，打防结合"的方针。

一、突出重点，兼顾一般

民宿安全防范的所谓"重点"，包括重点单位、重点部位和重点对象。重点单位，是指安全防范制度不健全、落实不到位，内部治安秩序不好的民宿和刚开业不久缺乏安全防范工作经验的民宿和民宿集群。这些单位防范能力较弱，容易发生案件和治安灾害事故。重点部位，是指民宿内存放重要物品的地方（如前台、物资仓库等）和供电、供气、监控室等。重点对象，是指现实表现不大好的民宿职工和身份证件、携带物品、言行举止可疑的旅客以及身带贵重物品、巨额现金的旅客。前两种对象，有的容易违法犯罪，要重点控制和防范其为非作歹。后一种对象，容易成为歹徒袭击目标，因此，他们是重点保护者。上述重点单位、重点部位、重点对象，必须列为民宿安全防范工作的重点，较多地关注，健全安全保卫组织，加强经常性安全检查，督促各项安全防范制度和岗位安全责任制落到实处。对于检查出来的问题，要严肃纪律、严格按章处理。该停业整顿的停业整顿，该治安处罚的给予治安处罚，该经济制裁的给予经济制裁，以儆效尤。

民宿在重点部位要安装和使用防盗门、保险箱、报警器、监控等安全设施，发挥技术防范的作用。对于重点对象，要落实监控力量，适时进行检查，绝不能出现危害民宿内部安全的事件。

民宿在切实做好重点单位、重点部位、重点对象防范工作的同时，应该兼顾面上的整个安全保卫工作，坚持以点带面，点面结合。因为重点与一般只是相对而言，对于民宿而言，并非一般单位、一般部位、一般对象绝对不会发生安全问题。而且，重点与一般也不是一成不变的，有时会相互转化。

二、实行综合防范

安全防范不外乎人防、技防两种手段。人防、技防都是服务于民宿安全的。二者同时投入，可以优势互补，相得益彰。

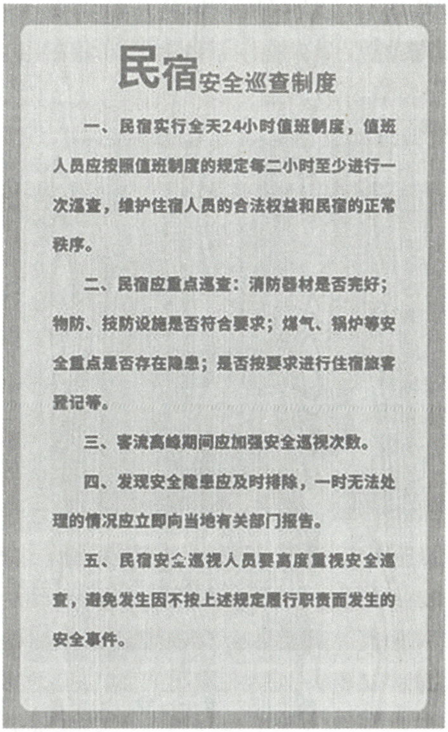

图 5-2　民宿安全巡防制度

（一）人防

民宿业的人防，即依靠民宿内部的安全保卫组织和从业人员力量开展安全防范工作，维护民宿治安秩序。人防是民宿业务防范工作最重要的一项措施，技防则是人防的补充和完善。要搞好人防，首先必须建立健全的民宿内部的安全保卫组织及其工作制度，落实职责任务，充分发挥它们的职能作用。其次，抓好民宿从业人员的宣传发动。要使他们既懂得服务知识，又懂得安全防范知识；既当工作人员，又当安全员。宣传发动要求全面、深入、经常化，采取的形式应该灵活多样、生动活泼。只有把广大从业人员充分地发动起来，才能提高他们维护民宿安全的自觉性，才能把民宿安全防范工作落实到底。最后，组织民宿从业人员进行业务培训，提高防范本领。各民宿按照培训计划分期分批对民宿从业人员进行治安业务轮训，是提高队伍素质、增强员工预防和识别能力的有效途径。

（二）技防

技防是指民宿要采取一些技术措施来预防和阻止犯罪作案。具体地说，客房的门、窗须符合防盗要求，门锁可使用指纹锁或磁卡或电子锁，设有符合防盗要求的物品保管柜。安装并能熟练使用旅馆业治安管理信息系统或手机 APP 旅客住宿登记系统，设有监控系统和自动报警装置，以及防火、防爆技术装置。

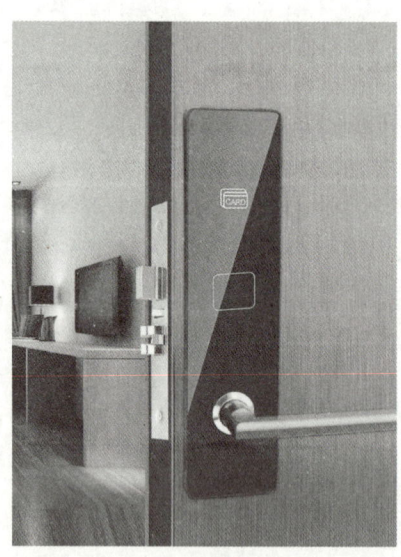

图 5-3 电子门锁

【案例 5-2】

离奇的盗窃案

某民宿发生了离奇盗窃案。根据警方现场勘测,房间门窗紧闭,没有撬动的痕迹,屋内也没有翻动的迹象,精明的小偷没有留下任何指纹或物品,此事成为一个疑案。根据民宿提供的失窃房电子门锁的磁卡开锁记录,失窃时间段未发现开锁记录,而电子门锁的应急机械钥匙(如用应急机械开门,则不会在电子门锁的开锁记录上留下痕迹)据民宿方称由该民宿店长保管,从未启用过。警方就此案进行进一步调查。与此同时,客人王先生向民宿提出了赔偿要求。

民宿负责人高先生表示愿意赔偿住店客人的损失。至于赔偿的数目,他们必须首先征求公安方面的意见,再作处理。同时表示民宿正是太过相信电子门锁的安全功能,放松了应有的警惕,才拆除了客房的防盗扣。现在民宿已经重新安装防盗扣。

思考: 客人在民宿住宿,民宿应该负责其安全,但究竟民宿对这次盗窃事件应负多大的责任现在尚无法确定,因为谁也不清楚问题是出在民宿保洁、服务台还是其他相关人员身上,或者这是高科技犯罪。民宿的责任大小必须等破案后,根据这些因素综合分析后才能下结论。另外,王先生被盗的钱款现在也无法查实,同样需要小偷来交代,否则只能任其"悬而不决"。

案例点评: 电子门锁的使用本是加强民宿钥匙管理的先进手段,与普通门锁相比,有不易复制、可反复使用、便于携带和配置等优势,但由于电子门锁的电脑系统往往独立于民宿管理计算机系统之外,如果不加强门锁的制卡系统及机械钥匙的管理,健全相应的管理制度,建立科学严密的操作程序和审核流程,则势必给不法分子以可乘之机,给民宿造成难以估量的损失。同时,有了电子门锁,并不意味着常规的安全措施可以取缔,也不意味着民宿的警示标志可以废止。

三、预防为主,打防结合

预防为主是民宿安全工作的一个重要指导思想。据此,要千方百计地运用人防、技防各种预防手段,强化安全保卫措施,努力做好各项防范工作,消除一切违法犯罪分子可能利用的漏洞和薄弱环节,先发制"敌",力争把所有不法活动消灭在行为实施之前,或者阻止在行为实施过程之中,把治安灾害事故消灭在萌芽状态之中,以防止和减少由于这些危害而造成的损失,确保民宿、旅客的安全,促进社会和谐发展,这是民宿安全工作的根本目的。但是,预防绝不是单纯的消极的被动式的预防,而应当是积极的主动的预防。唯有如此,才能掌握主动权,有效地保障安全。这种积极主动的预防,包括"以攻为守",及时把旅客中的犯罪分子识别出来,不让他们继续为非作歹,使之受到应有的打击,从而消除危及民宿、旅客安全的隐患,以打促防。以攻为守的预防,要求民宿的广大从业者,以高度的工作责任感,钻研业务,忠于职守,在各自的工作岗位上,通过登记验证、查房等多种途径,努力发现有违法犯罪活动的可疑人员,这样才能增加民宿内的安全系数,减少和避免各类案件发生,民宿和旅客的安全才有一个可靠的保证。

图 5-4 旅馆业治安管理登记系统

第四节 民宿违法人员的识别方法

俗话说:"若要人不知,除非己莫为。"无论违法犯罪分子多么老奸巨猾和善于伪装,他们在进行违法犯罪活动的前后及过程中,其心理状态、言谈举止、穿着打扮、携带物品以及使用的证件等方面，总是会或多或少、或明或暗地表现出某些异常，暴露出一些蛛丝马迹。这就为民宿从业人员识别违法犯罪分子提供了条件和可能。当然，这种可能性是不会自然而然地变为现实的，关键在于我们头脑里要时刻保持警惕性，懂得识别、发现违法犯罪分子的方法，练好基本功。而且，民宿从业人员还必须爱岗敬业，具有高度的事业心和责任感。否则，即使有一套识别和发现违法犯罪的本领，也不能积极主动地把它运用到自己的工作中去，要努力为广大旅客消除不安全隐患，防止案件的发生。掌握识别违法犯罪分子的方法和具有高度敬业精神，是合格的民宿从业人员必须具备的条件，唯有把二者统一起来，才能使民宿从业人员在本职工作岗位上充分发挥预防、控制、发现和打击违法犯罪的作用。民宿从业人员在本职工作岗位上识别违法犯罪分子的方法，可以概括为四个大的方面。即：在为投宿旅客办理登记验证手续中识别，在日常为住客生活服务中识别，在察看旅客携带的行李物品中识别，在核查公安机关通缉的通报对象中识别。民宿从业人员若要具体分析识别，大致有六种方法，分别是：证件识别法、客单识别法、体貌识别法、言行识别法、衣着识别法、物品识别法。

一、入住登记中识别

《旅馆业治安管理办法》《户口登记条例》和《治安管理处罚条例》都对旅客住宿必须实行验证登记作了明确规定。民宿对投宿旅客实行住宿登记，这是公安机关对投宿在民宿中的流动人员和暂住人口进行治安管理的一项重要措施，也是民宿代替旅客向公安机关申报临时户口的一种办法。通过住宿登记，能及时掌握一个地区范围内的人口流动情况。民宿对投宿旅客实行验证制度，这是公关机关严密旅馆业治安管理，发现和打击违法犯罪分子，防止他们利用旅馆、民宿落脚藏身和为非作歹的重要手段。验证登记是旅客投宿的第一道手续，是民宿业对旅客服务的起步，更是识别和发现违法犯罪分子的第一道关口。

（一）从旅客出示的身份证件上识别

旅客投宿时向民宿前台工作人员出示的身份证件类型较多。境内旅客一般出示居民身份证、军官身份证、军官证、军人通行证、工作证、学生证、离退休证等；境外旅客一般出示港澳同胞回乡证、台港居民来往大陆通行证、护照等。不管旅客出示什么样的身份证件，都有真假两种情况。因而，工作人员必须认真查验旅客出示的身份证件，努力从中识别犯罪。

1. 真假居民身份证识别

目前，境内年满16周岁的旅客投宿旅馆时，除解放军官兵出示军官证、军人通行证外，其他人均应出示居民身份证。我国实行居民身份证制度是从1985年9月开始的。这是我国行政管理的一项基本制度。它不仅有利于证明公民身份，保护公民合法权益，而且还有利于及时发现和控制犯罪分子的活动，严密社会治安管理，维护社会安全。《中华人民共和国居民身份证条例》规定，居民身份证是证明个人身份的法定证件，必须随身携带，妥善保管，不得转让、出租、伪造或变造，不得使用和故意毁坏他人居民身份证。有些犯罪分子为了掩盖自己的真面目，逃避公安机关的打击，往往不择手段地伪造、变造居民身份证，或者冒用他人的居民身份证。因而，我们必须认真查验旅客出示的居民身份证，从中识别真假。以下为第二代居民身份证真伪辨别方法。

（1）核对相片。辨别证件照片与持证人是否一致。

（2）彩虹印刷。居民身份证底纹采用彩虹、精细、微缩印刷方式制作，颜色衔接处相互融合自然过渡，颜色变化部分没有衔接。

（3）查看底纹中微缩文字符串。使用放大镜（10倍以上）观测，可以看到汉语拼音"JMSFZ"字样的带状图案。

（4）使用紫外灯光观测荧光印刷"长城"图案。

（5）查看证件照片面的定向光变色"长城"图案。自然光条件下，垂直观看不到图案，法线（垂直于图案平面的直线）成较大夹角时，位置观察下，图案反射光颜色成橘红色；当图案绕法线方向顺时针旋转30度至50度时，图案反射光颜色绿色；当旋转70度至90度时，图案反射光颜色为紫色。

（6）证件照下方查看光储存"中国CHINA"字符。可观测到"中国CHINA"字样，字符串周转有渐变花纹，外沿呈椭圆形。

除以上辨别方法外，现在重点介绍一下可从肉眼快速辨别身份证真伪，第二代居民身份证"造"了三个字：身份证背面的"居""民""身"。这三个字与普通电脑字库中的字有细微的区别：真证上"居""民"两个字第四笔画横笔右端的三角与第一笔画的竖笔齐平；"身"字中间两横右侧不与竖笔相连。而制假证者使用是普通排版，用的是电脑字库中宋体字。"居""民"两字的第四笔画横笔右端，均明显长出其第一笔画的竖笔；"身"字中间两横笔右侧与竖笔相连。

2. 除居民身份证外的其他身份证件真伪的识别

除解放军官兵外，国内大陆年满16周岁的旅客投宿旅馆时，都应出示居民身份证。但是，有的旅客确实由于公安机关发给的居民身份证失窃、被骗、遗失、损坏等原因，而且未能及时补发到新证，因此在投宿旅馆时出示的身份证件往往是工作证、介绍信、驾驶证、退（离）休证、学生证等。另外，16 周岁以下的国内大陆旅客有些没有申领居民身份证，他们投宿旅馆时必然出示学生证或者其他有关身份证明。还有，少数犯罪分子即使持有居民身份证，但为了隐瞒自己的真实面目，逃避公安机关的打击，他们往往编造种种原因，谎称没有居民身份证，而用其他"身份证件"投宿旅馆。这些"身份证件"有些就是犯罪分子采用盗窃、诈骗、抢劫、购买等不法手段从他人处获得的，甚至有的对这些非法所得的"身份证件"进行了变造、伪造。所以，旅客投宿时使用的除居民身份证外的其他身份证件，既有正常的、合法的、真实的，也有反常的、非法的、虚假的，必须仔细查验，辨别真伪，并且问明没有居民身份证的原因，做好记录，稍有可疑，即予报告，不使犯罪分子有机可乘，蒙混过关。判别旅客出示的其他身份证件真伪的方法是"五看"。即：一看照片与本人是否相符；二看照片是否更换；三看证件有无涂改痕迹；四看公章是否伪造；五看证件与旅客自述的身份相适与否，从而发现违法犯罪分子在使用证件上出现的蛛丝马迹，揭露他们的真实面目。

3. 境外旅客身份证件的识别

境外人员，包括外国人和香港人、澳门人、台湾人。境外人员入境投宿旅馆，必须遵守我国境内的有关法律、法规。凡是前往公安机关批准的允许接待境外人员的旅馆、民宿投宿时，一律要出示有效的身份证件，办理登记验证手续。接待境外人员住宿的旅馆、民宿，必须在安排其住宿后的 24 小时内，向当地公安机关报送《临时住宿登记单》。过去，涉外旅馆在为境外人员办理住宿登记验证中，时有发现伪造、涂改、冒用、转用身份证件的情况。今后，由于种种原因，入境的境外人员伪造、涂改、冒用、转让身份证件的现象仍然不可避免。因此，民宿前台工作人员，都必须懂得和掌握境外人员身份证件真伪的识别方法，以便做好本职工作。从当前情况来看，境外人员投宿旅馆使用的身份证件主要有五种：一是护照；二是居留证；三是港澳同胞回乡证；四是台湾居民来往大陆通行证；五是入出境通行证。下面简要介绍两种鉴别真伪的方法。

（1）核对鉴别法。所谓核对鉴别法，即通过核对持证人的身份与证件是否相符、《临时住宿登记表》所填内容与本人证件是否一致，从中判别真伪。因为不同的境外人员到不同地区的旅馆投宿，需要出示不尽相同的身份证件。如外国人应出示本人的有效护照或者居留证；在不对外国人开放的地区住宿的，还要出示公安机关入境管理部门签发的前往该地区旅行的《外国人旅行证》；华侨应当出示我国护照或旅行证或入出境通行证；港澳居民应出示港澳同胞同乡证或入出境通行证；台湾居民应当出示台湾居民来往大陆通行证或入出境通行证。在城镇中、外居民家中住宿的，还要出示留宿人的身份证件。如果他们不能出示应有的合法证件，那么，这种对象就可疑，要报告公安机关。另外，境外人员填写的《临时住宿登记表》上的各项内容，与他们出示的证件上的内容，应该完全相同。我们将登记表与证件进行比照核对，若发现二者有不一致的地方，即为可疑。其中，如果填写错了，应及时提出，令其更改；如果不是笔误，则应报告公安机关。

（2）看证鉴别法。所谓看证鉴别法，即通过仔细察看境外人员出示的身份证件，从中发现伪造、涂改痕迹或者冒用他人证件等问题。这里侧重讲一下护照的鉴别。护照是一个主权国家发给本国公民出入国境和在国外旅行、居留时使用的合法身份证件和国籍证明。大多数国家的护照是一本印制精致的小册子。各国护照的内容不尽相同。从目前各国颁发的护照看，一个有效的护照一般包括下列内容：

①颁发护照国家的国名全称、国徽或代表国家标志的图案（一般印在护照的封面上）。

②持照人的姓名、性别、出生日期、出生地点、职业（或身份）和偕行人员。有些国家的护照还有持照人的身高、肤色、眼睛和头发的颜色及面部特征等。

③持照人的照片、本人签字或指纹，照片上要盖有发照机构的骑缝钢印。

④发照机构的印章、签署人的签名、发照日期、护照有效期限和护照有效国家及地区。

⑤护照延期页，以备护照延期使用。

⑥签证页若干张，专门给各国加盖各种签证和查验印章使用。

⑦护照的使用说明、注意事项和签发机关的备注页。护照使用的文字以本国文字为主，大多数国家的护照还同时印有国际通用的文字（一般为英文）作为对照。一个时期以来，国际上经常发生伪造、假冒和涂改护照以及持失效护照进行活动的情况，必须注意鉴别。鉴别护照合法性的方法除了使用科学仪器以外，应注意以下几点：

a. 注意护照的式样、内容和发照机关签署印章的情况，查看是否有伪造、涂改的迹象。

b. 查看护照上的各项记载、照片是否与持照人相符。如姓名、性别、出生日期、出生地点、居住地点、职业、身高、面部特征等是否与持照人一致，还要注意照片上加盖的骑缝印章有无可疑之处。

c. 注意护照有效期限，防止过期失效。

为便利港澳台居民在内地（大陆）工作、学习、生活，保障港澳台居民合法权益，根据《居住证暂行条例》的有关规定，2018年国务院办公厅关于印发《港澳台居民居住证申领发放办法》的通知，港澳台居民居住证持有人在内地（大陆）享受住宿旅馆便利。

（二）从旅客填写的《住宿登记单》上识别

旅客投宿民宿，必须自己填写《住宿登记单》，即使现在使用计算机管理的民宿，也必须坚持这项制度。因为每个人写的字都具有各自不同的特点，由旅客填写的住宿登记单是证明其曾在此旅馆住宿的依据。而且，住宿登记单上的笔迹和内容也是我们判别旅客有无疑点的依据之一。那么，怎样从住宿登记单上识别违法犯罪分子呢？

1. 文化程度与实际书写水平相矛盾

通常情况下，一个人所受的文化教育程度与其书写能力是成正比的，即文化程度越高，书写能力越强。当然，有的人虽然接受教育不多，但自学成才，书写能力强，这也属正常。反之，倘若文化程度高，实际书写水平却很低，那就反常了。譬如大学生，他应该看得懂住宿登记单上各个项目的填写要求，而且填写的内容也应该完全得当。如果连一张十分简单的住宿登记单都看不明白，填不对，甚至连一些常用的简单文字都写错，那么，这个"大学生"恐怕是假的了。

2. 住宿登记单上的项目填写不全

客单上的项目虽多，但对一个正常旅客来说，填写起来是十分简单的事情，既不费脑筋，也不花时间，如实填上去就是了。而犯罪分子就不同了。他们害怕如实填后会露出马脚，落入法网。但要在填写客单的短时间内编造出天衣无缝的虚假情况来，他们往往又没有这个本事。于是，他们采取留着空白栏目不填的方法，企图蒙混过关。

3. 住宿单上填写的内容有明显差错

客单上的项目本是旅客自己的简单情况，即使文化水平低的旅客，也完全能够准确无误地填写出来，不该出什么差错，特别是旅客的姓名、籍贯、住址、工作单位等项目不会填错。而有些犯罪分子盗用的他人证件，对他人的情况写起来不熟悉，以致写错；还有的犯罪分子是编造的虚假情况，限于自己文化水平不高和地理知识贫乏，于是填写客单时也会出现一些明显差错。

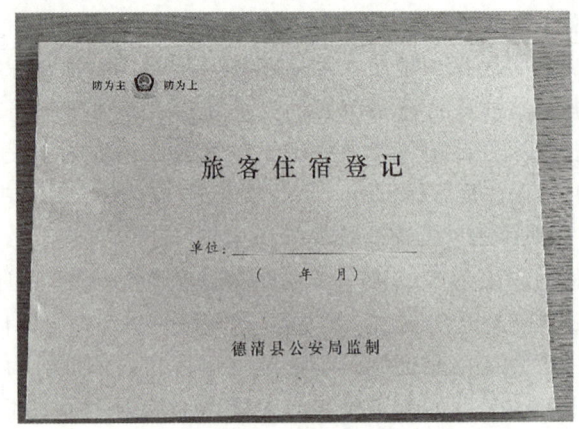

图 5-5　住客登记本样本

4. 外出事由不恰当

一是与身份不相符。按照社会分工，什么身份的人从事什么样的工作，这是不言而喻的。假如工人、教授、学生外出洽谈生产业务、签订合同；或者农民、工人出差外调、参加学术性会议；或者国家机关干部、医务人员、运动员外出推销产品、采购物资，等等，就违反常规值得怀疑了。二是与年龄不相称。少年跟随父母亲外出游览祖国的名山大川，是比较常见的事。因为少年缺乏社会经验，体质较差，单身外出不安全，往往要有大人陪伴而行。由此可见，少年只身远途旅游就不太正常，需要询问清楚。

5. 没有身份证件

目前，我国已经普遍为 16 周岁以上的公民颁发了居民身份证，即使有的人居民身份证被窃、遗失，他们也有学生证、工作证、离（退）休证等可做身份证件。但有些犯罪分子在外出、逃跑时没有带上身份证件；或者尽管身上有身份证，又怕暴露真实身份后落入法网，所以便谎称无身份证件，以便他们编造假身份。因此，凡是无身份证件的旅客，都要认真查询，防止犯罪分子蒙混过关。

二、服务工作中识别

违法犯罪分子一旦混进了客房，民宿服务员、保安员以及负责旅馆治安管理工作的公安干警、旅馆治安联防人员就有责任、有义务通过自己的日常安全服务工作，既预防其不法活动，又揭露其真实面目，保障旅馆和旅客的安全。如何在日常安全服务工作中识别，应做到以下几点：

（一）听话听音巧识别

1. 听旅客讲话口音

与其籍贯和工作单位所在地相比对，两者不符便有疑。一个人的口音是他在某个地区长时期的生活、工作中形成的。即使经常外出的人，他的基本口音也是与籍贯或工作单位所在地相一致的。如果一个人的口音既不是出生地的，也不是工作地的，而是明显属于其他地区的，那么，这个人就反常了。有的犯罪分子为了掩盖自己的真面目，往往盗用他人证件投宿，并在住宿登记单上冒名填写他人籍贯、工作单位，但口音难以模仿他人的，故在讲话中出现异常。

2. 听讲话内容

民宿服务员要充分利用与旅客直接打交道的有利条件，努力从他们的言语中识别违法犯罪分子，须特别注意下列三种言谈的人：

一是自我炫耀的人。有些企图在投宿的旅馆中诈骗、麻醉抢劫同住旅客钱财的犯罪分子，作案前，往往利用对方崇拜名人、明星、干部、网红的种种心理状态，冒充高干子女、文化艺术界知名人士，吹嘘自己有办法帮助对方解决困难，以麻痹对方的警惕性，取得对方的信任。然后乘虚而入，骗取对方的钱财，或者趁对方不备，把麻醉物投入茶水、饮料之中，待对方服用后昏睡失去知觉，再劫走其贵重行李以及身上的现钞、金银首饰等物。

二是讲黑话、暗语的人。有一些流窜犯或者公安机关通缉、协查的对象，在旅馆内与同伙商量和交谈作案、潜逃等情况时，往往使用他们约定俗成的黑话、隐语，以免让外人听了知晓。如把销售、倒卖赃物称为"跑买卖"，把掩护盗窃活动和转移赃款称为"跑接力"，把流窜犯罪称为"跑码头"，把扒窃称为"掏阴沟"，等等。

三是讲违法犯罪行为的话。也有些歹徒麻痹疏忽，以为在客房里面讲话无所谓，因而直言不讳，甚至得意忘形地谈论他们为非作歹活动的一些情况。

3. 听异常响声

有时，违法犯罪分子在民宿内作案会发出一些响声，如爬窗、搬物的摩擦、撞击声，被害人的挣扎、扭打、呼救声，赌博活动的麻将声，等等。尤其在夜深人静的时候，这些声音即使微弱，但认真负责的民宿工作人员往往也能隐隐约约地听到。若是遇见这种异常情况，就要采取行动。

（二）精心观察见疑点

1. 察颜观色，识别反常神态者

一个人的心理活动状况，在他的外表神态上往往有所显露。特别是心怀鬼胎的违法犯罪分子，在查验证件、询问情况的时候，总难免神情紧张或者强作镇静，但他们的面部表情呆板，双目不敢正视，显得很不自在。甚至有

的人面红耳赤，言辞含混不清，吞吞吐吐，答非所问。这正说明其内心空虚和胆怯。

2. 细看穿戴，识别衣着反常者

人们的穿着打扮，总是与体型、身份相一致的，而且比较注意整洁卫生，这是一般规律。但是，违法犯罪分子由于受到客观条件的限制，往往出现违反常规的现象。一是衣不合体。俗话说"量体裁衣""衣随体变"。正常人总是根据自己的个头高矮、腰身粗细制作、购买衣服的，穿在身上一般都比较合适。即使有点大或小，也不会太明显。而有些违法犯罪分子把偷盗、抢劫得来的他人衣裤穿在身上，很不合身、很不相称。有的衣衫肥大、身体瘦小，有的衣服短小、体魄肥胖，有的袖子长、手臂短，有的上衣新、裤子破，等等。二是衣服肮脏、损坏。有的犯罪分子在作案时，因为自己不慎或者被害人反抗，以致把衣服弄坏或者弄脏，有的甚至有血迹。但因一时无衣更换，仍旧穿在身上。发现这种情形，民宿工作人员都要仔细询问，弄清原委。三是衣着与身份不符。穿衣服不仅有地区差别，如南方人与北方人不同，内地人与沿海地区的人不同；而且有职业区别，即工人、农民、干部等不同身份的人，穿衣也有所差异。这并非完全取决于经济条件，而是志趣爱好不一所致，民宿工作人员据此也是能够从中看出一些破绽来。

3. 留心出入，识别行动反常者

旅客外出活动和回房休息的时间，因各自外出目的不同而不尽一致，但总体上应该白天和傍晚外出，晚上归店睡觉。有些违法犯罪人员则反其道而行之，白天在房间里睡觉，晚间借助夜幕的掩护，外出进行偷盗、抢劫等不法活动，甚至通宵不归。民宿要结合各自经营服务活动特点，对场所内的前台、走廊、包厢、客房等区域进行定期巡查，并做好登记。客房工作人员在每次房间清洁打扫、退房查房时应当特别留意。发现客房内有涉毒违法犯罪行为或可疑情况的，应当及时向公安机关报告。

4. 加强观察，识别离店反常者

作为正常的旅行者，到达一个地方大体上要住几天，事先总有一个计划，来去都比较从容自如。偶尔遇到特殊情况，改变先前计划，也能说出原因，并与民宿结好账，办完手续，方才离去。有些犯罪子不是如此，一旦他们作案得逞，或者感到有被发觉抓获可能的时候，便仓促启程，匆匆而去，若问其缘由，支支吾吾说不清楚。甚至有的罪犯提了行李不辞而别，连住宿费也不结算。民宿工作人员对于这样的情况要特别警惕。

5. 注意访客，识别行为反常者

由于旅客外出目的的需要，他们与社会总保持一定的联系，人来客往在所难免。但是，民宿工作人员要从旅客本身的具体情况和来客身份、彼此言行等方面观察分析，区别正常与否，从中发现问题，以防他们狼狈为奸，密谋作案或者从事卖淫嫖娼、流氓奸宿、结伙聚赌、贩毒吸毒、走私贩私等不法活动。

三、行李物品中识别

旅客外出入住民宿携带什么样的物品，都是根据自身的经济条件和旅途中的实际需要确定的。我们如果结合旅客的身份、穿着打扮、外出事由、旅途远近以及当时季节、气候等方面的情况，细心分析旅客携带的物品，也可以从中发现一些违法犯罪分子。民宿工作人员可以从以下方面进行识别：

1. 携带公安机关协查物品

公安机关在侦破一些案件的过程中，常常采取以物找人的方法来缉拿案犯。于是，不仅在公安机关内部，而且向相关部门发出书面或口头的《协查通报》，告知案件中失窃或被抢的一些物品名称、规格、色彩、特征、数量等情况，要求协助查找这些物品，并且控制携带物品人员。毫无疑问，旅客若是带有协查物品，那么，即便不是作案人，也可能是收赃人或者是可以为破案提供线索的人。民宿工作人员要能从旅客行李中发现公安机关的协查物品，必须牢记协查物品的名称、特征等情况，而且要有高度负责的工作精神。

2. 身带违禁品

所谓违禁品，就是国家法律规定不准私自制造、买卖、使用、持有、储存和运输的物品，如枪支、弹药、爆炸物（炸药、雷管、导火线等易燃易爆物品）、剧毒物（氰化物、砷化物、汞化物、磷化物、生物碱等）、麻醉物（鸦片、吗啡、海洛因、大麻等）、放射物、特种刀具（匕首、弹簧刀、三棱刮刀）等。民宿工作人员在服务中发现有非法携带枪支弹药的可疑旅客时，要特别警惕，及时上报。在民宿内发现旅客携带的匕首、弹簧刀、三棱刮刀等特种刀具也有两种情况：一种是合法携带。即携带匕首的人持有公安机关开具的佩带证明；携带弹簧刀、三棱刮刀的人持有单位购买证明；另一种情况是非法携带，即无任何证明而带有特种刀具。这后一种情况，除少数人是为了护身外，多数人则是用于或企图用于作案的违法犯罪人员，如若发现也要及时向公安机关汇报。在民宿中发现客人携带鸦片、吗啡等麻醉物的旅客，他们若不是自己食用的吸毒者，便是贩卖毒品的罪犯。另外，经国务院批准，公安部颁布的《旅馆业治安管理办法》第十一条规定："严禁旅客将易燃、易爆、剧毒、腐蚀性和放射性等危险物品带入旅馆。"如果旅客带有雷管、炸药、导火索、氰化钠、氰化钾等爆炸、剧毒物品，应立即报告公安机关查处。

3. 可用于作案的工具

大力钳、老虎钳、螺丝刀、小铁棍、菜刀等物品，是厂企单位经常使用的生活用品和生产工具，但这些物品又常常成为犯罪分子撬窃、行凶作案的工具。作为外出的正常旅客来说，无须携带这些物品。因此，一旦发现携带可供作案用工具的旅客，必须警惕，绝不能轻易放过。

4. 携带与身份不符的物品

人民解放军、公安干警和检察、法院、工商、税务、海关人员都有专用的制服，只有从事这些职业的旅客，才会带有这些专用服装。若是其他身份的旅客在行李中装有这些专用制服，那么，不是偷抢来的，便是非法购买或仿制的，其目的一般是利用其进行诈骗。还有，无异性一同外出的旅客，若带有异性的服装、用品，也要注意。如果不是为亲友捎带、购买的，那有可能是非法所得之物。

5. 携带衣服不合常规

外出时间长、路途远的旅客和在季节交替期间外出的旅客，以及南方去北方的旅客，携带的衣服要多一些，因为要换洗和御寒。相反，出外时间短、路途近的旅客和夏天外出的旅客，以及北方去南方的旅客，携带衣服要少一些，这是常规。假如长途旅行的人和长时期在外的人带的衣服很少，甚至一点没有；或者短途旅行的人和夏天出外的人带不同季节的服装，就有悖常规，值得怀疑。

6. 藏有其他可疑物

通过旅客的行李发现的不正常物品的种类很多，远远不止上面讲的几类。因而，我们把除了上述几类外的物品统称为"其他可疑物"。例如，旅客带有与身份不相称的古画、古玩和机密图纸、文件，带有别的饭店、宾馆的房卡，带有公安机关处罚的凭证、他人的身份证等。

四、通报对象的识别

通缉通报是公安机关查控在逃案犯和重大作案嫌疑人的一种重要手段，查控对象的体貌特征在公安机关发出的《通缉令》和《协查通报》中均有明确反映。只要民宿工作人员认真负责地进行核查，就能够把混迹于旅客中的这些查控对象识别出来。

（一）核查通缉通报对象的要求

1. 配合核查，以快制快

在逃的犯罪分子犹如惊弓之鸟、热锅上的蚂蚁，惶惶不可终日。他们疑神疑鬼、心慌意乱，流窜速度快，往往采取跳跃式的住宿方法，以掩人耳目，逃避公安机关的追捕。如果民宿工作人员在接到公安机关的《通缉令》《协查通报》后采取的核查行动缓慢，就可能变成"马后炮"，失去及时抓获他们的良机。而这些人一天不被缉拿归案，一天也不会停止违法犯罪活动，人民的生命财产安全就得不到保障。所以，民宿工作人员核查通缉通报对象要雷厉风行，快字当头，以快取胜。

2. 认真负责，查对彻底

在逃的通缉通报对象往往比较狡猾，善于钻空子。如果民宿工作人员核查工作粗枝大叶不全面，就会让他们从身边溜了过去。因而，查对工作必须做到完全彻底、认真负责。所谓"彻底"，包含着两层意思：一是要把民宿的所有职工都动员起来，布置下去，做到人人都明确任务和要求，人人都知道通缉通报对象的情况，大家一起动手，齐心协力核查。这样，即使通缉通报对象有三头六臂，诡计多端，也难逃众人之目。二是查对住宿旅客时，要逐个注意辨别，不能有遗漏，特别要注意核查那些难得见面的旅客。因为在逃的通缉通报对象懂得，见面的人越多，他就越有被识破真面目的危险。所以，在旅客办理入住手续时要一个一个看，尤其是对那些躲躲闪闪的旅客，更要加倍警惕，一个不漏。三是核查工作必须不间断地持续一段时间，不能满足于刚接到《通缉令》《协查通报》时的那几天检查，过后就不管不问。因为通缉、协查对象什么时间流窜到什么地方是无法准确估计到的，可早可晚，只有持续开展核查工作，才能在他们任何时间前来投宿时都被识破抓获。

3. 熟记通缉通报对象的有关情况

民宿工作人员识别通缉通报对象的依据，就是通缉通报对象的姓名、年龄、籍贯、口音、衣着、体貌特征、携带物品、同行人员以及他们可能使用的身份证件等情况。如果我们把通缉通报上的这些有关情况牢牢地记住了，那么，一旦通缉通报的对象出现在眼前，我们就能有较大的把握马上识别出来。

（二）正确认识和掌握犯罪分子体貌特征

公安机关的通缉通报上面总有对犯罪分子体貌特征的刻画，民宿在接到通缉通报后，就要牢记他们的这些体貌特征，并且在观察查对工作中，以此来把通缉通报对象与正常旅客区分开来，不致于认错对象，造成误会。由此看来，我们必须懂得和掌握人的各种形体细微性的有关知识，以便用于我们通缉通报查对工作，提高识别查对能力，迅速而较为准确地做出是非判断。

1. 相貌

人的相貌特征即人的长相，它是区别不同人的主要依据。人的长相包括脸形、发型、头型、胡须、五官五个方面。

（1）脸形。脸形分方形、长方形、圆形、三角形、倒三角形、棱形等。另外，有的人脸上还有酒窝、斑记、麻子、粉刺等标志。

（2）发型。男式发型有分头、平头、光头、圆头；中发、长发、仿女型发型等。女式发型有烫发、短发、卷发、辫发等。

（3）头型。头型分长型、扁型、斜头型等。

（4）胡须。胡须分八字胡、长胡、短胡、络腮胡、山羊胡、日本胡等。

（5）五官。五官包括眼、鼻、眉、嘴、唇、牙、耳等部分。眼分为近视眼、鼓眼（又称金鱼眼）、独眼、疤眼、单眼皮、双眼皮等。鼻分为翘鼻、塌鼻、红鼻、酒糟鼻、鹰钩鼻等。眉毛分浓眉、直眉、弯眉、秃页眉、剑眉、画眉、柳叶眉、卧蚕眉等。嘴分为大嘴、小嘴、方嘴、叉嘴、歪嘴、樱桃嘴、吊嘴、缺嘴、瘪嘴等。唇分为厚唇、薄唇、翻唇、缺唇等。牙分为黑色、黄色、白色或暴牙、镶牙、假牙、缺牙等。耳分为大耳、小耳、扇风耳、卷耳、缺损耳、萎缩耳等。

2. 身高

人的身高男女各自按一定的标准划分为高个、中等个、矮个三个等级。高个：男 175cm 以上，女 170cm 以上；中等个：男 170cm 左右，女 160cm 左右；矮个：男 160cm 以下，女 155cm 以下。

3. 体态

人的体态即身材，可分为魁梧、匀称、瘦子、肥胖或瘦弱病态形、驼背形、弓背形等。

4. 四肢

人的四肢除正常发育者外，臂有弯臂、残臂等。手有断手、残手、假手、多毛手等。手指有多手指、缺手指、灰甲指等。脚有外八字脚、内八字脚、掰子脚、多脚趾、断脚趾、断脚等。

思考与练习

1. 请思考在互联网背景下民宿治安安全的特征有哪些？
2. 民宿业治安安全应遵循的原则有哪些？
3. 去探访一家附近的民宿，找出其在安全防范中的不足。

专业词汇

第六章
民宿日常运营安全

| 本章导读 |

　　民宿日常运营安全，才能使民宿经营管理范围内的人身、财产处于安全状态，生产经营活动才能够顺利进行。民宿一方面必须保证为宾客提供的产品、服务以及相关服务设施是安全有效的；另一方面必须保证民宿员工的工作环境是安全的。民宿从业人员必须了解民宿日常运营在哪些方面存在危险源，从而有针对性地做好安全防范工作。本章首先对民宿日常运营安全产生的原因进行了分析，其次对民宿员工日常操作安全做出系统的概括，再次对民宿食品安全管理做了细致分析，最后提出完善民宿日常卫生质量管体系的对策。

> 学习目标

1. 了解民宿对客服务安全的内容。
2. 熟悉民宿员工操作安全的管理制度与安全操作规范。
3. 熟悉民宿食品的加工流程及安全管理。
4. 熟悉民宿卫生质量安全体系、检查方式及卫生专业标准。
5. 树立安全服务意识。
6. 掌握民宿日常运营安全事件处理的基本方法。

> 思维导图

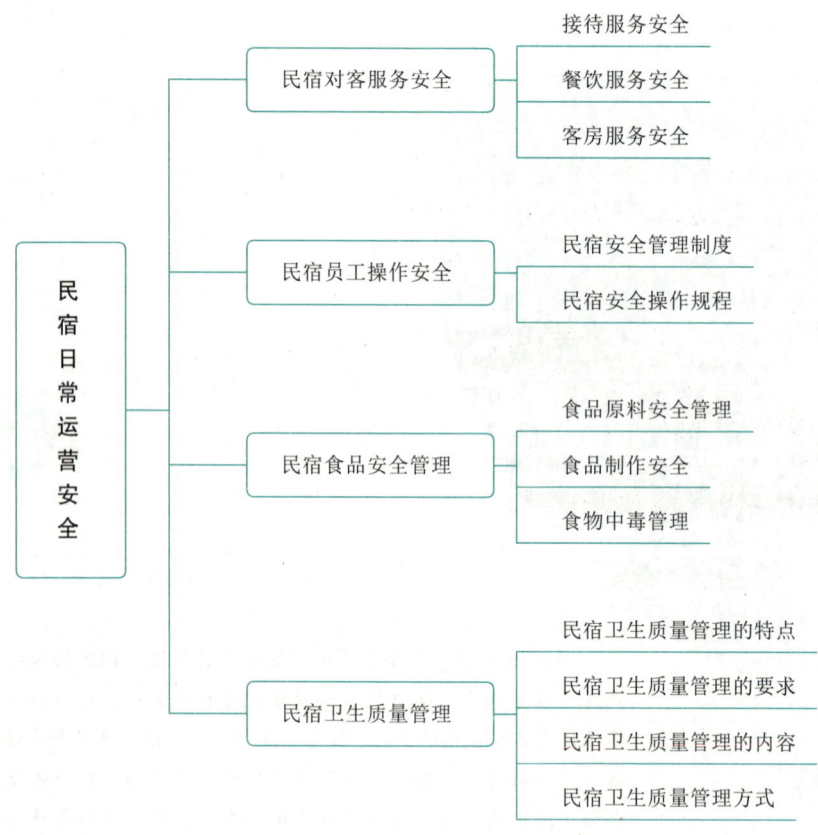

第一节 民宿对客服务安全

民宿各区域在进行对客服务过程中，各项服务过程、服务内容以及服务设施是否安全、高效，直接关系到客人的入住心情和对民宿的总体满意度评价。民宿在日常的接待服务、餐饮服务和客房服务过程中都要关注安全问题，都要为住店客人和民宿从业者创造安全、和谐的住宿和工作环境。

一、接待服务安全

民宿前台接待安全问题存在于民宿对客服务的各个环节，在客人抵离店、行李服务、问讯、代办服务、登记入住、钥匙管理、宾客财物保管、收银服务等各种服务环节都较易发生安全问题，且问题发生时具有突发性、复杂性、隐蔽性，这既可能导致住宿客人人身财物的损伤，也可能导致民宿财物和员工人身的损伤。

（一）行李服务安全

为客人提供周到安全的行李服务，妥善运送、保管客人的行李是民宿行李服务的根本目标。客人的行李在民宿行李寄存、运送、领取的过程中，容易发生行李寄存不规范、错拿、漏拿、破损、丢失等安全问题。为此，民宿应当通过加强员工工作流程培训、加大日常工作检查力度等措施，保证在为客人提供行李服务时零失误、零投诉、零纠纷。

【案例6-1】

易碎品行李的寄存

某日上午，民宿管家小李习惯性地开始整理寄存在前台的客人行李，看到几个放置在地面上的环保拎袋时，便拿起平放到了置物架上，放好后发现里面有液体流了出来，原来里面是一瓶开封的但是没有塞好瓶盖的当地产黄酒。

小李马上主动联系客人，向客人道歉并表示赔偿，客人表示理解和满意。事后询问经过，小李说寄存的时候与客人确认了有无贵重易碎的物品，客人并没有说里面有黄酒，所以行李上并无放置小心轻放的牌子。

思考：如何避免类似的情况出现？

案例点评：

通过上述案例可以发现，客人行李中有易碎品时，应该做到以下几点：

（1）寄存行李时按照规定的服务程序进行行李寄存，询问客人有无贵重易碎物品，若有则拴上"小心轻放"的牌子。

（2）如果客人没有提起有贵重易碎的物品，应该从外观和手感来对客人的行李进行判断，看是否有酒、瓷器等易碎的物品，避免客人不小心忘记了。尽量避免所有不好的可能性。

（3）寄存行李和发放行李的时候都要轻拿轻放，就算不是贵重的物品，也有损坏的可能。

（4）严格遵守行李寄存的标准，按照服务流程寄存客人行李。

在日常服务过程中，为了保障住宿客人的财产安全、规范行李服务操作流程、避免与有效应对行李服务安全问题，应当做到以下几点：

1. 受理寄存

（1）招呼客人，询问客人房号与住宿信息进行核对，称呼客人姓名。

（2）对于非住店客人要求寄存行李物品应谢绝（经确认的常客和店长批准的客人除外）。

（3）必须确认客人系住店客人和所要寄存的行李件数；询问客人有无贵重或易碎物品，对于隔日支取的寄存行李，要建议客人为行李上锁；敞口拎袋等物件，征询客人的同意后，用胶带或订书机做封口处理。在行李牌上联上方注明"已确认无贵重物品"（NOTHING VALUABLE OR FRAGILE），并请客人在姓名栏签字。

（4）检查寄存行李过程中如发现行李有破损，应当面向客人说明，经客人确认后，在行李牌上方注明，并请客人在姓名栏签字。

（5）填写寄存牌。寄存牌上联按照标准确认后请客人签字，由经办人准确记录行李件数、房号、提取时间，选择抵店、离店、暂存，3项选择下均注明日期、时间，下联各项目逐一填写后，经办人签名。确认非当日取件，在上、下联注明"后"字样。

（6）摆放寄存行李。有易碎的行李拴上"小心轻放"牌，牌子朝外放，不要把行李放在地面或走道上，要小心放在行李架上；两件以上的行李应用行李绳拴在一起，非当日取件，经办行李工作人员管家统一交管家存入民宿指定的行李存放空间。

（7）不允许擅自办理寄存的物品有：危险品、易燃易爆品、化学液体、非密封状况下的食品和鲜活类易变质物品（如鲜花、水果等）。

2. 为客人提取寄存行李

（1）接待客人。客人提取行李时要收取寄存行李的提取联。接到行李牌下联后，确认物品在前台寄存室还是值台行李房，请客人稍等。

（2）查找行李。根据提取联上的号码及行李种类，查找客人要提取的行李。找到行李后，注意核对行李牌上、下联是否一致，避免发错行李，还要核对一下提取联上的物品种类和件数与实际所取行李情况是否一致；将寄存联从行李上取下，注意检查上面有无记载其他注意事项。

（3）交还行李。将行李交给客人确认，提醒客人核实行李种类和数量。

（4）记录。在寄存联上记录提取行李的时间，经手人签字。取完后，将寄存牌上、下联钉在一起，留存。

3. 其他注意事项

（1）如客人寄存行李超过两件，应用绳子将行李拴在一起，以防客人取行李时漏取。

（2）客人将行李寄存在民宿超过24小时，一般称为长期寄存。长期寄存和短期寄存的行李要分开摆放，短期寄存的行李要放置在方便搬运的地方。

（3）客人遗失寄存牌下联的处理：用电脑核对客人的姓名、房号及出生年月或身份证号码；请客人描述寄存行李的件数和款式、颜色、特征；请客人出示有效证件，并复印留档；将证件复印证和行李牌上联钉在一起，书写说明后，请客人签字。

（二）登记入住安全

民宿前台的登记入住服务是客人住店的必经手续，也是公安部门的安全要求。前台员工在接待服务过程中，应严格按照既定的服务程序为客人办理入住登记。民宿在为客人做入住登记时会遇到如下安全问题：通缉犯入住；一人登记多人入住；使用假身份证或过期身份证件入住；排重房；等等。

《中华人民共和国治安管理处罚法》第五十六条第一款规定，旅馆业的工作人员对住店的旅客不按规定登记姓名、身份证种类和号码的，或者明知住宿的旅客将危险物质带入旅馆，不予制止的，处二百元以上五百元以下罚款。民宿为了有效避免与应对登记入住安全问题，客人登记入住应当做到以下几个方面。

视频6-1：多人入住民宿登记

（1）依法要求所有入住客人履行住宿登记手续，入住前必须持住店客人本人有效证件办理入住登记手续。可以办理入住手续的有效证件主要有：护照，港澳台同胞来往大陆通行证，外国人永久居留证，中华人民共和国居民身份证、军官证。

（2）住宿登记时必须做到认真填写登记单中所列的每一条登记项目，不

得漏项,严格禁止持假证或过期证件的人员入住。

(3)办理入住过程中,电脑网络系统提示客人为"通缉犯"时,前台员工应保持镇定,稳住客人,为其先办理入住,然后立即向民宿负责人报告,并在第一时间与当地公安部门取得联系。

(4)遇有未带任何证件的人员要求住宿时,如客人不是你认识的常客或经确认有多次入住本店历史资料的客人,原则上不允许擅自接待。

(5)未成年人、无刑事责任能力的人及精神病患者不允许单独接待。

(6)发现携带各种危险品人员及神志不清人员要求入住时,必须及时通报民宿负责人,不允许擅自接待。

(7)对于有关特殊情况的处理:内宾,请示民宿负责人后,并按民宿负责人指示及安全入住要求办理入住;境外人员,请示民宿负责人后,通报民宿专职管理员,请示公安局出入境管理处值班室,并按照当班值班警官要求办理,必须如实记录请示及答复情况,所有境外客人登记业务的请示及落实情况必须在境外人员入住登记工作台账上留下完整记录。

(三)客用钥匙安全

客用钥匙安全是客人人身和财产安全的基本保障。目前,民宿使用的钥匙大体上有两种类型:一种是机械钥匙,一种是电子房卡。部分民宿为了打造独特的风格或体现当地的艺术特点特意制做了机械门锁和机械钥匙,而大多数民宿则使用了电子门锁。但不管是什么类型的门锁和钥匙,管理上的疏忽都会导致客用钥匙的安全问题的发生,具体表现为:未经同意为访客提供钥匙;捡拾钥匙盗窃;冒充客人与访客骗取钥匙;等等。

民宿客房钥匙安全问题管理主要包括访客身份的核对和房间钥匙补办等。

1.访客身份核对的操作程序

(1)核对姓名、房号,询问访客查找客人的姓名或房号。如姓名、房号与登记信息不符,应根据访客提供的姓名查找,以确保查找准确。

(2)与登记信息核对姓名、房号是否一致。

(3)在登记信息中查看相应房间是否有"住客留言",及时将住客留言转告来访者。

(4)如有"住客留言",根据"住客留言"内容处理。

(5)询问访客姓名,以便转告客人。

(6)如若客人暂时不在民宿,可以联系客人,主动询问是否可以接待访客。

(7)将访客姓名告知客人,询问是否可以接通电话。未经客人同意,不得将住客房号随意告知来访者。

(8)晚上十一时至凌晨七时,原则上不准进行来访。

（9）认真做好来访人员证件查验工作，并督促来访人员按时离房，发现公安机关通缉人员或有现行违法人员应立即报告，并交公安机关处理。

2. 房间钥匙丢失补办程序

（1）客人钥匙丢失，应当尽可能帮助客人回忆钥匙可能丢失的区域，以便找回。

（2）如果客人的钥匙遗留在客房内，在核对住店客人身份信息后，让客房服务人员帮助其开门。

（3）如果确定不能找回钥匙，前台在核对住店客人身份信息后，帮助客人补办钥匙。补办的费用根据民宿的规定确定，但不能明显超过钥匙的实际价值。

（四）前台客人人身财产安全

保障客人的人身安全，是民宿对客服务的首要前提，是民宿服务实现顾客体验价值的必要保障。在前台接待服务过程中，造成客人人身财产受到损害的因素主要有地面湿滑导致客人滑倒受伤、旋转门夹伤客人、客人财物被盗等。

前台是民宿和客人集中进行财物流转的场所，容易发生客人物品被盗等安全问题，主要表现为违法犯罪分子利用客人入住、结账、等车时的忙乱，趁机盗走客人放在前台上、地上的钱包和行李物品等。民宿应当在日常经营管理过程中做到以下几个方面。

（1）民宿前台应加强对客人财物的看管，对于客人寄存的贵重物品，一定要严格按照民宿规定程序操作，提高安全管理意识。

（2）应加强大堂的安全巡逻和防范管理力度，大堂值班的保安、礼宾员和前台工作人员都应该时刻提醒客人注意自身财物的安全。

（3）民宿消防监控室应重点监控前台区域，密切关注可疑人员和其他突发事件，从源头上预防杜绝盗窃案和其他伤害事件的发生。

二、餐饮服务安全

民宿餐饮是对客服务的重要环节，经营范围包括餐厅、酒吧、娱乐、会议等。餐饮经营场所和餐饮设施设备是客人消费和活动的重要区域。因此，民宿餐饮安全防控是民宿安全管理的重要组成部分。民宿餐饮安全问题主要包括餐饮服务安全问题、餐厅刑事治安问题、消防安全问题、食品卫生安全问题等，主要表现形态包括客人食物中毒、餐饮器皿设施伤及客人、打翻菜肴烫伤客人、盗窃客人财物、打架斗殴、醉酒闹事、厨房火灾等。

（一）餐饮服务过程安全

民宿餐饮服务员为客人提供面对面的服务，其服务安全是客人在民宿消费享受服务的首要要求。因此，餐饮服务安全问题不仅直接关系到客人的人身财产安全，还关系到民宿的声誉和形象，从而直接影响民宿的客源和经济效益。

加强民宿餐饮服务过程安全管理的措施如下：

（1）民宿平时要加强餐饮服务人员的培训，提升基本服务技能，了解客人的消费需求。

（2）当民宿餐饮服务人员的服务工作出现失误时，民宿管家应立即采取应对措施，并向客人做好道歉解释工作。

（3）如果客人对餐饮服务进行抱怨、投诉，应当先聆听并安抚客人的情绪。

（4）如果造成客人人身伤害的，应立即陪同客人赴医院进行检查诊治，随时向民宿店长汇报客人就诊情况。

（5）民宿管家或店长应有理、有利、有节地处理对客矛盾，尽可能满足客人合理的要求，承担在自己过失范围内的合理的赔偿责任。

（6）民宿店长应做好善后处理工作，将事件的消极影响降到最低。

（7）如果客人提出的要求远远超出正常的合理程度，在向业主汇报并得到同意后，可以通过法律途径解决。

（二）食品卫生安全

食品卫生安全管理是保证菜品和饮品质量、防止污染、预防食物中毒的重要手段。民宿应加强卫生管理，对食品的原料、储存、加工、烹调、厨卫设备、餐具、环境、员工卫生等各环节和因素进行严格把关，确保客人在民宿消费的食品安全卫生，民宿食品安全管理将在第三节中具体阐述。

三、客房服务安全

客房安全是民宿服务质量的基础，也是民宿正常经营运转的保证。客房安全直接关系到住宿客人和民宿员工的生命财产安全，客房作为人员高度密集的区域，是民宿安全事故的多发区，安全管理就显得尤为重要。民宿客房安全管理的主要内容包括客人与员工的人身财产安全及民宿客房的财产安全。民宿中可能导致客房不安全的因素有很多，常见的客房安全问题包括火灾、偷盗、暴力犯罪与治安问题、客人突发疾病、客人意外伤害与死亡等。这些客房安全问题都会给客人带来不安全感，进而影响民宿的经营运作。因此，加强客房安全防控对于树立民宿形象、提高客人对民宿的忠诚度、增强行业竞争力，有十分重要的意义。

（一）盗窃客人财物

民宿客房客人财产安全问题主要表现为财产盗窃。盗窃类型包括直接入室盗窃、冒充或骗取客房工作人员盗窃、员工监守自盗等。盗窃手法也是形形色色，常见方式有采用扭锁、插片等方式进入客房盗窃、跟踪客人入室盗窃、趁客人和服务员不备伺机进入房间盗窃、骗取服务员信任并帮其开门盗窃、冒充服务员盗窃等。

民宿客房盗窃管理内容如下。

（1）民宿客房服务员要实时掌握客房动态，发现可疑人员、可疑物品和可疑情况要立即报告。

（2）民宿客房服务员打扫房间时，应当将工作车拦在客房门口，防止陌生人员进入客房。

（3）客房服务员不得随意为声称"住店客人"或其亲朋好友打开房门，应按照规定程序，请客人出示证件，验明身份后，方可为客人打开房门。

（4）民宿管家应加强对客房楼层的巡视，确认房门是否关闭，防止闲杂人员进入楼层，发现可疑人员，应及时跟进并采取相关措施。

（5）民宿管家在巡视过程中，如果发现客人房门虚掩，应轻敲房门，确认房间内是否有客人，在征得客人同意后，将房门关闭。如果房内无客人，应立即查明房间是住客房还是空房。若是住客房，检查房间是否存在异常，无异常应帮助客人关闭房门，有异常应保护好现场；若是空房，应查明房门未关的原因。

（6）若在民宿发现偷盗行为，应立即报告公安部门，并配合公安部门采取行动制止、捉拿偷盗人员；抓到盗窃分子后，应询问情况，视情节轻重移交当地公安机关处理；若是员工偷盗，则应详细审问，一般由民宿内部处理，但应防止发生侵犯人权的事件，情节严重者，应交由公安机关处理。

（二）侵犯客人人身安全

民宿客房内侵犯客人人身安全的行为一般包括故意伤害、抢劫、强奸、绑架、敲诈勒索、侵犯隐私等。在行为方式上，一般都是违法犯罪分子精心跟踪、尾随客人进入民宿，趁客人不注意或不够警觉，直接使用暴力、借助药物或谎称服务人员入室进行施暴侵犯客人人身安全。由于民宿的监控区域仅限于公共区域，因此违法犯罪分子在客房内作案具有隐蔽性，民宿也不能在第一时间发现并制止，违法犯罪分子得手后也比较容易逃脱。

民宿客房住宿客人人身安全管理内容如下：

（1）民宿要提醒客人，晚上睡觉前一定要将房门反锁，并将防盗扣扣好；

有陌生人员来访时,应首先通过门窥镜确认来客,通过门缝收取物品,夜间不要轻易打开房门,等等。

(2)民宿应加强客房员工的安全防范意识,随时留意外来可疑人员和房间动态,一旦发现异常,应立即通知店长。

(3)民宿应加强夜间对客房楼层的巡视,加强对外来可疑人员的排查力度,对于女性客人和外籍客人要尤其关注,他们比较容易成为犯罪分子的目标。

(4)一旦发生凶杀、抢劫、绑架、强奸等事件后,民宿管家应在第一时间赶往现场,并安排人员保护现场、控制局势、疏散人员、避免围观,并立即通知公安机关。

(5)民宿应协助公安机关进行调查,寻找提供证据材料,并对外做好保密工作,不要向媒体和公众透露任何信息。

(三)房间内客人意外伤亡

民宿客房内还存在客人滑倒受伤、客人醉酒死亡、客人突发疾病伤亡、客人自杀等意外安全问题。客人在客房滑倒通常是因为没有使用防滑垫、瓷砖较滑、年龄较大行动不便等。客人醉酒死亡通常是因为饮酒过量引发自身疾病致死或呕吐物堵塞气管窒息死亡。客人自杀通常是在客房内服用药物或以割腕的方式。

视频6-2:民宿内意外伤害处理

民宿房间内客人意外伤亡处理:

(1)民宿工作人员在打扫客房时一定要对洗手间进行防滑处理,同时张贴防滑提升标贴,配置防滑垫,防止客人滑倒受伤。

(2)民宿工作人员在整理客房时,若发现客人服用一些特殊药物,要及时向店长汇报。如果住店客人年纪较大,要重点关注其起居。

(3)民宿工作人员发现客房异常,如房间长时间处于关闭状态,应立即查询住客信息。在多次敲门后,如仍无人应答,客房服务员则应在店长陪同下,将客房房门打开。

(4)发现客人在房间病倒、昏迷不醒时,应立即通知店长抵达现场,并及时送往医院救治。

(5)民宿工作人员发现客人有自杀倾向时,应立即通知店长并及时进行阻止。

(6)民宿工作人员发现客人在客房内自杀身亡时,应立即通知民宿店长,并保护好现场,待店长抵达现场后,协助其做好善后工作,并立即通知公安机关。

(7)遇到醉酒客人躺在客房楼层走廊等公共区域时,要及时通知管家和店长,并协助将客人送到房内,留意客人是否有意外情形。

(四)客人违法的处理

客人违法一般是指客人在饭店消费期间犯有流氓、斗殴、嫖娼、盗窃、赌博、走私等违反我国法律的行为。客房有隐秘性的特征,有时候也容易成为住店客人发生违法行为的场所。正常情况下民宿客房内都会放置严禁客人黄赌毒的提示牌,如图6-1温馨提示牌。一旦民宿客房的客人有违法行为发生可以按照以下流程处理。

图6-1 客房提示牌

(1)民宿管家发现客人违法行为后,应及时向店长报告,并会同相关人员立即查明客人的身份和事情的全过程。

(2)民宿店长应视违法行为情节的轻重,确定违法行为的性质。对于情节轻微、违反《治安管理条例》的,交当地派出所处理;对于情节严重、触犯法律的犯罪行为,应立即向公安机关报告,并在公安人员到达前对违法行为人进行监控,由公安机关负责处理。

(3)事件处理完毕后,店长要把事件过程和处理结果记录留存。

境外客人在民宿内的违法行为,民宿要及时向上级机关和当地公安机关外事部门报告。在证据充分的情况下,根据"属地优先权"原则,对违法行为人进行监控,等待公安人员前来处理。

(五)其他事故

民宿客房中还有一些事故发生的原因是多方面的,有些是由于设备老化、维修和更新不及时,有些则是由于服务人员违反操作程序或工作不细致。通常可以将这些原因总结为以下三个方面:

1. 电气设备原因

(1)电冰箱失控,食品变质。

(2)电源线老化,导线外露,导致火灾或客人触电。

（3）吊顶、灯罩等安装不牢固，自然掉落砸伤客人。

（4）电线外露，照明不足绊倒客人。

2. 家居原因

（1）坐便器安装不稳，使用时断裂。

（2）沙发、椅腿或靠背突然折断。

（3）地毯边卷起绊倒客人。

（4）卫生间热水温度应在50℃~60℃，过高容易烫伤客人。

3. 其他原因

（1）地板打蜡无提示牌，致使客人摔倒。

（2）破损的餐具、茶具、酒具伤害客人。

（3）泳池防护不到位、门窗失灵、失控夹伤客人等。

对此类事故的预防重点是要加强日常的维护和保养，加强员工的工作责任心，如发现楼道或走廊地毯有凸起或卷边时，要及时拉平；服务员打扫房间时，应及时检查电线、家具，发现问题应及时报修；电气设备要经常调试，以防意外等。

第二节　民宿员工操作安全

人是民宿经营的根本。一切工作都要靠人去操作，没有了人，工作无从谈起。在民宿的日常工作过程中，要时时刻刻强调人身安全的"三不伤害"（不伤害自己，不伤害别人，不被伤害）原则。在实际操作中的粗心大意，有可能发生意想不到的人身安全事故。每一个事故背后都会有自责和后悔，都会有安全预防不到位之处。安全不仅仅是民宿的根本，更是民宿管理的重中之重，需要每一位员工将安全意识和安全行为落到实处，确确实实做到操作安全。

一、民宿安全管理制度

（一）安全生产责任制度

1. 入店培训教育

入店新员工须经过门店和岗位安全教育。

（1）门店教育。由店长负责，教育内容包括：安全生产法律法规、方针、政策，本民宿安全生产特点和正、反两方面的经验教训及有关防火、防爆、防毒、食品卫生等安全技术知识和急救常识，本民宿各项安全生产管理制度及安全技术操作规程，安全防护和劳动保护用品的正确使用方法。

（2）岗位安全教育。由管家负责，教育内容包括：岗位工作职责、特点、流程及服务特性，服务标准及安全控制要点，工作注意事项，岗位责任制，岗位安全操作规程，事故案例及预防措施，安全装置和工（器）具的使用方法和疏散逃生通道的位置及疏散客人逃生的技巧等。

2. 日常培训教育

（1）店长、管家要对员工进行经常性的安全生产意识、安全生产技术和遵章守纪教育，增强员工的安全意识和法制观念，定期研究员工安全教育中的有关问题。

（2）利用谈心、培训等形式，对员工进行安全生产和职业卫生教育。

（3）开展劳动和安全竞赛活动，广泛开展宣传教育。

（4）抓好大修或重点项目检修及危险作业项目施工前的安全教育。

（5）抓好员工违章及事故责任者和工伤人员复工前的安全教育。

3. 特殊培训教育

（1）对特种作业人员必须按照国家有关规定，经专门的安全作业培训考核，取得特种作业操作资格证书，方可上岗作业，并按规定进行复审或换证。

（2）增加新的服务项目、服务设施前要按新的安全操作规程，对岗位作业人员和有关人员进行专门培训教育，考核合格后方可进行独立作业。

（3）发生重大事故和恶性未遂事故后，必须严格按照"四不放过"原则查处，门店店长和管家要组织有关人员进行现场教育，吸取事故教训，防止类似事故重复发生。

（二）安全设施、设备管理和检修、维修制度

为贯彻民宿安全工作方针，加强安全生产检查监督、防患于未然，把一切隐患、不安全因素消灭在萌芽状态，确保生产安全，特制定本制度。

（1）每月进行全店性安全生产检查，同时根据季节特点进行以防雷暴灾害、防火、防风、防暑、防冻保暖为重点的安全检查。

（2）店长负责每周进行一次安全生产检查，管家负责每天进行一次自查，各岗位负责在班前、班中和班后经常进行安全检查，每次检查应做好记录。

（3）做好检查台账记录，务求各种设备处于良好状态，运行安全。

①检查电器设备、线路及开关避雷器、移动电具、锅炉房等设备。气瓶按有关规定组织定期的检查和鉴定。

②建筑物的检查包括道路、窨井、绿化、食堂等的检查。

③防火防盗、防爆及消防设施、消防器材和重点要害部位的安全检查。

④对机动车辆和驾驶人员做好年检年审。

⑤将检查出的不安全因素报相关人员整改。

（4）坚持带班制，并设立晚班专人检查制，负责对各部位进行巡逻检查，带班管家应对当晚的安全负责。

（5）要发挥员工对安全工作、劳动保护的监督作用，听取员工的要求、改进意见和建议。

（6）对未执行规定者给予一定的经济处罚。

（三）民宿卫生管理制度

环境卫生主要采取"四定办法"即定人、定物、定时、定质。详细的划片包干分工责任制，各地段不应留有死角，具体要求如下：

1. 民宿外围环境

环境区内应做到地面无痰迹、无烟头、无废弃纸张、无落叶、无冰道、无积雪，对于下坡道及垃圾房处，每天应用0.5%来苏水喷洒地面，以消除异味，防止蚊蝇孳生。

视频6-3：中式铺床的规则方法和技巧

2. 民宿内环境区

前台、楼层、楼梯扶手、地面、地毯等应保持清洁无尘，所有的玻璃、镜面应做到无脏迹、无水迹、无指印、明亮光洁。

图6-2　民宿客房要整洁明亮

所有墙壁、家具及摆放物应随时保持清洁，无浮尘。并在规定区域内摆放鼠药。

卫生间应做到"五无"：瓷砖洁净无水迹；马桶洁净无尿碱、水锈；镜面洁净无水点；地面洁净无脏物；空气清新无异味。

车场、通道应保持地面整洁，不准随意堆放物品，废弃物、垃圾要及时清扫，每天坚持喷洒 0.35% 来苏水消毒，以除异味。

员工宿舍卫生要做到：床铺整洁无污迹，墙壁干净无尘土，墙角无蛛网，地面洁净无杂物，室内空气清新无异味，被套、枕巾勤换洗，门把、床栏勤擦拭。

餐厅卫生：餐厅卫生工作要做到经常化、制度化、规格化、责任化；在开餐前要做好准备工作，检查台面用具是否符合卫生要求。用餐后及时撤换台布，保持台面整洁；上菜的工作人员在接触食品前手要洗净、消毒，坚持用托盘上饭菜，对饭菜卫生要把好关；各种酒水、饮料要擦净入冰箱，开瓶时注意卫生，遇有过期或破瓶口的酒水不能出售。

（四）安全事故报告与调查处理制度

为严格事故管理，及时掌握事故发生情况，认真执行"四不放过"的原则，总结经验，找出规律，落实防范措施，减少和杜绝各类事故的发生，确保财产和员工的生命安全，促进生产发展，特制定本制度。

事故最先发现者，要立即向店长或有关部门，以便组织抢救和处理，而后逐级上报。对多人重伤、死亡和发生火灾事故，要立即报告店长，店长应亲自参加调查、处理，并将事故情况（包括时间、地点、原因、职工等）于事故后24小时内向县安全生产监督管理局等上级机关报告，如事态继续扩大，则应每隔24小时报告一次。

（1）发生事故的单位，要根据"四不放过"的原则，认真进行调查处理，并填写"事故报告单"逐级上报，一般事故不超过2天，重大事故不超过3天。

（2）工伤事故发生后，负伤者要及时送到医院检查治疗，经医生诊断认为需要休息者，持有休息证明，才能填写事故报告单。

（3）由于生产过程中的有害物质引起的急性中毒，亦应填写事故报告单。

（4）填写事故报告单必须严格认真，内容详细，字迹清楚，项目填写准确，防范措施落实，责任明确，按规定时间上报，不得拖延、弄虚作假或隐瞒不报，否则视情节严肃处理。

（5）对于防止重大事故和抢救事故有功的个人、班组给予表彰和奖励。

二、民宿安全操作规程

（一）客房楼层操作规程

（1）客房内除了固有电器和允许旅客使用电吹风、电动剃须刀等日常生活用的小型电器外，禁止使用其他电器设备，尤其是电热设备。

（2）服务员应经常向旅客宣传，不要躺在床上吸烟，烟头不要乱扔乱放，应放在烟灰缸内；入睡前应将电视机关闭，离开客房时，应将房内的电灯关掉。

（3）服务员应保持高度警惕，在整理房间时要仔细检查窗台上、挽起的窗帘内、沙发缝隙内及叠起的床单、被褥内、地毯压缝、废纸篓等处是否有火种存在。烟灰缸内未熄灭的烟蒂不得倒入垃圾袋或垃圾道内。

（4）服务员要提醒旅客不要卧床吸烟。特别是醉酒后的旅客，除对其提醒外，过一段时间应在房外观察有无异常或结合服务进入房间进行检查。

（5）服务员平时进入旅客房间服务时，应注意看房间内的消防安全问题，发现火险隐患要采取措施。

（6）对长期出租的客房，也应经常检查并提醒旅客注意防火安全。

（二）餐厅操作规程

（1）如餐厅内需要点蜡烛增加气氛时，必须把蜡烛固定在非燃烧材料制作的基座内并不得靠近可燃物，或将蜡烛做成半球状，平面向上放入盛有三分之二自来水的透明小盘内，使其浮在水面上。

（2）经常检查服务场所的电灯、空调、电器开关、电热炉具和其他用电设备的安全运行情况，如发现故障或不安全因素，应及时停止使用并报店长检修。

（3）如发现客人中有危及防火安全的行为，应立即打招呼且有礼貌地加以劝阻制止，向客人讲清道理，取得客人的理解和配合。

（4）一旦发生火警，民宿管家应忠于职守，立即引导客人疏散至安全地带，同时一面报警，一面利用就近灭火器材进行扑救。

（5）应熟练掌握防火灭火知识，维护好岗位上配置的灭火器材，熟记工作服务场所的疏散安全通道。

（6）下班时，民宿管家应对餐厅进行认真的检查，彻底消灭火种，然后将餐厅内的空调、电视机、音响、灯具等电器设备的电源关掉，方可离开餐厅。

（三）液化石油气炉灶的操作规程

（1）必须严格执行液化石油气炉灶的管理规定，确保炉灶在完好状态下使用。

（2）装气的钢瓶不得存放在住人的房间、会议室和人员稠密的公共场所。

（3）经常检查炉灶各部位，发现阀门堵塞、失灵、胶管老化等问题，要立即停用修理。如发觉室内有液化气石油气气味，要立即关闭炉灶开关和角阀，切断气源，及时打开窗户，严禁在周围吸烟、划火。检查泄漏点可用肥皂水，严禁使用明火试漏。

（4）炉灶点火时，要先开角阀后划火柴，再开启炉灶开关，如没有点着，应关好炉灶开关，等油气扩散后再重新点火。

（5）用完炉火应关好炉灶的开关、角阀，以免因胶管老化破裂、脱落或被老鼠咬破而使气体泄漏。

（6）使用液化石油气炉灶不能离人，锅、壶不得装水过多，以防水溢出扑灭炉火，逸出液化石油气。

（7）钢瓶要防止碰撞、敲打，周围环境温度不得大于35℃，不得接近火炉、暖气等火源、热源。

（8）钢瓶不得倾倒、侧置，严禁用自流的方法将油气从一个钢瓶倒入另一个钢瓶。

（9）厨房工作人员不得自行处理残液，不允许随意排放油气，更不得用残液生火或擦拭机械零件。

（10）发现角阀压盖松动、丝扣上反、手轮关闭上升等现象，应及时上报有关部门处理。

（四）厨房操作规程

（1）炉灶上放上油锅或水壶等，操作人员如果因有人找、接电话、去洗手间等离开时，必须把炉火熄灭。

（2）厨房内放置抹布的置物架或搁板应远离炉灶，以免抹布掉在炉灶上引起火灾。

（3）油炸食品时，锅内食油不得超过满锅容量的2/3，以防食油溢出，遇明火燃烧。油温不宜过高，以防食油自燃着火。

（4）油炸食品时，如油温过高起火，应迅速盖上锅盖，隔绝空气灭火，将油锅平稳地端离火源，待其冷却后再打开锅盖。

（5）厨房内的抽油烟罩每日应擦洗一次，烟道每半年应清洗一次。

（6）厨房内使用的绞肉机等电动机械设备不得超载运行并防止电气设备和线路受潮。在使用中，发现有烧焦、冒烟等异常现象时，应立即停止运作，及时检查维修。

（7）工作结束后，操作人员应及时关闭厨房的所有阀门，切断气源、火源和电源后方能离开。

（五）外部停电安全操作规程

（1）当发生停电情况时，民宿管家要沉着冷静，检查民宿供电设备有无故障，开关有无跳闸，继电保护装置是否联动。

（2）确定故障原因，及时通报店长。

（3）配合供电部门进行电力恢复。

（4）电力恢复后，检查民宿设备的运行状况。

（5）民宿店长要询问电力部门停电原因，做好详细记录，将询问结果、设备运行状况等，及时向电力部门汇报。

（六）厨师安全操作规程

（1）每日上班后，先检查燃气系统是否有泄漏现象。如有燃气泄漏，禁止在现场使用明火、开灯、打电话、打手机等，并立即通知有关部门及时修理。

（2）厨师必须正确穿戴好防护用品，厨房工作人员应有健康证和卫生知识培训合格证。

（3）讲究公共和个人卫生。工作时间戴口罩，不准吸烟，严禁赤膊、赤脚和有传染病人员进入食堂。

（4）遵守劳动纪律。工作时要注意力集中，不得边工作边谈笑，防止划、碰、挤、压、砸、割、打、烫及烧伤。

（5）使用机械设备，要严格遵守操作规程。工作前对设备传动部位、电气部分、防护装置、所用工具等必须全面进行检查，确保完整完好，方能开始使用。

（6）对设备不熟练者，不能单独操作，如两人操作，以一人为主。

（7）操作设备时，不准戴头巾、围巾，女性服务人员发辫要扎起来，衣裤要扣紧，不准飘拂。

（8）工作完毕，首先切断电源，将设备冲洗干净，收拾工具，整理工作环境。

（9）下班前应关闭燃气管道阀门，切断电器电源、检查无误后方可下班。

（10）使用液化石油气瓶时，严格遵守液化石油气瓶的使用规定。

（七）饮食设备安全操作规程

1.冰箱安全操作规程

（1）经常检查冰箱机器功能、箱内湿度、食品，任何人员不得私自存放食品。

（2）库存食品必须知道进库日期，务必做到先存先用。

（3）食品存放必须鱼、肉、生、熟分档，防止交叉污染。

（4）存放食品要有标志，冰箱内必须无残渣、无油污、无异味。

（5）冰箱存放食品要按注明标志存放，不重叠，不积水，要定期进行清理、除霜、除杂质等。

（6）冰箱必须按规定进行清理，发现问题应及时报告处理；如发现冷冻机有故障，必须由专人维修，不准擅自拆卸。

2. 绞肉机安全操作规程

（1）开机前必须先检查电源及机器是否完好。

（2）加工前先开机检查运行情况，待正常后再加工。

（3）加工肉类时，肉条不得超过20mm×20mm×100mm，不许带骨头。

（4）肉条塞住应立即停机，关闭电源，悬挂停电牌，待人把肉条排出后再开机操作。

（5）严禁在运转时用手直接插入原料入口处，严防发生事故。

（6）绞肉完毕后，及时把机器清洗干净，保持清洁卫生。

（7）机器由专人负责，每月检查保养一次。

（8）禁止戴手套操作。

3. 电饼铛安全操作规程

（1）使用前先检查电源线、插头是否完好，如有问题必须停止使用。

（2）接通电源后，检查指示灯是否亮，调整好温度控制。

（3）烙制食品看到指示灯熄灭时，要用铲子及时翻动食品，防止烫伤。

（4）操作人员要坚守岗位，不准擅离职守。

（5）使用完毕后，要及时切断电源，把饼铛内外擦拭干净。

（6）由专人负责每月检查保养一次。

第三节　民宿食品安全管理

根据《中华人民共和国食品安全法》的界定，食品安全是指食品无毒、无害，符合应当有的营养要求，对人体健康不造成任何急性、亚急性或者慢性危害。保证食品安全，这是民宿餐饮安全管理的重中之重。民宿食品安全管理是指民宿运用有效资源，采取计划、组织、领导和控制等方式，对食品、食品添加剂和食品原材料的采购，食品生产、流通、销售及食品消费等过程进行有效的协调及整合，确保食品市场活动健康有序地开展，保证公众生命财产安全和社会利益目标的活动过程。

一、食品原料安全管理

民宿食品安全管理必须从源头着手，要保证食品安全，首先必须保证食品原料的安全。

（一）原料采购安全管理

从民宿食品原料安全的角度，关于原料的采购，必须把握以下关键点：

（1）按计划采购，即必须根据厨房的需要适量采购，尽可能做到即时烹制，尽量缩短食品原料的储存时间。

（2）按标准采购，即按照国家食品安全标准及民宿制定的食品原料标准进行采购，严禁采购或者使用不符合食品安全标准的食品原料、食品添加剂、食品相关产品。

（3）凭证采购，即食品原料、食品添加剂、食品相关产品，须索取并仔细查验供货商的营业执照、生产许可证或者流通许可证、标注通过有关质量认证食品的相关质量认证证书、进口食品的有效商检证明、国家规定应当经过检验检疫食品的检验检疫合格证明。同时，应索取供货商出具的正式销售发票，或者按照国家相关规定索取有供货商盖章或者签名的销售凭证，并留具真实地址和联系方式，索取和查验的营业执照（身份证明）、生产许可证、流通许可证、质量认证证书、商检证明、检验检疫合格证明、质量检验合格报告和销售发票（凭证）应当按供货商名称或者食品种类整理建档备查，相关档案应当妥善保管，保管期限自该种食品购入之日起不少于两年。对某些确实无法提供合格证明文件的特殊食品原料，应当依照食品安全标准进行检验。

（二）原料贮存安全管理

民宿食品原材料贮存是否科学合理，同样关系到食品原料的安全，关键必须注重以下四个环节：

1. 注重原料验收制度

原材料在贮存前要经过验收，保证原材料的状态得到正确的识别，包括原材料的类别，原材料是否新鲜、是否已受到污染，原材料的当前温度、干湿、密封状态等。同时，建立食品原料、食品添加剂、食品相关产品进货查验记录制度，如实记录食品原料、食添加剂、食品相关产品的名称、规格、数量、供货者名称及联系方式、进货日期等内容。食品原料、食品添加剂、食品相关产品进货查验记录应当真实。

2. 注重贮存期限

绝大多数烹饪原材料的品质会随着贮存时间的延长而下降，不同原材料适合在不同的条件下贮存，而且都有一定的贮存期限，必须给予高度重视，原材料要进行合理的编号，保证原材料能够按照"先进先出"原则使用。

图 6-3　民宿食材新鲜很重要

3. 注重科学存放

一是食品应分类、分架、隔墙、隔地存放。有异味或易吸潮的食品应密封保存或分库存放；不同湿度、温度的原料要分类摆放，以保证原料在一定的期限内保持新鲜的品质；生熟原材料分类贮存，应采用合适的盛装容器盛装，如保鲜袋、保鲜盒、食品周转箱，以避免相互污染。二是散装食品的贮存，应在散装食品的容器、外包装上标明食品的名称、生产日期、保质期、生产经营者名称及联系方式等内容。三是要防止原材料在贮存过程中可能受到其他用品的污染，避免食物原材料与非食物原材料贮存在同一房间。四是食品仓库须设有防鼠、防蝇、防潮、防霉、通风的设施，并运转正常，防止原材料被污染、发生虫蛀、鼠害及腐败变质。

4. 注重仓库消毒

仓库或冷库由于贮存原材料，容易受到微生物的污染，被污染的环境又会污染贮存的原材料，使原料变质。因此，要定期或不定期地对冰箱或仓库进行消毒。

(三) 食品添加剂安全管理

1. 食品添加剂的种类

根据《中华人民共和国食品安全法》的界定，食品添加剂是指为改善食品品质和色、香、味以及为防腐、保鲜和加工工艺的需要而加入食品中的人工合成或者天然物质。常用的食品添加剂包括两类：天然添加剂与人工合成添加剂。天然添加剂来自天然物，主要由植物组织中提取，也包括来自动物和微生物的一些色素。人工合成添加剂是指用人工化学合成方法所制得的有机色素，主要是以煤焦油中分离出来的苯胺染料为原料制成的。中国商品分类中的食品添加剂种类共有 35 类,包括增味剂、消泡剂、膨松剂、着色剂、防腐剂等,含添加剂的食品达万种以上。其中,《食品安全国家标准 食品添加剂使用标准》和卫生部公告允许使用的食品添加剂分为 23 类,共 2400 多种,制定了国家或行业质量标准的有 364 种。主要有酸度调节剂、抗结剂、消泡剂、抗氧化剂、漂白剂、膨松剂、胶基糖果中基础剂物质、着色剂、护色剂、乳化剂、酶制剂、增味剂、面粉处理剂、被膜剂、水分保持剂、营养强化剂、防腐剂、稳定剂和凝固剂、甜味剂、增稠剂、食品用香料、食品工业用加工助剂及其他等 23 类。

拓展知识 6-1:食品添加剂知多少

2. 食品添加剂的功效

酒店在原料贮存与菜肴制作的过程中会使用一定的添加剂,是因为合理使用食品添加剂具有以下几种功效。

(1)防止食品腐败变质。防腐剂可以防止由微生物引起的食品腐败变质,延长食品的保存期,同时,还能防止由微生物污染引起的食物中毒。又如抗氧化剂可阻止或推迟食品的氧化变质,以提供食品的稳定性和耐藏性,同时,也可防止可能有害的油脂自动氧化物质的形成。此外,还可用来防止食品,特别是水果、蔬菜的酶促褐变与非酶褐变。

(2)改善食品感官性状。适当使用着色剂、护色剂、漂白剂、食用香料以及乳化剂、增稠剂等食品添加剂,可以明显提高食品的感官质量,满足顾客的不同需要。

(3)保持提高营养价值。在食品加工时适当地添加某些属于天然营养范围的食品营养强化剂,可以大大提高食品的营养价值,这对防止营养不良和营养缺乏、促进营养平衡、提高人们健康水平具有重要意义。

(4)方便食品加工。在食品加工中使用消泡剂、助滤剂、稳定和凝固剂等,有利于食品的加工操作。

3. 食品添加剂的控制

虽然食品添加剂具有一定的功效,但若来源不明、材料不正当、滥用等,则对人的健康危害极大。所以,酒店必须加强食品添加剂的管理。

(1)采购。添加剂的采购,需要了解供应商的货物渠道、供应商的资质,采购人需要对其负法律责任,一旦出现情况,可以第一时间责任到人。

(2)保管。食品添加剂的存放,不可以与调料放在一起,需要有专门的柜子进行存放。

(3)登记。每次的使用,都必须是同一个人记录,不可以随意更换,这样保证了记录的准确性。

（4）保管。一般由食品安全员保管。

（5）领用。领取的人要固定，面点师的泡打粉就要由面点师傅领取，炒菜的厨师不可以领取。

二、食品制作安全

食品制作安全，主要是指在菜肴烹饪过程中采取有效防止病原菌污染、控制病原菌的繁殖和杀灭病原菌等措施。民宿菜肴主要有凉菜、热菜与点心三大类，其安全控制要点简要说明如下。

（一）凉菜制作安全要点

（1）凉菜需专人加工制作，非操作人员不得擅自进入工作场所。

（2）每餐使用前应进行空气和操作台的消毒。使用紫外线灯消毒的，应在无人工作时开启 30 分钟以上，并做好记录。

（3）制作凉菜使用专用的设备、工具、容器，用前应消毒，用后应洗净并保持清洁。

（4）供配制凉菜用的蔬菜、水果等食品原料，未经清洗处理干净的，不得带入凉菜间。

（5）制作肉类、水产品类凉菜拼盘应及时冷藏；改刀熟食从改刀后至供应的时间不得超过 3 小时；隔夜冷荤食品要回烧彻底；冷荤食品烧制后应在 2 小时内冷却。

（二）热菜烹饪安全要点

（1）烹饪前应认真检查待加工食品，发现有腐败变质或者其他感官性状异常的，不得进行烹饪加工。

（2）不得将回收后的食品经加工后再次销售。

（3）需要熟制加工的食品应烧熟煮透，其加工时食品中心温度应不低于 70℃。

（4）严格依照食品安全标准关于食品添加剂的品种、使用范围、用量的规定使用食品添加剂。不得添加药品，但是可以添加按照传统既是食品又是中药材的物质。

（5）需要冷藏的熟制品，应凉透后再进行冷藏。凡隔餐或隔夜的熟制品不得作为冷菜供应，经充分再加热后方可食用。冷却应在清洁操作区进行，并标注加工时间等。

（6）用于烹饪的调味料盛放器皿应每天清洁，每餐使用后随即加盖，不得与地面或污垢接触。

（7）加工后的成品应与半成品、原料分开存放。

（三）点心加工安全要点

（1）加工前应认真检查各种食品原辅料，发现有腐败变质或者其他感官性状异常的，不得进行加工。

（2）需进行热加工的应按规范要求进行操作。

（3）未用完的点心馅料、半成品点心，应在冷柜内存放，并在规定存放期限内使用。

（4）奶油类原料应低温存放。水分含量较高的含奶、蛋的点心应当在低于10℃或高于60℃的温度条件下贮存。

（四）裱花操作安全要点

（1）蛋糕胚应在专用冰箱中冷藏。

（2）裱浆和经清洗消毒的新鲜水果应当天加工、当天使用。

（3）植脂奶油裱花蛋糕储藏温度在3℃±2℃；奶油类原料应在10℃以下存放；水分含量较高的含奶、蛋的点心应在低于10℃或高于60℃的条件下贮存；蛋白裱花蛋糕、奶油裱花蛋糕、人造奶油裱花蛋糕储藏温度不得超过20℃。

（4）含奶、蛋的面点制品2小时以上食用时，应当凉透，在10℃以下专用设施内贮存，冷加工糕点贮存不超过24小时。

三、食物中毒管理

食物中毒是民宿非常不愿意发生的事情，所以民宿必须立足于防范，但是，即使民宿采取积极的防范措施，仍有可能出现食物中毒问题。为此，必须正确面对，积极处置。

（一）食物中毒的特征

食物中毒是由于进食被细菌及其毒素污染的食物，或摄食含有毒素的动植物等引起的急性中毒性疾病。

（1）中毒病人在相近的时间内均食用过某种共同的中毒食品，未食用者不中毒，停止食用中毒食品后发病很快停止。发病曲线在突然上升后呈突然下降，无余波。

（2）潜伏期较短，发病急剧，病程亦较短。

（3）所有中毒病人的临床表现相似，如恶心、呕吐、腹泻、腹痛等，病程较短。

（4）一般无人与人之间的直接传染。

(二)食物中毒的原因

食物中毒的类型不同,造成的原因也是多种多样的。

1. 细菌性食物中毒

细菌性食物中毒是指人们摄入含有细菌或细菌毒素的食品而引起的食物中毒,引起食物中毒的原因有以下几个方面。

(1)生熟交叉污染。如熟食品被生的食品原料污染,或被与生的食品原料接触过的表面污染,或接触熟食品的容器、手、操作台等被生的食品原料污染。

(2)食品贮存不当。如熟食品被长时间存放在10℃~60℃的温度条件下(在此温度下的存时间应小于2小时),或易腐原料、半成品食品在不适合温度下长时间贮存。

(3)食品未烧熟煮透。如食品烧制时间不足、烹调前未彻底解冻等原因使食品加工时中心温度未达到70℃。

(4)从业人员带菌污染食品。从业人员患有传染病或是带菌者,操作时通过手部接触等方式污染食品。

(5)经长时间贮存的食品食用前未彻底再加热至中心温度70℃以上。

(6)进食未经加热处理的生食品。

2. 真菌毒素食物中毒

真菌毒素食物中毒,是指由于食入霉变食品引起的中毒,该类中毒主要是谷物、油料或植物储存过程中生霉,未经适当处理即作食料,或是已做好的食物放久发霉变质误食引起,也有的是在制作发酵食品时被有毒真菌污染或误用有毒真菌。

3. 动物性食物中毒

动物性食物中毒是指食入动物性中毒食品引起的食物中毒,造成动物性食物中毒的常见原因主要有以下几种。

(1)将天然含有有毒成分的动物或动物的某一部分当作食品,误食引起中毒。

(2)在一定条件下产生了大量的有毒成分的可食的动物性食品,如食用鲐鱼等也可引起中毒。

4. 植物性食物中毒

植物性食物中毒是指食入植物性毒性食品引起的食物中毒。造成植物性食物中毒的常见原因主要有以下几种。

(1)将天然含有有毒成分的植物或其加工制品当作食品,如桐油、大麻油等引起的食物中毒。

(2)在食品的加工过程中,将未能破坏或除去有毒成分的植物当作食品食用，如木薯、苦杏仁等。

（3）在一定条件下，不当食用大量有毒成分的植物性食品，食用鲜黄花菜、发芽马铃薯、未腌制好的咸菜或未烧熟的扁豆等造成中毒。

5. 化学性食物中毒

化学性食物中毒是指健康人经口摄入了正常数量、在感官无异常，但含有较大量化学性有害物的食物后，引起的身体出现急性中毒的现象。造成化学性食物中毒的常见原因有以下几种。

（1）作为食品原料的食用农产品在种植养殖过程或生长环境中，受到化学性有毒有害物质污染，如蔬菜中农药、猪肝中瘦肉精等。

（2）食品中含有天然有毒物质，食品加工过程未去除，如豆浆未煮透使其中的胰蛋白酶抑制物未彻底去除，四季豆加工时加热时间不够使其中的皂素等未完全破坏。

（3）食品在加工过程受到化学性有毒有害物质的污染，如误将亚硝酸盐当作食盐使用。

（4）食用有毒有害食品，如毒草、发芽马铃薯、河豚。

【案例6-2】

食源性食物中毒

2018年8月26日7时许，桂林市某民宿发生了一起食源性疾病事件，桂林市政府、七星区政府立即启动食品安全应急预案。市、区两级食品药品监督、卫生计生部门及市疾病预防控制中心等有关部门立即开展相关工作。截至8月27日18时，共有8人在有关部门的督促关心下到医院接受检查，4人入院治疗。经全力有效治疗，大部分患者病情好转，无危重及死亡病例。目前，仍有2人留院观察。事件发生后，涉事民宿已停业整顿。有关部门全力开展救治、安抚工作，依法依规正在开展调查。根据桂林市疾病预防控制中心初步判断，这是一起由沙门氏菌感染引发的食源性疾病事件。

（资料来源：桂林市七星区人民政府网站，2018-08-28.）

思考： 食物中毒会给民宿造成哪些负面影响？

案例点评： 上述案例中，客人发生大规模食源性食物中毒事件，主要原因是民宿在食品原料选择、食品的加工和烹调的过程中没有按照相关规定进行严格操作，最终造成了客人伤亡的后果。民宿应当按照《食品生产企业危害分析与关键控制点（HACCP）管理体系认证管理规定》的相关内容，建立和实施卫生标准操作程序，保障民宿的食品产品符合安全卫生的要求。

(三)食物中毒的处理

假如有客人食用了民宿提供的菜点而身体不适,店长和民宿管家应沉着冷静,忙而不乱,尽可能控制势态,及时加以处理。其基本处理步骤如下。

(1)记下顾客的姓名、地址和电话号码。

(2)询问具体的征兆和症状。

(3)弄清楚吃过的食物和就餐方式、食用时间、发病时间、病痛持续时间、用过的药、过敏史、病前的医疗情况或免疫接种等。

(4)联系就近的医院,并记下看病医生的姓名和医院的名称、地址和电话号码。

(5)店长要在场协助医生处理,了解病情,掌握现场资料。

(6)店长、厨师等人员组成的事故处理小组对整个生产过程进行重新检查。

(7)将相关信息递交给医生,以便更好地处理事故,如确是食物中毒则承担相应的责任。

(8)查明同样的食物供应了多少份,收集样品,送化验室分析化验。

(9)对参与食品制作过程有关的员工进行体检,查找有无急性患病或近期生病及疾病带菌者。

(10)分析并记录整个制作过程中的情况,明确食物如何受到污染、哪些地方存在细菌、以及这些细菌在食物中繁殖的机会等。

(11)食品贮存场所及炊具、餐具、容器等暂不要清洗,待食品卫生监督人员采样结束后,再对中毒现场进行全面、彻底的清洗、消毒,以防食物中毒的再次发生。

(12)分析并记录餐饮生产和销售最近一段时期的卫生检查结果。

第四节 民宿卫生质量管理

民宿卫生质量管理面广量大,它涉及民宿的各个功能区,要求各个岗位、每个员工、每个区域都要向顾客提供清新、整洁、卫生的消费环境。

对于民宿而言,卫生是民宿服务产品的重要组成部分。当客人到民宿消费时,民宿整体消费环境的卫生状况会给客人留下深刻的第一印象。良好的卫生状况能增强客人对民宿产品的信心,而低质量的卫生状况则会使民宿失去客人。

一、民宿卫生质量管理的特点

（一）广泛性

民宿卫生管理的广泛性，是指卫生管理存在于民宿各个部门、各个环节，在民宿的各项管理中都占有一席之地。

（二）全员性

民宿卫生管理的全员性，是指民宿的每一位员工，上至店长，下至服务员，搞好卫生，人人有责。各岗位的服务人员除了要履行本岗位的卫生管理职能以外，还要注意搞好个人卫生和维护民宿的公共卫生。

（三）复杂性

民宿卫生管理的复杂性，是指民宿卫生管理的内容较为复杂，既有墙角、地面、墙面的卫生，又有家具用品的卫生；既有空气、环境的卫生，又有食品、餐具的卫生；既要除虫灭害，又要消除噪声干扰。

（四）细致性

民宿卫生管理的细致性，是指卫生的清扫整理必须要细致入微，严格执行卫生管理的有关规定，不能马虎从事。尤其是食品卫生管理，必须一丝不苟，防止因污染或管理不善而引起疾病或食物中毒。

（五）日常性

民宿卫生管理的日常性，是指卫生要天天打扫，天天整理，不能间断。遇到有刮风、下雨、下雪的日子还要重点清扫，以确保民宿卫生清洁整齐。

二、民宿卫生质量管理的要求

视频6-4：民宿卫生质量管理

为了使民宿保持较高的卫生标准，真正做到整齐清洁，使客人生活在一个干净优美的环境之中，民宿卫生管理要抓好以下几个方面。

（一）抓好个人卫生

民宿的每一位员工，不论其职位高低，不管是什么岗位，都必须特别注重个人卫生。这既是讲文明的需要，也是讲究个人仪表、提高个人素质的需要，更是提高民宿服务质量的需要。

（二）抓好公共卫生

公共卫生即公共场所的卫生，它涉及的范围更广，投入的力量更大，有一定的难度。民宿首先要注意门前卫生，搞好绿化，注意维护社会秩序，给客人创造良好的第一印象。民宿院内，每一个地段、每一扇门窗、每一道走廊楼梯都要责任到人，随时清扫；有些地方还要在晚上或清晨民宿未开始营业之前清扫，避免影响客人的正常活动。还要做好民宿前台、公共区域卫生间的清洁工作，给客人创造一个良好的居住环境。

（三）抓好客房卫生

民宿客房卫生，不是一件普通的工作，要定时进行。客房卫生的好坏，常常是一个民宿服务质量和管理水平的综合反映，也是客人较为敏感的问题，因此应特别引起重视。既要有严格的清洁制度，配备足够的、良好的清洁卫生工具，还需要训练有素的服务人员，严格按照职责规范制定的标准、要求来进行管理和检查。

视频6-5：民宿客房杯具和布草的处理

（四）抓好饮食卫生

民宿的饮食卫生包括食品卫生、食具卫生、厨房卫生、餐厅卫生等。抓好饮食卫生管理，对提高民宿食品质量，防止食品污染，预防食品中有害因素引起食物中毒，防止肠道传染病和其他疾病的传染，保证客人和员工的身体健康具有十分重要的作用。

（五）抓好检查督促

民宿要制定严格、正规的卫生检查制度，依据详细的卫生检查标准，进行定期或不定期的卫生检查。对于做得好的班组或个人要适时进行表扬和奖励，对发生问题的员工，要进行批评或处罚。检查要科学，要突出重点，注重效果，以便加强民宿的经营管理，提高民宿的声誉。

三、民宿卫生质量管理的内容

（一）餐饮卫生

1. 员工卫生管理

培养员工良好的个人卫生可以保证良好的健康和高效率的工作，而且可以防止疾病的传播，避免食物污染，并减少食物中毒事件的发生。

（1）员工个人卫生管理。个人清洁是个人卫生管理的基础，个人清洁状况不仅显示了个人的自尊自爱，也标志着民宿及餐厅的形象。民宿要培养员工良好的卫生习惯。员工个人卫生管理除了依靠严格的上岗规章制度外，还应从根本着手，即培养员工良好的卫生习惯。民宿个人卫生管理的内容主要包括以下三个方面。

①身体卫生。身体卫生是个人卫生的基础，民宿员工，特别是广大服务员的身体必须没有病毒性肝炎、伤寒、痢疾、活动性肺结核等传染病和传染性皮肤病。此外，个人卫生还包括民宿员工要常洗澡、洗脸、洗手和仪容整

洁等具体内容。

②服装卫生。服装卫生是个人卫生的重要表现形式。服务人员上班穿戴的各种服装必须勤洗、勤换，保持无污迹、无异味、无破损等。除此之外，应加强员工工作服卫生管理，如民宿应为餐饮工作人员准备两套以上的工作服，工作服必须每天或定期清洗、更换。特别是后厨工作人员的工作服应结实、耐洗、轻便、舒适并且具有吸汗作用。

③个人卫生习惯。工作人员应养成不随地吐痰、勤洗手的卫生习惯。

总之，民宿个人卫生的内容是比较广泛的，它要求民宿员工特别是广大服务人员必须根据国家卫生防疫部门、民宿有关规定和服务工作的需要搞好个人卫生。

（2）员工操作卫生管理。员工操作卫生管理的目的是防止工作人员因操作疏忽而导致食品、用具遭受污染。员工在操作时，禁止饮食、吸烟，并尽量不交谈；员工在拿取餐具时应采用卫生方法，不能用手直接接触餐具上客人入口的部位。员工不能用手直接抓取食品，准备食物时应尽可能使用各种器皿用具，当必须用手直接进行操作时，应戴好清洁的工作手套。提倡客人使用公筷公勺。

图6-4　公勺公筷使用倡议

2.厨房卫生管理

厨房卫生管理包括通风设施、照明设施、冷热水设施、地面、墙壁、天花板等的卫生管理。

（1）通风、照明设施。厨房应布局合理、面积适宜，地面经硬化防滑处理，厨房安装通风设施，通风设施应经常或定时清洁。有效的照明设施可以缓解厨房员工的眼睛疲劳,在厨房应安装防爆灯具或使用防护罩,以免灯泡爆裂时玻璃片伤人或落入食物内。

(2)冷、热水设施。厨房与备餐间应有充足的冷、热水设施,因为厨房和备餐间的任何清洁工作都必须依靠冷、热水设施完成。

(3)厨房墙壁、天花板、地面、门窗的卫生管理。厨房墙壁应采用光滑、不吸油、易冲洗、浅色的材料,墙壁之间、墙壁与地面之间的连接处应以弧形为宜,以利清扫。用水泥或砖面砌成的内墙应具有易于清洁的表面,各种电器线路和水、气管道等均应合理架设,不应妨碍对墙壁和天花板的正常清扫。厨房天花板应选用不易剥落或不易断裂及可防止染积尘土的材料制成。通常,厨房宜选用轻型金属材料做天花板,其优点是不易剥落断裂并可以拆卸安装,利于清洁。厨房地面应选用耐磨、耐损和易于清洁的材料,必须经得起反复冲洗,不至于受厨房内高温影响而开裂、变软或变滑,一般以防滑地砖较为适宜。应经常保持地面清洁,每天冲洗地面。厨房的门窗应没有缝隙,保持门窗的清洁卫生,应每天进行擦拭。应设有纱窗、门帘、挡鼠板、灭蝇灯等病媒生物预防控制以及防尘设施。

3.餐具、设备卫生管理

(1)加工设备及厨具。加工设备及厨具主要包括各类刀具、案板、绞肉机、和面机,各种盆、盘、筐等。由于它们与生料直接接触,受微生物污染的可能性较高,因而应抓好对这些设备、厨具的洗涤、消毒工作。

(2)烹调设备及厨具。烹调设备及厨具包括炉灶、炒勺、油锅、烤箱等。对于这类设备的清洁卫生要求主要是控制不良气味的产生,并提高设备的效率和利用率。这类设备如果洗刷不净,在烹调食物时会产生大量油烟和不良气味,特别是油锅、烤箱及烤炉等,如不注意清理油垢和残渣,厨房内往往会油烟弥漫。同时,堆积的油垢和食物残渣往往会影响烹调效果,并会缩短设备的使用寿命。

(3)冷藏设备。厨房内的冷藏箱和冷藏柜只能用于短期放置烹调原料,它们并不是万无一失的保险箱。某些微生物在低温环境下仍能生长繁殖,时间一长,同样会造成食物腐败变质。因此,要搞好冰箱卫生,民宿管家首先要熟悉各类食品的性质、储存所需温度、储存极限时间,负责冷藏设备的清洁卫生工作。

(4)清洁消毒设备。清洁消毒设备主要包括洗碗机、洗涤池和消毒柜等。这些设备在使用后容易沾上污物与食物残渣,正是微生物生长繁殖的最佳场所。因此,保持这些机器、设备清洁卫生的重要性显而易见,只有先做到洗涤机械和设备的清洁卫生,才能确保被洗涤的食具的清洁卫生。餐厨废弃物应设置专门的存放容器，容器应配有盖子，以坚固及不透水的材料制造；废弃物应及时转运，容器应及时清洗消毒。

（二）客房卫生

客房卫生管理要求：周围环境良好，无有毒有害气体、噪声、粉尘排放等污染源；室内环境整洁，客房空气质量卫生指标应符合表6-1要求；应通风良好，在自然通风不良或无自然通风的房间应设有机械通风装置，过滤网定期清洗、消毒；宜采用自然采光，应有适当的照明设施；客房应布局合理、清洁卫生、隔音良好、无异味；客房内宜单设卫生间，或至少有一间公共卫生间，卫生间便池应采用水冲式，设置洗手设施，地面、墙壁等应采用易冲洗、防渗水材料制成；客房宜具备淋浴设施，淋浴设施安装安全可靠按规范要求清洗消毒；应设置防鼠、防蚊、防蝇、防蟑螂及防潮、防尘等设施，设施应易清洗、消毒、更换；供顾客使用的公共用品用具应做到一客一换一消毒，禁止重复使用一次性用品用具；使用公共卫生用品用具应设立消毒间，并配备消毒设施、工具和药剂；清洗消毒应符合GB9663的相关要求；清洁客房、卫生间（面盆、浴缸、坐便器、台面、地面等）的抹布或清洗刷等工具应分设，清洗消毒效果应符合表6-2要求。

表6-1 民宿客房空气质量卫生要求

项目	指标
二氧化碳，%	≤0.10
一氧化碳，mg/m^3	≤10
甲醛，mg/m^3	≤0.12
可吸入颗粒物，mg/m^3	≤0.20
空气细菌总数	
a. 撞击法，CFU/m^3	≤2500
b. 沉降法，个/皿	≤30

表6-2 民宿公共用品用具清洗消毒判定要求

项目	细菌总数	大肠菌群个/$50cm^2$	致病菌个/$50cm^2$
茶具	<$5CFU/cm^2$	不得检出	不得检出
毛巾和床上卧具	<$200CFU/25cm^2$	不得检出	不得检出
淋浴、浴盆、座垫、拖鞋	-	-	不得检出

（三）公共区域卫生

1. 公共卫生管理的范围

民宿公共卫生管理的范围主要包括：前台、门前区域、民宿内花园及民宿周围的清洁卫生；餐厅、咖啡厅、茶座、酒吧等场所的清洁保养工作；民宿所有公共卫生间的清洁卫生工作；停车场、楼顶平台、天井等区域的清洁；民宿所有下水道、排水排污等管道系统和垃圾房的清洁整理工作；民宿的卫生防疫工作，定期喷洒药物，杜绝"四害"；民宿的绿化布置；楼梯、地面和楼梯扶手的清洁，要进行定期的消毒；民宿工作区域的清洁卫生；雪天门外积雪的及时打扫，铺设防滑胶垫，加强防滑措施的工作。

2. 公共卫生管理的要求

公共卫生管部的要求：地面、楼梯干净无杂物，地毯干净、平整，大厅四壁无灰尘，玻璃明亮无痕，四角周围、墙围、沙发、椅子、服务台、广告牌、花盆架等设备陈设备齐无尘土，烟缸、痰盂内保持清洁，各处镜子、金属门扶手保持光亮。

四、民宿卫生质量管理方式

为了切实将上述民宿卫生管理工作落到实处，民宿卫生管理除了接受地方政府管理外，还要形成自身较为完备的卫生管理系统。完善民宿食品安全管理体系和制订卫生指南，定期或随机进行卫生检查与督导工作综合评估。保证民宿卫生管理质量是外因与内因两个方面的有机结合，外因是客观的卫生监督，内因是主观自身的卫生管理。民宿自身卫生管理是主动的、积极的，也是适应市场竞争的需要和必然。切实做好卫生管理需要加强监督，并建立完善的制度。具体说来有以下几点：

（一）制定卫生监督员制度

为使民宿各项卫生管理落到实处，招聘有卫生管理经验的专业人员担任民宿卫生监督员。卫生监督员专门负责民宿卫生监督管理任务，其职责是根据国家有关卫生法规的卫生指南、准则以及民宿具体卫生工作，并结合当地政府卫生监督各项要求开展工作。其目标是加强民宿自身卫生监督，提高民宿卫生管理水平，为顾客创造一流的卫生服务。

（二）建立卫生监督巡视制度

制订民宿卫生监督工作计划，做出工作内容安排，实行卫生监督巡视制度。

（三）加强卫生知识培训

民宿从业人员应经过卫生知识培训，取得"健康合格证明"后方可上岗。

（四）专项卫生任务承包责任制

为确保民宿卫生管理质量，民宿可以将部分清洁工作承包给专业清洁公司，这种做法既可节约成本又可以达到专业的清洁水平。

拓展知识 6-2：民宿应对疫情安全操作指南

思考与练习

专业词汇

1. 民宿对客服务中客房服务有哪些注意事项？
2. 培训教育在民宿员工操作安全中的内容有哪些？
3. 结合"民以食为天"谈谈民宿食品安全管理的意义。
4. 如何提升民宿卫生质量管理的水平？

第七章
民宿常见自然灾害防治

| 本章导读 |

　　本章主要从常见自然灾害出发，讨论民宿管理者和使用者可能会遭遇的气象灾害、地质灾害、海洋灾害和生物灾害。通过介绍各类灾害的形成、危害和预防、应对，使读者了解各类灾害的特点，并掌握基本的危险识别和安全应对方法，提高建筑和人员的安全性和生存能力。

▌学习目标 ▌

　　1. 了解常见气象灾害、地质灾害、海洋灾害和生物灾害的形成机理与致灾因素。
　　2. 熟悉民宿应对常见气象灾害、地质灾害、海洋灾害和生物灾害的一般措施和管理要点。
　　3. 掌握民宿常见气象灾害、地质灾害、海洋灾害和生物灾害的预警信息分析和灾前状况识别，提前做好应对灾害的准备。

▌思维导图 ▌

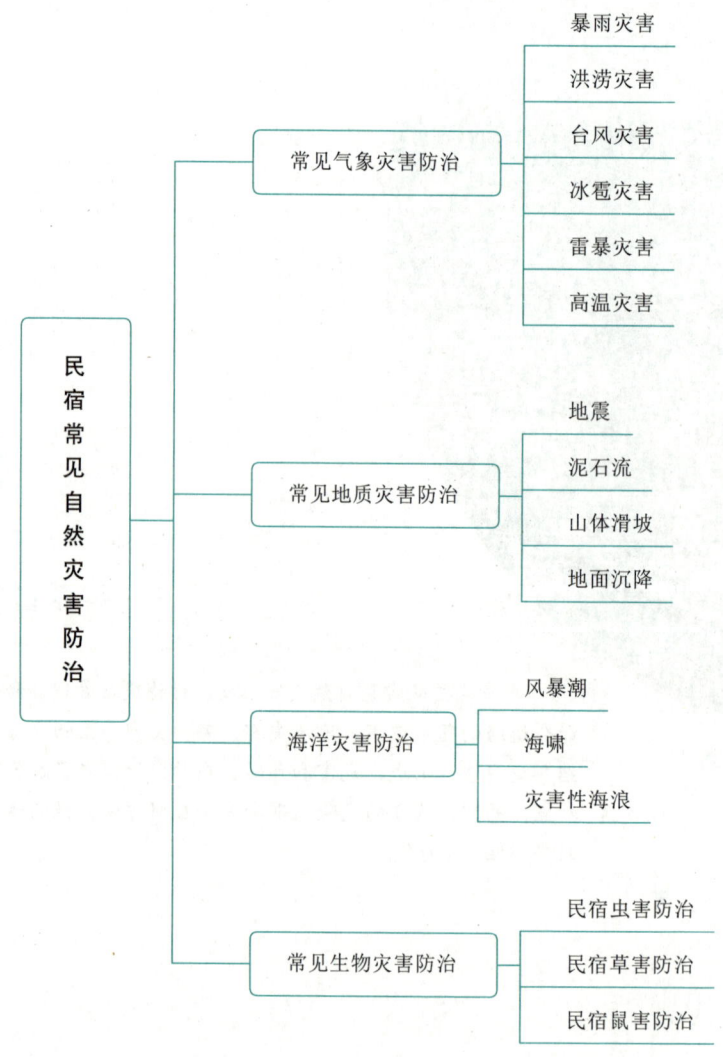

第七章　民宿常见自然灾害防治

进入21世纪以来，由于全球性气候变暖，极端天气事件的发生更为频繁，并且有逐年增加的趋势。2020年，全球因自然灾害造成的保险损失达810亿美元；人为灾害导致80亿美元的保险损失。由自然灾害导致的损失创下了历史新高。

民宿作为服务场所建筑，其安全和效益均会受到自然灾害的影响。因此了解自然灾害特点、掌握灾害预警和熟悉常见自然灾害的应急处置，是十分必要的。

第一节　常见气象灾害防治

《民宿气象灾害预警处置规范》中规定："民宿是利用城乡居民自有住宅、集体用房或其他配套用房，结合当地人文、自然景观、生态、环境资源及农林牧渔业生产活动，提供休闲度假、体验当地风俗文化的住宿、餐饮等服务场所。""气象灾害是由气象原因直接或间接引起的给人类和社会经济造成损失的灾害现象，包括台风、暴雨（雪）、大风（沙尘暴）、低温、高温、干旱、雷电、冰雹、冰冻、大雾和霾等。"

图 7-1　暴雪天气后的村庄

气象灾害通常是指大气层中的对流层变化引起的对人类社会和生态环境造成的破坏性事件。在这些事件中，人类社会所受到的损失通常是指人员伤亡、财产损失、建筑物破坏、对交通和通信的影响等，可以概括为对人类与自然界以及人类各群落间物质、能量和信息交换的中断和破坏；对生态环境的破坏则是各种持续性的气候变化和短时间的低温冰冻、高温闷热等极端天

— 217 —

气事件所造成的干旱、洪涝、气候变化等生物圈变化，而影响到生物圈动植物的生存和发展的不可逆变异。

气象灾害分为天气灾害和气候灾害两类。天气灾害是指一次天气过程所造成的灾害，如一次低温寒潮、一次台风（热带气旋）、一次龙卷风、一场暴雨、一次雷击等所造成的短时间灾害。气候灾害则是长时间气候异常，如干旱、连日阴雨所产生的影响人类活动和使生物圈及生态环境发生变异的事件。中国受地理环境和地质条件的影响，是世界上天气灾害和气候灾害最多的国家之一。

一、暴雨灾害

（一）暴雨灾害的形成

暴雨属于严重的气象灾害之一。除了其造成的直接灾害外，还会引发洪灾、泥石流、山体滑坡等次生灾害。

图7-2　暴雨天气（四川省应急管理厅）

暴雨的形成过程是相当复杂的，一般从宏观物理条件来说，产生暴雨的主要物理条件是充足的源源不断的水汽、强盛而持久的气流上升运动和大气层结构的不稳定。天气系统和地形的有利组合可能产生较大的暴雨。造成我国大面积暴雨的天气系统主要有风、气旋、切变线、低涡槽、台风、东风波和热带辐合带等。在干旱与半干旱的局部地区雷阵雨可造成短时、小面积的特大暴雨。暴雨常常是从积雨云中落下的。形成积雨云的条件是大气中要含有充足的水汽，并有强烈的上升运动，把水汽迅速向上输送，云内的水滴在上升过程中不断增大，上升气流托不住时，就急剧地降落到地面。

暴雨是指降水强度很大的雨。一般指每小时降雨量 16mm 以上，或连续 12 小时降雨量 30mm 以上，或连续 24 小时降雨量 50mm 以上的降水。我国气象上规定，24 小时降水量为 50mm 或以上的雨称为"暴雨"。按其降水强度大小又分为三个等级，即 24 小时降水量为 50~99.9mm 称"暴雨"；100~200mm 为"大暴雨"；200mm 以上称"特大暴雨"。

图 7-3　暴雨后的房屋（四川省应急管理厅）

我国是多暴雨的国家之一，除西北个别省、区外，都有暴雨出现。冬季暴雨局限在华南沿海。4~6 月间，华南地区暴雨频发。6~7 月间，长江中下游常有持续性暴雨出现，历时长、面积广、暴雨量大。7~8 月是北方各省的主要暴雨季节，暴雨强度很大。8~10 月雨带又逐渐南移。夏秋之后，东海和南海台风暴雨十分活跃，台风暴雨的降雨量往往很大。

（二）暴雨灾害的分级与预防

一般暴雨预警信号分四级，分别以蓝色、黄色、橙色、红色表示。暴雨蓝色预警信号的标准指 12 小时内降雨量将达 50mm 以上，或者已达 50mm 以上且降雨可能持续。要求政府及相关部门按照职责做好防暴雨准备工作；学校、幼儿园采取适当措施，保证学生和幼儿安全；驾驶人员应当注意道路积水和交通阻塞，确保安全；检查城市、农田、鱼塘排水系统，做好排涝准备。

暴雨黄色预警信号的标准指 6 小时内降雨量将达 50mm 以上，或者已达 50mm 以上且降雨可能持续。要求政府及相关部门按照职责做好防暴雨工作；交通管理部门应当根据路况在强降雨路段采取交通管制措施，在积水路段实行交通引导；切断低洼地带有危险的室外电源，暂停在空旷地方的户外作业，转移危险地带人员和危房居民到安全场所避雨；检查城市、农田、鱼塘排水系统，采取必要的排涝措施。

暴雨橙色预警信号的标准指 3 小时内降雨量将达 50mm 以上，或者已达 50mm 以上且降雨可能持续。要求政府及相关部门按照职责做好防暴雨应急工作；切断有危险的室外电源，暂停户外作业；处于危险地带的单位应当停课、停业，采取措施保护已到校学生、幼儿和其他上班人员的安全；做好城市、农田的排涝，注意防范可能引发的山洪、滑坡、泥石流。

暴雨红色预警信号的标准指 3 小时内降雨量将达 100mm 以上，或者已达 100mm 以上且降雨可能持续。要求政府及相关部门按照职责做好防暴雨应急和抢险工作；停止集会、停课、停业（除特殊行业外）；做好山洪、滑坡、泥石流等灾害的防御和抢险工作。暴雨的预警信号及防御指南见表 7-1。

表 7-1　暴雨的预警信号及防御指南

预警信号	判断标准	防御指南
蓝色预警	12 小时内降雨量将达 50mm 以上，或者已达 50mm 以上且降雨可能持续。	1. 政府及相关部门按照职责做好防暴雨准备工作 2. 学校、幼儿园采取适当措施，保证学生和幼儿安全 3. 驾驶人员应当注意道路积水和交通阻塞，确保安全 4. 检查城市、农田、鱼塘排水系统，做好排涝准备
黄色预警	6 小时内降雨量将达 50mm 以上，或者已达 50mm 以上且降雨可能持续。	1. 政府及相关部门按照职责做好防暴雨工作 2. 交通管理部门应当根据路况在强降雨路段采取交通管制措施，在积水路段实行交通引导 3. 切断低洼地带有危险的室外电源，暂停在空旷地方的户外作业，转移危险地带人员和危房居民到安全场所避雨 4. 检查城市、农田、鱼塘排水系统，采取必要的排涝措施
橙色预警	3 小时内降雨量将达 50mm 以上，或者已达 50mm 以上且降雨可能持续。	1. 政府及相关部门按照职责做好防暴雨应急工作 2. 切断有危险的室外电源，暂停户外作业 3. 处于危险地带的单位应当停课、停业，采取专门措施保护已到校学生、幼儿和其他上班人员的安全 4. 做好城市、农田的排涝，注意防范可能引发的山洪、滑坡、泥石流等灾害
红色预警	3 小时内降雨量将达 100mm 以上，或者已达 100mm 以上且降雨可能持续。	1. 政府及相关部门按照职责做好防暴雨应急和抢险工作 2. 停止集会和停课、停业（除特殊行业外） 3. 做好山洪、滑坡、泥石流等灾害的防御和抢险工作

（三）暴雨天气应对

（1）民宿建筑规划和建设时，选择不容易发生积水、泥石流、滑坡的地势，尽量避开能够导致气流上升形成降雨的坡地。

（2）对危险地带人员进行疏散，如在年久失修房屋中的人员、位于低洼易积水建筑内的人员等。

（3）关紧门窗，对室外附属物（如花盆、广告牌等容易滑落的物体），进行加固、搬除妥善安置。

（4）检查电路、炉火等恶劣天气下容易引发灾害的危险源，必要时做局部断电、熄火等安全化处理。

（5）平时不要将垃圾、杂物丢入下水道、雨水井等排水设施中，以防堵塞。做好地下车库、地下室等地下空间建筑的防水、排水工作。

（6）做好暴雨天气防雷工作。提前检查建筑防雷设施是否功能完好，人员应保持身体干燥，远离接地点。避免在有雷电现象的暴雨中撑伞，也不要在大树和电线杆等容易引雷的物体附近，不要在室外使用手机、收音机等电子产品。

（7）相关管理人员和潜在受灾群体应密切监视灾情，及时实施应对措施。

二、洪涝灾害

（一）洪涝灾害成因分析

洪灾的成因是多方面的，除受地理地形、气候条件等许多自然因素影响外，也受到人类活动等人为因素的影响。

（1）自然因素。我国幅员辽阔、地形复杂、河流众多，季风气候十分显著。受季风气候的影响，各地的降水年内分配不均（全年降水大多集中在汛期），洪涝灾害甚为频繁。全国约有60%的国土存在着不同类型和不同程度的洪水灾害，东部地区城市洪灾主要由暴雨、台风和风暴潮造成，西部地区城市的洪灾主要由融冰和局部暴雨造成。

（2）人为因素。城市化对降水量的影响表现在降水量有增大的趋势，其原因是城市热岛效应、城市阻碍效应及城市大量的凝结核被排放到空气中，促进降雨形成。一方面，人为硬化地面，增加地下垫面的不透水面积，从而导致地表的下渗能力大幅度降低，地下水水位下降，地表径流量大幅度增加，次降水产生的径流总量增加，洪峰流量增大。另一方面人为修正的路面、地面粗糙度减小，地表积水汇流时间缩短，更容易形成深积水，导致水灾发生。

图 7-4 被淹的房屋（四川省应急管理厅）

（二）洪水的预防措施

（1）科学规划。避开山洪泛滥的区域、低洼积水区域，要将这些用地建设成生态公园、湿地、湖泊等，这样既可降低洪水风险，也可对调蓄洪水、改善生态环境发挥很大的作用。

（2）强调暴雨洪水利用和滞洪区规划，弱化城市化带来的不利影响。应在满足排水要求的条件下充分考虑回收利用雨洪水，增加地下水补给。城市建设区的人行道、停车场、广场等应选用透水建材铺装，增加渗透。结合绿化、湿地等建设小型集雨设施，以用作景观、消防及农田灌溉。

（3）构筑完善的防洪排涝排水体系。城市防洪直接利用堤防构筑物、河道整治等工程设施对洪水进行拦蓄、疏泄。城市排涝主要利用内河、排水沟渠和排涝泵站、水闸等将积水排除。城市排雨水利用道路下的雨水管渠将雨水排入河道，排雨标准一般为 1~2 年一遇，重要地区 3~5 年一遇。

（4）加强暴雨预警体系建设。进一步完善国家和地方综合气象监测网络，加密自动气象站网，形成地面、高空、空间相结合的监测体系，充分利用先进的科学技术提高灾害性天气的次生衍生灾害的特别是短历时强对流天气的预报、预警水平，提高实时监测能力。

（5）发动群众，广泛宣传。要在中、小学地理课中，增加包括防止暴雨积水的防灾内容，还要通过宣传，让广大群众掌握最简单的抗灾、防灾知识。提高全民防范意识，做好"防、避"工作。

（三）民宿预防暴雨及洪水危害的常用措施

（1）预防建筑发生内涝，可因地制宜，在家门口放置挡水板或堆砌土坎。

（2）室外积水漫入室内时，应立即切断电源，防止积水带电伤人。

（3）在户外积水中行走时，要注意观察，防止跌入窨井、地坑等。

（4）驾驶员遇到路面积水过深时，应尽量绕行，避免强行通过。

（5）不要将垃圾、杂物丢入马路下水道，以防堵塞，积水成灾。

（6）应在雨季来临之前检查房屋，维修房顶。

（7）位于山区的民宿，注意防范山洪。上游来水突然混浊、水位上涨较快时，须特别注意。

（四）洪水暴发时的自救方法

（1）受到洪水威胁时，应按照应急预案划定的疏散路线，有组织地向山坡、高地等处转移。

（2）当洪水来得太快，已经来不及转移时，要立即爬上屋、楼顶、大树、高墙做暂时避险，等待援救，不要单独游水转移。

（3）在受到洪水包围的情况下，要尽可能利用船只、木排门板、木床等，做水上转移。

（4）山区连降大雨，容易暴发山洪。遇到山洪，一定要保持冷静，尽快向地势较高的位置转移。如来不及转移，可选择相对安全的地方避洪，并寻求和等待救援。应避免渡河，以防止被山洪冲走，还要注意防止次生灾害山体滑坡、泥石流的伤害。

（5）发现高压线铁塔倾倒、电线低垂或断折，要远离避险，防止触电。

图 7-5　山洪暴发

（6）洪水过后，要做好卫生防疫工作，服用预防流行病的药物，避免发生传染病。

【案例 7-1】

河北野三坡景区洪水消退　农家乐被毁一片狼藉

2012 年 7 月 21 日至 22 日，河北省部分地区出现强降雨天气，致使保定、廊坊等地的 58 个县、区遭受洪涝、风雹灾害。而涞水县野三坡景区水电路讯全部瘫痪，成为"孤岛"，导致一万多名游客被困，一时成为关注的焦点。自 22 日以来，当地派出几千人抢修道路、出动直升机营救被困危重病人，同时协调北京铁路局开专列对被困游客进行疏散。这座因靠近拒马河畔开展旅游而红火一时的小镇，现在却是一片狼藉，岸边的大巴车被洪水掀翻，横跨两岸的水泥桥也被冲毁。洪水摧毁了车辆、建筑物，也摧垮了村民们幸福的生活。

邻近的张家口地区派出 4 辆大客车，携带 4000 份食品，几十名救灾队员赶赴灾区。由公安消防干警和民兵应急分队组成的精干救援力量 100 人，赶赴灾区开展救援。直升机在涞水县的都衙公社向受困的 2000 多名群众空中投送药品、食品、水和衣物等。

涞水县三坡镇村民、农家乐小饭店经营者张某因灾返贫，看着门前这条既给她带来财富和梦想也给她带来灾难和不幸的拒马河，无语泪流。

（案例来源：作者根据中广网新闻整理）

图 7-6　野三坡拒马河畔七彩艺术小镇

思考： 民宿如何应对洪涝灾害，洪水来袭如何应对才能保障人身安全并降低财产损失？

案例点评： 为了吸引游客，向游客提供远离城市、亲近大自然的宁静环境，民宿（农家乐）大多设置在田园、山区，位置大多依山傍水。案例中农

第七章　民宿常见自然灾害防治

家乐位于拒马河畔,属于暴雨洪水灾害高风险地区,因此民宿在安全管理方面应重点关注相关灾害的预警信息,维护好防灾救灾设施设备。洪水来临前,第一时间组织好人员疏散逃生,保障人员生命安全。

三、台风灾害

(一)台风的危害

台风是一种发生频率高、影响范围广、造成损失严重的自然灾害。它是我国主要的自然灾害之一,台风灾害在近岸表现为风、浪与风暴潮结合引起的灾害。在内陆则主要表现为风和暴雨灾害,以及由暴雨引起的洪水和诱发的滑坡、塌方及泥石流等灾害,能够造成严重的生命财产损失。

每年由台风造成的损失已接近或超过全国最严重的自然灾害总损失的一半。我国受台风影响的区域十分广阔,主要为台湾、海南、广西、广东、福建、浙江、江苏、上海、山东、天津、辽宁等省、市,有些台风登陆后还可影响到湖北、江西、安徽、河南等内陆省份。台风灾害大多出现在5~10月,主要灾害发生于6~9月,尤以8月份最重。我国每年因台风灾害死亡数百人,造成的直接经济损失达数百亿元。

2018年9月7日20时,台风"山竹"在西北太平洋洋面上生成,16日17时在广东台山海宴镇登陆,登陆时中心附近最大风力14级,中心最低气压955百帕。截至2018年9月18日17时,台风"山竹"造成广东、广西、海南、湖南、贵州5省(区)近300万人受灾,5人死亡,1人失踪,160.1万人紧急避险转移和安置。据应急管理部有关负责人介绍,台风"山竹"还造成5省(区)的1200余间房屋倒塌,800余间严重损坏,近3500间一般损坏,农作物受灾面积1744km^2,其中绝收33km^2,直接经济损失52亿元。

2021年7月18日2时,强台风"烟花"被中央气象台升格为热带风暴,7月21日11时被中央气象台升格为强台风,7月25日12时30分前后在浙江省舟山市普陀区沿海登陆,登陆时中心附近最大风力13级(38m/s)。"烟花"移动速度慢、陆上滞留时间长、风雨强度大、影响范围广,造成浙江、上海、江苏等地482万人受灾,直接经济损失132亿元。同时,台风"烟花"外围和副高南侧的偏东气流引导大量水汽向我国内陆地区输送,是7·20河南暴雨的成因之一。

(二)台风灾害的分级

评估台风灾害一般以人员伤亡、受灾面积和直接经济损失三项指标作为主要衡量标准。台风灾害分为三个等级：

Ⅰ级——较大台风灾害：造成人员死亡（含失踪）10人以下，或有10~14个观测站（县或市）出现7级大风，或10~19个观测站出现100mm以上暴雨（过程雨量）。

Ⅱ级——重大台风灾害：造成人员死亡10~99人，或有15~19个观测站出现7级大风，或20~29个观测站出现100mm以上暴雨。

Ⅲ级——特大台风灾害：造成人员死亡100人以上，或有20个观测站以上出现7级大风，或30个观测站以上出现100mm以上暴雨，或直接经济损失占全省（市）GDP的1%以上。

（三）台风的预警与防御

中国气象局规定的台风预警信号根据台风（热带气旋）的强度和逼近某个区域的时间分为蓝色、黄色、橙色、红色四级。各级预警都对政府及相关部门规定了职责要求。台风的预警信号及防御指南见表7-2。

图7-7　台风灾害

表7-2　台风的预警信号及防御指南

预警信号	判断标准	防御指南
蓝色预警	24小时内可能或者已经受热带气旋影响，沿海或者陆地平均风力达6级以上，或者阵风8级以上并可能持续	1. 政府及相关部门按照职责做好防台风准备工作 2. 停止露天集体活动和高空等户外危险作业 3. 相关水域水上作业和过往船舶采取积极的应对措施，如回港避风或者绕道航行等 4. 加固门窗、围板、棚架、广告牌等易被风吹动的搭建物，切断危险的室外电源。

续表

预警信号	判断标准	防御指南
黄色预警	24小时内可能或者已经受热带气旋影响，沿海或者陆地平均风力达8级以上，或者阵风10级以上并可能持续	1. 政府及相关部门按照职责做好防台风应急准备工作 2. 停止室内外大型集会和高空等户外危险作业 3. 相关水域水上作业和过往船舶采取积极的应对措施，加固港口设施，防止船舶走锚、搁浅和碰撞 4. 加固或者拆除易被风吹动的搭建物，人员切勿随意外出，确保老人小孩留在家中最安全的地方，危房人员及时转移
橙色预警	12小时内可能或者已经受热带气旋影响，沿海或者陆地平均风力达10级以上，或者阵风12级以上并可能持续	1. 政府及相关部门按照职责做好防台风抢险应急工作 2. 停止室内外大型集会，停课、停业（除特殊行业外） 3. 相关水域水上作业和过往船舶应当回港避风，加固港口设施，防止船舶走锚、搁浅和碰撞 4. 加固或者拆除易被风吹动的搭建物，人员应当尽可能待在防风安全的地方，当台风中心经过时风力会减小或者静止一段时间，切记强风将会突然吹袭，应当继续留在安全处避风，危房人员及时转移 5. 相关地区应当注意防范强降水可能引发的山洪、地质灾害
红色预警	6小时内可能或者已经受热带气旋影响，沿海或者陆地平均风力达12级以上，或者阵风达14级以上并可能持续	1. 政府及相关部门按照职责做好防台风应急和抢险工作 2. 停止集会、停课、停业（除特殊行业外） 3. 回港避风的船舶要视情况采取积极措施，妥善安排人员留守或者转移到安全地带 4. 加固或者拆除易被风吹动的搭建物，人员应当待在防风安全的地方，当台风中心经过时风力会减小或者静止一段时间，切记强风将会突然吹袭，应当继续留在安全处避风，危房人员及时转移 5. 相关地区应当注意防范强降水可能引发的山洪、地质灾害

（四）台风灾害预防与应对

1. 台风灾害防御措施

（1）增强防御台风的意识。在台风造成的灾损中，有很多源于防灾自救意识的淡薄或空白，要进一步强化政府的防台抗台责任意识，通过宣传、教育、培训等多种活动，普及自救互救知识，提高防台抗台的能力。不仅要增强台风易发沿海地区的防台抗台意识，内陆地区可能受台风影响的区域也不容忽视。

（2）加强防台抗台基础设施建设，切实增强抵御台风灾害能力。加强台风监测预警预报能力建设。逐步完善台风监测预警网络建设，在扩充和完善现有监测站网的基础上，适当增加监测密度，加强监测预警的准确性和时效性，以求掌握台风的发生发展规律。提高房屋防台抗台标准，减少由台风及其次生灾害造成的房屋倒塌与人民生命和财产的损失。

（3）加大抗灾救灾支持力度。加强对台风灾变规律的研究，使台风发生发展及未来趋势规律得到充分的认识，增强防台抗台的主动性。要加大防台抗台救济台风灾害的资金投入力度，提高灾区重建、生产恢复速度，积极推进台风灾害保险工作，建立台风灾害风险转移的长效机制。

2. 台风灾害自查自救

（1）在台风来临前，时刻关注收听、收看或上网查阅台风预警信息，了解政府的防台行动对策。

（2）受台风影响的区域，关紧建筑的门窗，关闭电脑、电视等电子设备。

（3）台风来临前，做好食物和水储备，备好移动电源、手电筒等应急物品，并放置在相对安全的位置。

（4）检查电路、炉火、煤气等设施是否完好并处于安全状态，确认是否能够应对台风的破坏。

（5）所居住房建筑是否能够承受台风的破坏，对于老旧危房内人员要及时转移到安全地带。

（6）房屋建筑足够结实耐用时，在容易发生破裂的玻璃门、窗上用胶布贴成"米"字图形，以防窗玻璃破碎伤人。

（7）台风来临时，最好不要出门，如果你在外面，不要在临时建筑物、广告牌、铁塔、大树等不够坚固稳定的物体附近避风避雨。

（8）台风来临时，如果你在室外的帐篷里，应立即收起帐篷，到坚固结实的房屋中避风。

（9）如果你在水面上（如钓鱼、游泳），则应立即上岸进入到稳固的建筑内避风避雨。

四、冰雹灾害

冰雹灾害是由强对流天气系统引起的一种剧烈的气象灾害，它出现的范围虽然较小，时间也比较短促，但来势猛、强度大，并常常伴随着狂风、强降水、急剧降温等阵发性、灾害性天气过程，给农业、建筑、通信、电力、交通以及人民生命财产带来很大损失。

（一）冰雹的形成与分布

冰雹与雨、雪都是从云里降下来的。只有特别旺盛发展的积雨云才可能形成冰雹。可以说，冰雹是从积雨云中降落下来的一种固态降水。冰雹形成需要大气中必须有相当厚的不稳定层存在，积云必须发展到能使个别大水滴冻结的温度（一般认为温度达 -12℃至 -16℃），要有强大的风切变，云的垂直厚度不能小于 6~8km，积雨云内含水量丰富，一般为 3~8g/m³，在最大上升速度的上方有一个液态过冷却水的累积带，云内应有倾斜的、强烈而不均匀的上升气流，一般在 10~20m/s 以上。

图 7-8　冰雹

1. 冰雹灾害的分级

根据一次降雹过程中的多数冰雹的直径、累计时间和积雹厚度，将冰雹分为三级。

（1）轻雹。轻雹多数冰雹直径不超过 0.50cm，累计降雹时间不超过 10min，地面积雹厚度不超过 2cm。

（2）中雹。中雹多数冰雹直径在 0.50~2cm 之间，累计降雹时间 10~30min，地面积雹厚度 2~5cm。

（3）重雹。重雹多数冰雹直径在 2cm 以上，累计降雹时间 30mim 以上，地面积雹厚度 5cm 以上。

2. 我国冰雹的时空分布

我国冰雹灾害从大区域看，总体呈现以大兴安岭—阴山—青藏高原东缘一线以东为冰雹灾害广发区。我国冰雹灾害分布面积广，且比较分散。全国有 1035 个雹灾县，地域上形成三条雹灾多发地段，即大兴安岭—燕山以东的丘陵平原；青藏高原以东的高原、山地和盆地；天山、帕米尔高原以东地区。另外，我国存在着 8 个冰雹灾害高频中心，即大小兴安岭之间的松嫩地区、内蒙古东部地区、赤峰—辽西山地区、燕山及山前平原地区、陕甘宁接壤地区、秦巴山地区、云贵川接壤地区、新疆喀什—阿克苏地区等。

我国大部分地区都存在冰雹灾害，几乎全部的省份都或多或少地有冰雹成灾的记录，受灾的县数接近全国县数的一半。大多数降雹落点为个别县、区。

冰雹灾害多发生在某些特定的地段，特别是青藏高原以东山前地段和农业区域，雹灾常常"雹打一条线"。冰雹灾害的总体分布格局是中东部多，西部少，空间分布呈现"1个区域、2条带、7个中心"的格局。1个区域指包括我国长江以北、燕山一线以南、青藏高原以东的地区，是中国雹灾的多发区。2条带指中国一级阶梯外缘雹灾多发带（特别是青藏高原以东地区）和二级阶梯东缘及以东地区雹灾多发带，是中国多雹灾带。7个中心指散布在两个多雹带中的若干雹灾多发中心：东北高值区、华北高值区、鄂豫高值区、南岭高值区、川东—鄂西—湘西高值区、甘—青东高值区、喀什—阿克苏高值区。

从我国降雹的区域分类看，降雹高值区呈现一区两带的特点：一区指青藏高原多雹区；两带指南方多雹带和北方多雹带，前者主要分布在海拔1000~2000m的云贵高原，向东延伸到湘西、川鄂边界，后者从青藏高原的北部出祁连山、六盘山经黄土高原和内蒙古高原连接。

（二）冰雹灾害预警

冰雹预警信号分二级，分别以橙色、红色表示。冰雹的预警信号及防御指南见表7-3。

表7-3　冰雹的预警信号及防御指南

预警信号	判断标准	防御指南
橙色预警	6小时内可能出现冰雹天气，并可能造成雹灾	1. 政府及相关部门按照职责做好防冰雹的应急工作 2. 气象部门做好人工防雹作业准备并择机进行作业 3. 户外行人立即到安全的地方暂避 4. 驱赶家禽、牲畜进入有顶蓬的场所，妥善保护易受冰雹袭击的汽车等室外物品或者设备 5. 注意防御冰雹天气伴随的雷电灾害
红色预警	2小时内出现冰雹可能性极大，并可能造成重雹灾	1. 政府及相关部门按照职责做好防冰雹的应急和抢险工作 2. 气象部门适时开展人工防雹作业 3. 户外行人立即到安全的地方暂避 4. 驱赶家禽、牲畜进入有顶蓬的场所，妥善保护易受冰雹袭击的汽车等室外物品或者设备 5. 注意防御冰雹天气伴随的雷电灾害

1. 重力波冰雹预警

重力波冰雹预警系统最大的特点在于可实时探测大气重力波谱的演变过程，经过波谱分析，可为识别冰雹天气、制作冰雹临近预报及指挥人工防雹作业提供新的信息。

重力波冰雹预警系统。在强对流爆发性增长前出现的大气重力波往往具有较长周期及100~102Pa振幅的特征。在灾害性冰雹过程的不同阶段，大气中出现的重力波也具有不尽相同的结构。该系统是集大气重力波采样、分析及实时显示为一体的高新技术应用系统。另外还可用于日常天气预报及多种天气的探测和理论研究，具有广泛的应用前景。系统经过采样和分析、计算，实时显示彩色（16色）分级的大气重力波周期—振幅谱线，每分钟一次，连续进行。该系统对强对流天气特别是灾害性冰雹过程的预警范围为 $50km^2$。

呼和浩特市白塔重力波测站 1994—1998 年的观测资料，从中挑选出 110 个重力波个例资料，其中 110 个个例中包含 63 个降雹个例。在 63 次降雹过程中，55 次有相应的重力波探测资料，其中重力波谱有比较明显变化的 50 次，基本无反应的 5 次。也就是说，在重力波系统预警范围内出现降雹时，该系统所探到的重力波谱 90% 以上会有比较明显的反应。对 55 次降雹过程的重力波中心振幅进行统计分析后振幅平均为 250Pa。在 55 次降雹过程中，重力波中心振幅大于或等于 80Pa 的共有 44 次，占 80%，振幅大于或等于 100Pa 的有 36 次，占 65.5%。在成灾降雹过程中，重力波中心振幅均大于或等于 80Pa，其中大于或等于 100Pa 的占 85.7%。在所有降雹过程中，重力波中心振幅的周期 80% 左右位于 10~90min 之间。

这种大气重力波的先兆反应预示着未来强对流天气的发展，对冰雹的临近预报、人工防雹作业指挥都具有十分重要的意义。在 1997 年 7 月 22 日凌晨呼和浩特市近郊的一次降雹过程中，大气重力波谱的反应比较明显。这次较强降雹过程共出现 3 次大的重力波谱振幅及周期变化，在降雹发生前 4h 就出现重力波先兆活动。这种重力波超前于雹云猛烈发展的现象说明，在雹云发展早期即有重力波活动。因此利用重力波的先兆活动特征可以进行冰雹（特别是成灾冰雹）的临近预报。

2. 雷达回波冰雹预测

雷达识别冰雹云的主要参量。按照一般冰雹云形成理论，形成冰雹所需的主要条件有：足够强大的上升气流，供冰雹长大的过冷水累积带，配置适宜的负温区。雷雨云和冰雹云主要的区别在于上升气流强弱的程度及上升气流、温度、湿度场配置上的不同。根据这些原理和观测站资料记录情况，选用以下参量进行统计：回波强度，最高回波顶高，云顶温度，冷云厚度，冷云厚度与暖云厚度比，除 0℃ 层高度外，上述参量的强度大多都有较明显的差异。

冰雹云的判别方法。由于冰雹云的生成和发展是多种因素所决定的，单个参数通常只能反映某个局部方面的条件。为了提高雹云判别的准确率，应采用多个因子联合进行判别的方法。

1995年6月8日,博兴县受冷涡影响,上午天气晴好,仅有少量淡积云,雷达观测无回波。12时在测站西北方发现少量对流石回波发展,12时40分发展成强度30dBZ,顶高近7000m的雷雨云。13时10分顶高超过10.50km,云顶温度-48℃,当日0℃层高度4.16km。从综合资料看已达到冰雹云的判据标准,地区指挥部向博兴下达了防雹作业命令,从13时50分起到15时50分博兴县七门高炮全部进行了作业,有效地扼制了冰雹云的危害。据博兴县政府统计,此次消雹减少损失7000万元以上。通过对雷达探测参量的综合判别,使冰雹云的判别方法从主观定性发展到客观定量,判断和预报的准确率80%以上,为防雹作业的指挥工作提供了可靠的依据。

(三)冰雹灾害的防御与应对

1. 冰雹灾害的防御

(1)民宿管理部门积极开展人工消雹工作,建立应对冰雹灾害的应急处置方案,并在冰雹高发季节培训学习。

(2)提高雹灾预测预报水平,加强冰雹预测预报信息的收集和传播工作,及时获取冰雹灾害预警信息,从思想上和行动上重视预防冰雹灾害工作。

(3)民宿设计和建设时避免容易形成极端灾害天气的地势,气象部门可加强高炮防雹,及时控制雹源的形成因素。

(4)加固民宿建筑及其附属物(如屋顶、招牌、路灯),提高应对冰雹灾害的能力。

2. 冰雹灾害中的自救

寻找遮挡物,突然遇到冰雹的袭击,一定要保持镇静,迅速寻找遮挡物,比如躲进室内、公交站牌下等。

不要进入孤立棚屋、岗亭等建筑物,或在高楼烟囱、电线杆或大树底下躲避冰雹,尽量找到一个坚固的地方躲避,尤其是在出现雷电时。

如果附近什么也没有,应该采取的外安全避险姿势为:半蹲在地,双手抱头,全力保护头部、胸与腹部不受到袭击。如果随身携带有包、文件夹,可以临时放在头顶,使危害减少到最低。

远离易碎品,远离窗户、天窗等玻璃制品,因为冰雹会以某种特定角度降落,因此可能会砸碎玻璃,从而造成身体损伤。

谨防触电,躲避时要远离照明线路、高压电线和变压器,以防发生触电的严重后果。

如果是在开车途中遭遇冰雹,不要着急,把车靠边停下。注意停靠车辆时,不要把车停在大树旁或是有大型物体可能掉落的区域,以防砸到。最好把车停放到车库里,以免冰雹把挡风玻璃砸坏。虽然下冰雹时车内声音会很大,但不要着急下车,以防被砸伤。

五、雷暴灾害

(一)雷电的形成与危害

雷电是空中带有电荷的云团放电所引起的自然现象。当地面含水空气受热上升时,因温度逐渐降低而形成水滴,这些水滴在地球静电场的作用下被极化,负电荷在上正电荷在下。它们在重力的作用下,下落的速度快于云粒子而与之碰撞,碰撞的结果是部分云粒子被水滴捕获,另一部分则被反弹回去。被反弹回去的云粒子则带走了水滴前段的部分正电荷,使水滴带负电荷。随着带正负电荷微粒的逐渐分离而最终形成带正电的云粒子在云的上部,而带负电的水滴在云的下部,这样,云和大地之间就形成一个强大的上正下负的空间电场。当电场强度达到一定程度时,开始引起空气中分子电离,并击穿空气的绝缘。云和大地的正负电荷发生放电而中和,引起空气爆炸和辐射强光,这就产生了雷电。

图7-9 雷暴闪电

典型的雷击持续时间大约几到几十微秒,一般雷电流大约几十千安(kA),个别能到几百千安。通常雷击有三种主要的表现形式:其一是带电的云层与云层之间或云层与大地上某点之间发生迅猛的放电现象称为直击雷;第二种是直击雷在放电过程中,在其周围的金属物或导体上因电磁感应所产生的变电压闪击现象,称感应雷;第三种是球形雷,又称球状雷或球形闪电,是一种橙色或红色的类似火焰的发光球体,偶尔也有黄色、蓝色或绿色的,其本质是空中带静电荷的气雾层运动相互作用放电电离的结果。

全世界每天平均有 3 万次雷电产生。不少地区雷害非常严重，因雷电导致建筑物、军事设施、电力、通信、卫星电视系统、计算机和其他设备损坏的恶性事故经常发生。雷电还可引起森林、易燃易爆物品、石油化工产品等火灾，给人民的生命和财产造成巨大损失。2001 年 3 月到 5 月，深圳机场航管站因雷击使导航设备多次损坏，对飞行导航造成影响。2007 年 5 月 23 日，重庆市开县一小学发生特大雷击事故，造成 7 人死亡，44 人受伤。

雷暴季节，当低层大气有充足水汽时，强对流就可能将地表的水汽输送到高空凝结形成积雨云，同时引起正负电荷的分离和积累。当电荷累积到某一临界值后，就可以产生火花放电，这时的积雨云就叫做雷暴云。空间电场达到一定限值时，会使空气击穿，由云层向地面放电。

直击雷电危害：雷电直接击落在建筑物或其他物体上，其高电压和大电流脉冲产生的电磁效应、热效应和机械效应造成的危害。直击雷的发生概率较小，但危害极大，如使建筑物倒塌，引发森林等火灾，导致油库、火药库爆炸，使电力、通信线路中断等。

雷电的静电感应危害：闪电时产生强大的脉冲电流，使云中的电荷与地面中和，引起静电场的强烈变化，导致附近导体上感应电荷发生相应的剧变。在雷暴云主放电时，先导通道中的电荷迅速被中和，如果导体上的感应电荷不能通过合适的通道及时释放，导体就会产生很高的静电位，造成火灾或设备损坏。

雷电的电磁感应危害：雷电电流在 50~100 微秒的时间内，从 0 变化到几十万安，再由几十万安变化到 0，在其周围空间产生瞬变的强电磁场。处于强电磁场空间中的物体，在其内部就会产生很高的感应电动势，从而造成极大的危害。闪电能辐射出的电磁波有很宽的频带，对通信设备产生严重的损害，轻则干扰通信信号，重则损坏仪器设备。在雷电危害中，当被保护物距离雷电较近时，以静电感应危害为主，当被保护物距离雷电较远时，以电磁辐射危害为主。

雷电波入侵危害：雷击发生时，在架空线路或空中金属管道上产生的冲击高电压，沿线路或管道传播，可损坏电气设备，击伤操作人员等。

（二）雷电的预警信号与防御要点

雷电预警信号分三级，分别以黄色、橙色、红色表示。雷电的预警信号及防御指南见表 7-4。

表 7-4 雷电的预警信号及防御指南

预警信号	判断标准	防御指南
黄色预警	6小时内可能发生雷电活动，可能会造成雷电灾害事故。	1. 政府及相关部门按照职责做好防雷工作 2. 密切关注天气，尽量避免户外活动
橙色预警	2小时内发生雷电活动的可能性很大，或者已经受雷电活动影响，且可能持续，出现雷电灾害事故的可能性比较大	1. 政府及相关部门按照职责落实防雷应急措施 2. 人员应当留在室内，并关好门窗 3. 户外人员应当躲入有防雷设施的建筑物或者汽车内 4. 切断危险电源，不要在树下、电杆下、塔吊下避雨 5. 在空旷场地不要打伞，不要把农具、羽毛球拍、高尔夫球杆等扛在肩上
红色预警	2小时内发生雷电活动的可能性非常大，或者已经有强烈的雷电活动发生，且可能持续，出现雷电灾害事故的可能性非常大	1. 政府及相关部门按照职责做好防雷应急抢险工作 2. 人员应当尽量躲入有防雷设施的建筑物或者汽车内，并关好门窗 3. 切勿接触天线、水管、铁丝网、金属门窗、建筑物外墙，远离电线等带电设备和其他类似金属装置 4. 尽量不要使用无防雷装置或者防雷装置不完备的电视、电话等电器 5. 密切注意雷电预警信息的发布

（三）雷电灾害防御

（1）避雷针防雷法。利用避雷针高出被保护物的高度使雷云下的电场发生畸变，从而将一定范围内的雷电流吸引到避雷针上，通过引下线和接地装置导入大地，使处于它下面一定范围内的被保护对象免遭雷电直击。避雷针实质上是引雷针，它使雷电触击其上，使建筑物得以保护。

图 7-10 布达拉宫具有防雷作用的金顶

（2）法拉第笼式防雷法。利用钢筋或铜带编织成的网，把建筑物包围起来，从而使网内的被保护物免受静电危害和雷击。法拉第笼只能屏蔽静电场，而对电流引起的空间变化的电磁场无法屏蔽,并且不能使建筑的拐角处避免雷击。

(3)滚球防雷保护法。假设一个半径为45m的球,滚越建筑物体,球体所能接触到建筑物的部分是能遭到雷击的地方,球体不能接触到的建筑物部分是受保护区,以此计算避雷针的保护范围。

(4)E.F.避雷保护系统。该防雷装置是由E.F.Australasia公司创造的,由一个发射离子的电极和以高压同轴屏蔽的特殊电缆做的引下线及普通的接地装置组成。在中心电极四周,排列着4~12个同位素支架,里面放置同位素锔241(半衰期450年)。电极装置在空间电场的作用下能向空间发射电荷,吸引雷云向电极放电或中和石下部电荷,从而使建筑物免遭雷击。

(5)避雷器防雷法。在正常工作电压下,避雷器间隙不会被击穿,当雷电波沿导线传过来,出现危及被保护设备的过电压时,避雷器间隙很快被击穿,对地放电,使大量的电荷都泄入到大地,从而限制了被保护设备过电压,起到保护设备的作用。过电压过去以后,间隙能迅速恢复灭弧,使被保护设备正常工作。

(6)消雷器防雷法。当雷云移动到消雷器上方时,消雷器在雷云电场的启动下,产生电晕电流。电晕电流一方面在消雷器上空形成V形空间电荷屏层,另一方面与雷云电荷中和,从而削弱雷云电场,使雷电不能击穿空气放电,起到消雷作用。

(7)人工影响雷电法。人们进行空间救援、爆炸物的搬运和核装置的安装时,都需要对雷电进行短暂保护,而常规的防雷装置已不适用,要用人工影响雷电方法。对云播撒冻结核,改变云体动力和微物理过程,以影响雷电放电。播撒金属箔以增加云中电导率,使云中电场维持在产生雷电值以下,从而抑制雷电产生。用激光、火箭拖动导线丝等人为方法触发雷电放电,使云体小部分区域在限定的时间和地点放电。

(四)雷电灾害应对

(1)发生雷电天气时,如果在室外,应立即寻找"庇护所",如装有避雷针的、钢架的或钢筋混凝土建筑物。如无处躲避时,应蹲下,尽量降低身体的高度。

(2)如果在野外,要尽快远离空旷地带或山顶。不要待在开阔的水域或小船上;也不要停留在电线、旗杆、铁轨、铁栅样和金属晒衣绳等处及被雷击后易起火的干草(柴)堆附近。

(3)必须关闭手机,因为手机所发射的电磁波极易引来感应雷,把手机变成避雷针。如果手中有导电的物体(如铁锹、金属杆雨伞),要迅速抛到远处。另外正在野外的人们,无论运动的,还是静止的,不要拥挤在一起,应保持几米的距离。

（4）雷雨天时，如果正在家中，不要冒险外出，要将门窗关闭。尽量不要使用设有外接天线的收音机和电视机，也不要接打手机、固定电话。若外出，最好不要骑马、骑自行车和摩托车，不要靠近避雷设备。

（5）对被雷电击中的人，需马上检查其头部、胸部有无灼伤等，并立即送医院抢救。

六、高温灾害

城市高温是指城市日气温指数保持在35℃以上，持续时间超过3天的炎热天气。高温天气是一种恶劣的气候灾害，是一种看不见的杀手，会造成大范围的灾害，是所有自然灾害中致死人数最多的灾难之一。人体的正常温度为37℃，身体暴露在高温中时，人体的温度控制系统会受到影响，进而导致体温升高。当体温超过40℃时，便会有生命危险。人体通过出汗来调节温度，湿度较低时，汗液很容易蒸发，并带走人体的热量。湿度较高时，蒸发缓慢削弱了降温作用，导致人体仅靠汗液蒸发来降温并不够。热浪期间，长期处于过热或过湿的环境下，会导致中暑。疑似中暑的症状如下：体温过高，大脑迟钝，行为奇怪，晕倒，脉搏迟缓或加速，皮肤干燥。

（一）高温的危害

据实验，当气温高于28℃，绝对湿度（以水汽压表示）大于30hPa时，人就会感到闷热，如果在45℃的湿空气中停留1小时，就会发生中暑昏迷。气象部门规定，我国高温灾害性天气的标准：长城以南地区：最高气温大于或等于38℃，或最高气温达35℃，同时绝对湿度大于或等于34hPa。对于长城以北地区：最高气温大于或等于36℃，或最高气温达33℃，同时绝对湿度大于或等于32hPa。

（1）高温危害人体健康，影响正常生活。为了保持体温的稳定，人体通过传导、辐射、对流、蒸发等过程与周围环境不断地进行热量交换。在高温环境中（大于或等于35℃），机体散热困难，无法通过散热维持热平衡，体内会蓄积余热。当余热蓄积到一定程度时，体温逐渐升高，出现呼吸与脉搏加快、头昏眼花、恶心耳鸣等症状，重者发生昏倒甚至死亡。广州夏季气温不超过34℃时，日平均死亡37人，超过34℃时，日平均死亡41人。高温天气尤其是超过或达到34℃时，是造成夏季死亡人数增加的原因之一。

（2）高温造成城市用水、用电紧张。人们为了避免中暑，使用空调、加湿器、电风扇等电器降温。引起高温季节耗电量剧增。夏季人们在生活方面用水量大增。2003年7月29日至30日,南京市酷暑持续近28小时,特大停水事故致使半个南京城的高层住户停水,波及数百万居民。

（3）高温天气加剧光化学污染。光化学烟雾主要是由汽车和工厂烟囱排出的一氧化碳和氮氧化物等一次污染物在强烈阳光照射下,经光化学反应形成的一种浅蓝色烟雾,其主要成分为臭氧、醛、酮、过氧乙酰硝酸酯（PAN）等二次污染物。人体长期吸入可使肺机能减退、支气管发炎,甚至发展成癌症。严重时可使人头晕胸痛,恶心呕吐,手足抽搐,血压下降,昏迷致死。

（4）高温会降低工作效率,并导致交通事故及火灾等上升。在温度高、气压低的湿热天气里,人的情绪会有强烈波动,导致出汗、心跳加快等,劳动效率降低。当气温在20℃时劳动效率最高,当气温升至35℃时劳动效率只有最高效率的75%。高温使人心烦意乱加剧,注意力不集中,导致交通事故发生。另外,城市高温很容易诱发火灾事故。1988年7月1日至15日,上海持续高温,共发生24起火灾。

（二）高温天气预警与应对措施

高温预警信号分三级,分别以黄色、橙色、红色表示。高温天气的预警信号及防御指南见表7-5。

表7-5　高温天气的预警信号及防御指南

预警信号	判断标准	防御指南
黄色预警	连续三天日最高气温将在35℃以上	1. 有关部门和单位按照职责做好防暑降温准备工作 2. 午后尽量减少户外活动 3. 对老、弱、病、幼人群提供防暑降温指导 4. 高温条件下作业和白天需要长时间进行户外露天作业的人员应当采取必要的防护措施
橙色预警	24小时内最高气温将升至37℃以上	1. 有关部门和单位按照职责落实防暑降温保障措施 2. 尽量避免在高温时段进行户外活动,高温条件下作业的人员应当缩短连续工作时间 3. 对老、弱、病、幼人群提供防暑降温指导,并采取必要的防护措施 4. 有关部门和单位应当注意防范因用电量过高,以及电线、变压器等电力负载过大而引发的火灾
红色预警	24小时内最高气温将升至40℃以上	1. 有关部门和单位按照职责采取防暑降温应急措施 2. 停止户外露天作业（除特殊行业外） 3. 对老、弱、病、幼人群采取保护措施 4. 有关部门和单位要特别注意防火

（1）民宿内安装降温设备,如电扇、空调等,但不要长时间停留在空调房内,也不能长时间直接对着头或身体某一部位吹电扇。

（2）民宿内需要保障电力和水源的供应，防止高温天气时停电、停水造成灾害发生。

（3）民宿做好遮光工作。窗和窗帘之间安装临时反热窗，如铝箔表面的硬纸板。早晨或下午能进太阳光的窗户用窗帘遮蔽。

（4）上午十点至下午四点不要在烈日下运动，避免高温天气的室外活动。

（5）浑身大汗时不宜立即用冷水洗澡。应先擦干汗水，稍事休息再用温水洗澡。

（6）注意作息时间，保证睡眠。暂停大量消耗体力的工作。

（7）宜吃咸食，多饮凉白开水、冷盐水、白菊花水、绿豆汤等。不要过度饮用冷饮或含酒精饮料。

（8）准备防暑降温的饮料和常用药品（如清凉油、藿香正气水等）。

（9）注意高温天气的防火工作。

第二节　常见地质灾害防治

一、地震

（一）地震灾害

地震是由地球内部的变动引起的地壳的急剧变化和地面的震动，同时产生地震波。目前，世界地震学界最主流的学术观点是地震无法准确预测。

视频7-1：面对地质灾害应如何避险

图7-11　汶川地震后白鹿中学教学楼前空地

1. 震级

表示地震大小的量度是震级，通常用字母 M 表示。震级与其释放出的能

量多少有关，根据地震仪器的记录推算得出。

2. 震级划分

目前用里克特方法测算的已知的最大震级为8.9级。根据地震破坏能力的大小可以划分为5个级别：超微震，震级小于1的地震。该级别地震人们不能感觉，只有用仪器才能测出。微震，震级大于1、小于3的地震。该级别地震人们也不能感觉，也只有用仪器才能测出。小震，又称弱震，震级大于3、小于5的地震。该级别地震人们可以感觉，故也称有感地震，但一般不会造成大的破坏。中震，也称强震，震级大于5、小于7的地震。该级别地震可造成不同程度的破坏。大地震，震级7级及以上的地震。该级别地震可造成十分严重的破坏。

3. 烈度

烈度是指地震在地面造成的实际影响，表示地面运动的强度——破坏程度。影响烈度的因素有震级、距震源的远近、地面状况和地层构造等。一次地震只有一个震级，而在不同的地方会表现出不同的烈度。烈度一般分为12度，它是根据人们的感觉和地震时地表产生的变动以及对建筑物的影响来确定的。一般情况下仅就烈度和震源、震级间的关系来说，震级越大震源越浅，烈度也越大。

我国把烈度划分为12度，不同烈度的地震，其影响和破坏程度不同。小于3度人无感觉，只有仪器才能记录到；3度在夜深人静时人有感觉；4~5度睡觉的人会惊醒，吊灯摇晃；6度器皿倾倒，房屋轻微损坏；7~8度房屋受到破坏，地面出现裂缝；9~10度房屋倒塌，地面破坏严重；11~12度毁灭性的破坏。通常一次地震发生后，震中区的破坏最重，烈度最高；这个烈度称为震中烈度。从震中向四周扩展，地震烈度逐渐减小。

（二）地震预报

地震预报的目的在于避免或减轻地震灾害。为此，它应当具有高度的可靠性，预报不准会引起居民不必要的恐慌，给社会、经济带来损失。但可靠的预测是非常困难的，因为人类至今对地震的成因和规律还认识得很不够。地震学家不能直接观测地球内部，以致对地震的孕育过程和影响这一过程的种种因素缺乏观测数据。因此，尽管地震预测问题提出很久，但进展缓慢。各国科学家为此做了很大努力，但至今仍不能准确预测地震，在最好的情况下也只能是粗略的估计。

预测地震有时就归结为估计地震发生的概率问题。地震预测方法大致可以分为以下3类：

（1）地震地质方法。它是以地震发生的地质构造条件为基础，宏观地估计地点和强度的一个途径。这种方法可在大面积上划分未来地震的危险地带，确定不同强度的危险地区，即地震区域划分。但地震的时间预测不能依靠这一方法。

（2）地震统计方法。它是从地震发生的记录中去探索可能存在的统计规律，估计地震的危险性，求出发生某种强度的地震的概率。其可靠程度决定于资料的多少。中国历史悠久，在有些地区，地震资料丰富，运用该方法可以提供有意义的结果。

（3）地震前兆方法。它是根据前兆现象预测未来地震的时间、地点与强度的方法。地质方法的着眼点是地震发生的地质条件和在比较大的空间、时间尺度内地震活动的变化。统计方法所指出的只是地震发生的概率和地震活动的某种平均状态。若要明确地预测地震的发生地点、强度和时间，要靠地震的前兆。寻找地震前兆是地震预测的核心问题。为取得可靠的地震前兆，必须开展长期、广泛的观测和研究。

（三）地震对房屋的破坏

房屋震害指数是衡量房屋震害程度的指标，数值越大，表示其震害程度越严重，如表7-6所示。震害等级与震害指数关系的定义，以及每类房屋的平均震害指数是各档震害指数的加权平均值，它位于某类房屋震害分布的重心位置。

表7-6 房屋震害程度的指标

震害等级	基本完好	轻微破坏	中等破坏	严重破坏	倒塌（局部倒塌）
定义的震害指数	0.0	0.3	0.5	0.7	0.9
震害指数的上下限	0~0.2	0.2~0.4	0.4~06	0.6~0.8	0.8~1.0

（1）地基基础影响的破坏。房屋建筑物所在的地基土质、下卧岩层的结构与深度、基础的类型和深度以及地表地形特征，都对房屋建筑物的地震破坏有影响。当加速度较小或地质坚实时，地表层或下垫层可能会先达到屈服点，岩石、土层将产生塑性变形，导致地基承载力下降甚至地基失效造成的破坏和强烈地震引起的振动导致基底土质液化引起房屋建筑物的下沉、倾斜和滑坡造成的破坏。

（2）纵波导致的破坏。纵波使房屋建筑物上下颠簸，若房屋建筑物的竖向稳定性不是太好，而地震力较大时，会使底层柱子和墙体瞬间增加很大的动荷载，叠加上部的自重，当超出底层柱子和墙体的承载能力，底层墙柱会垮掉从而导致破坏。

（3）横波导致的破坏。横波是房屋建筑物损坏水平摇摆，破坏力很大。它相当于给房屋建筑物施加水平方向来回反复的作用力，大小和引起的变形超出底部墙体和柱子的极限时，就会使整幢房屋建筑物倾斜或倾倒从而导致破坏。

（4）旋转地震力导致的破坏。各种原因引起的旋转地震力，导致房屋建筑物围绕水平轴或竖向轴扭转，这种扭转力对房屋建筑物的影响很大，因为房屋建筑物一般抗扭能力较差，很容易扭坏。竖向地震力、横向地震力和旋转地震力在离震中较近的范围内，往往会交织作用，给房屋建筑物以毁灭性的破坏。

（四）地震自救与互救

1. 楼房的避震措施

应牢记6个字：判断，躲避，疏散。

判断：判断是近震还是远震。如果是远震，看着晃动几秒钟，再去打听这次地震发生在哪里、有多大。如果是近震，首先感到上下剧烈颠动，就要立刻采取行动，绝对不能迟疑。

躲避：迅速躲在坚固的床沿旁边，或卫生间、小厨房、小储藏间、内承重墙的墙角、墙根、已经固定好的大衣柜的旁边等。躲避时，要用随手物件保护头部、捂住口鼻，以免砸伤大脑或被泥沙烟尘呛住。身体尽量蜷缩、卧倒或蹲下，随手用物件护住头部、捂住口鼻，另一手抓住一个固定物（墙角或桌角）。如果没有任何可抓的固定物和保护头部的物件，则应该采取自我保护的姿势，头尽量向胸部靠拢，闭口，双手交叉放在脖后，保护头部或颈部。

疏散：摇晃一旦停止，要立刻离开住所，疏散到空旷安全地带。

2. 平房避震措施

能逃先逃：如果你的位置距离房门较近，并且通道畅通，应该立即逃至房外。外逃时，最好头顶被、枕头、安全帽。

难逃则躲：如果你的位置距离房门较远，或者室内房间布局复杂，通道狭窄曲折，外逃困难时，应立即在室内避震，要迅速躲在桌子旁边、床旁边、炕沿下或其他理想的地方。在室内避震时，要远离窗户和房顶大梁，不要靠近碎砖墙体。

3. 室外避震措施

（1）在室外活动的人群，应快速转移到安全地带，要远离建筑物，特别不要进入建筑内取物或救人。

（2）在街道上的行人，要迅速离开电线杆、路灯、变压器、烟囱、高大建筑物等危险设施、设备和围墙、狭窄通道等。

（3）在过街桥或立交桥下的行人，要迅速远离桥下，跑到开阔的地方，或根据实际情况,选择近处有利地点躲避。

(4)行驶中的司机,要采取紧急制动措施,缓慢地逐渐刹车,停靠在路边或宽阔地,车上的乘客要抓住车中的座椅,或就地蹲下,抓住其他牢固的物件。

(5)江河面上的船只,要立即停止航行,或者马上就近靠岸。

(6)在山区的人,要远离陡崖,密切注意山崩、滑坡、泥石流。当出现这些迹象时,千万不能在其前面往山下跑,应立即横向撤离。

(7)处在石化、煤化、天然气等易爆、有毒的设施附近的人们,要迅速离开;当遇到毒气泄漏,要用湿毛巾捂住口鼻,向逆风方向奔跑;当遇到易燃气体泄漏,要用湿毛巾捂住口鼻,地震停止后,要迅速离开,同时切忌使用明火,以防爆炸燃烧。

二、泥石流

泥石流是山区特有的一种自然地质现象。它是由于降水(暴雨、融雪、冰川)而形成的一种夹带大量泥沙、石块等固体物质的特殊洪流。它爆发突然、历时短暂、来势凶猛,具有强大的破坏力。泥石流给人类带来的危害是巨大的。2006年2月17日上午菲律宾在部莱特岛南部山区因暴雨成灾发生了特大泥石流,500余间房屋和一所正在上课的小学在瞬间被吞没。2008年11月4日我国云南发生大区域的泥石流,导致35人死亡,107万多人受灾。

图 7-12　泥石流灾害(四川省应急管理厅)

(一)泥石流的形成条件

(1)地形条件:山高沟深,地势陡,沟谷中具有陡峻的谷坡地形和较大的纵坡,流域的形状便于水流的汇集。

(2)地质条件构造:地质构造复杂,断层皱褶发育,新构造活动强烈,地震烈度较高的地区，一般对泥石流的形成有利。岩性结构疏松软弱、易于风化、节理发育的岩层，或软硬相间成层的岩层易遭受破坏，碎屑物质来源丰富。

（3）水文气象条件：水是泥石流的组成部分，又是搬运介质的基本动力。泥石流的形成与短时间内突然的大量流水密切相关。

（4）其他条件：如人为滥伐山林，造成山坡水土流失，开山采矿、采石弃渣堆积等，往往提供大量物质来源。

（二）泥石流的识别方法

（1）根据泥、石识别泥石流的形成，必须有一定量的松散土、石参与。

（2）根据地形地貌识别。只有能够汇集较大水量、保持较高水流速度的沟谷，才能容纳、搬运大量的土、石。

（3）根据水量依据识别。水为泥石流的形成提供了动力条件。局地性暴雨多发区，泥石流发生频率高。如果一条沟在泥、石，地形地貌，水量三个方面都有利于泥石流的形成，就基本可以判断这条沟是泥石流沟。但泥石流发生频率、规模大小、黏稠程度会随着上述因素的变化而有所变化。可以这样说，发生过泥石流的沟，以后仍将存在再度发生泥石流的危险。

（三）泥石流的预警与防范

1. 泥石流观测预警

（1）在典型的泥石流沟进行定点观测研究，力求解决泥石流的形成与运动参数问题。

（2）调查潜在泥石流沟的有关参数和特征。

（3）加强水文、气象的预报工作，特别是对小范围的局部暴雨的预报。暴雨是形成泥石流的激发因素。如日降雨量超过150mm时，就应发出泥石流警报

（4）建立泥石流技术档案，特别是大型泥石流沟的流域要素、形成条件、灾害情况及整治措施等资料。应逐个详细记录，并解决信息接收和传递等问题。

（5）划分泥石流的危险区、潜在危险区或进行泥石流灾害敏感度分区。

（6）开展泥石流防灾警报器的研究及室内泥石流模型试验研究。

2. 泥石流预防措施

（1）沿山谷徒步时，一旦遭遇大雨，要迅速转移到附近安全的高地。离山谷越远越好，不要在谷底过多停留。长时间降雨或暴雨渐小之后或雨刚停不能马上返回危险区，泥石流常滞后于降雨暴发。

（2）注意观察周围环境，特别留意是否听到远处山谷传来打雷般声响，

如听到要高度警惕，这很可能是泥石流将至的征兆。

（3）要选择平整的高地作为营地，尽可能避开有滚石和大量堆积物的山坡下面，不要在山谷和河沟底部扎营。

（4）发现泥石流后，选择最短最安全的路径向沟谷两侧山坡或高地跑，切忌顺着泥石流前进方向奔跑；不要停留在坡度大、土层厚的凹处；不要上树躲避，因泥石流可扫除沿途一切障碍；避开河（沟）道弯曲的凹岸或地方狭小高度又低的凸岸；不要躲在陡峻山体下，防止坡面泥石流或崩塌的发生。

3. 遭遇泥石流自救或互救

（1）不要慌张，尽可能将灾害发生的详细情况迅速报告相关政府部门和单位。

（2）做好自身的安全防护工作。

（3）应在滑坡隐患区附近提前选择几处安全的避难场地。

（4）避灾场地应选择在易滑坡两侧边界外围。在确保安全的情况下，离原居住处越近越好，交通、水、电越方便越好。

（5）不要将避灾场地选择在滑坡的上坡或下坡。

（6）不要不经全面考察，从一个危险区搬迁到另一个危险区。

（7）在重新入住之前，应注意检查屋内水、电、煤气等设施是否损坏，管道、电线等是否发生破裂和折断，如发现故障，应立刻修理。

（8）必须经过实地勘察，确定正确的撤离路线。

三、山体滑坡

山体滑坡（landslides）是指山体斜坡上某一部分岩土在重力（包括岩土本身重力及地下水的动静压力）作用下，沿着一定的软弱结构面（带）产生剪切位移而整体地向斜坡下方移动的作用和现象，俗称"走山""垮山""地滑""土溜"等，是常见地质灾害之一。

（一）山体滑坡征兆

山坡附近建设的房屋，应关注山坡变化，及时发现滑坡前的征兆，通常有以下现象。

（1）大滑动之前。在滑坡前缘坡脚处，有堵塞多年的泉水复活现象，或者出现泉水突然干枯、井水位突变等类似的异常现象。

图7-13 贵州省铜仁市石板村遭受大面积山体滑坡（贵州省消防救援总队）

（2）在滑坡体中。前部出现横向及纵向放射状裂缝，它反映了滑坡体向前推挤并受到阻碍，已进入临滑状态。

（3）大滑动之前。滑坡体前缘坡脚处，土体出现上隆现象，这是滑坡明显的向前推挤现象。有岩石开裂或被剪切挤压的音响。这种现象反映了深部变形与破裂。动物对此十分敏感，有异常反应。

（4）临滑之前。滑坡体四周岩体会出现小型崩塌和松弛现象。如果在滑坡体有长期位移观测资料，那么大滑动之前，无论是水平位移量或垂直位移量，均会出现加速变化的趋势。这是临滑的明显迹象。滑坡后缘的裂缝急剧扩展，并从裂缝中冒出热气或冷风。

（5）临滑之前，在滑坡体范围内的动物惊恐异常，植物变态，如猪、狗、牛惊恐不宁，不入睡，老鼠乱窜不进洞，树木枯萎或歪斜等。

（二）山体滑坡的防范措施

（1）保持安全距离。房屋后墙与开挖的人工边坡应留出安全距离以缓冲滑塌的岩土体，一般安全距离应大于边坡高度的四分之三。

（2）加强边坡支护。对边坡进行工程支护。当受场地条件限制，切坡坡度和高度过大或者无法保正足够的缓冲区，则考虑对边坡进行工程支护，如修建挡土墙等。开挖的废弃土石方不要随意顺坡堆放；填土地基土层较厚且有填土坡时，最好在坡脚砌筑重力式挡土墙。

（3）做好边坡排水。做好房前屋后、上下边坡坡面的截水排水工程。在开挖边坡的外围修建环形排水沟减轻雨水、生活污废水对山坡的冲刷和渗入，排水沟宜用石砌或砖砌，禁止使用土沟。管理好山坡上的引水供水管网。在房屋所处斜坡上部，尽量不布置引水渠、引水管、塘坝、蓄水池等供水系统，如果不能避免，则应加强检查维护，做好防渗漏措施。

（4）排除滑坡隐患。砍除切坡开口线上方5~10m范围的高大树木。植被一般有利于稳定边坡，但是切坡上的高大树木可能会因为树大招风、头重脚轻、短时间滞留大量降水等因素增加滑坡危险。

（5）优化建筑设计。房屋功能布局上，临近坡面的区域尽量设置为卫生间、储藏室等辅助空间，不要作为客房。加固房屋重点部位，调整房屋使用功能。提倡房屋规范设置圈梁，采用现浇楼板，增加房屋整体刚度。靠近高陡切坡面的一楼后墙，可考虑增加墙体厚度、缩小窗洞尺寸、增加钢筋混凝土柱、采用现浇混凝土墙等方式增强抗冲击挤压能力。

（三）遭遇滑坡时如何自救

（1）当你不幸遭遇山体滑坡时，首先要沉着冷静，不要慌乱。慌乱不仅浪费时间，而且极可能导致做出错误的决定。

（2）要迅速环顾四周，向较为安全的地段撤离。一般除高速滑坡外，只要行动迅速，都有可能逃离危险区域。跑离时，以向两侧跑为最佳方向，不能沿着滑坡上下的方向跑。

（3）千万不要将避灾场地选择在滑坡的周围。要认真观察，不要从一个危险区跑到另一个危险区。同时要听从统一安排，不要自择路线。

（4）当遇到无法跑离的高速滑坡时，不能慌乱，在一定条件下，如滑坡呈整体滑动时，原地不动或迅速抱住身边的树木等固定物体。

（5）对于尚未滑动的滑坡危险区，一旦发现可疑的滑坡活动时，应立即报告邻近的村、乡、县等有关政府或单位。

（6）滑坡时，极易造成人员受伤，如果有人员伤亡或被掩埋，还应及时通知专业救援队伍开展抢险救援工作。

（7）滑坡发生后，已经撤离滑坡区的人员，在滑坡警报还未完全解除前，不要返回滑坡区域。

四、地面沉降

地面沉降又称为下沉或地陷，是一种普遍而又日趋严重的地质现象。从广义上讲，它是区域性地面高程下降的一种环境地质变化，也是永久性、不可补偿的环境和资源损失。目前，世界上发生地面沉降比较严重的国家主要有美国、日本、墨西哥、意大利和中国等。

图 7-14　玉树地震地表位移（张永双摄）

（一）地面沉降的成因

地面沉降是有渐进性和累积性的，属于地质环境恶化型地质灾害，往往有一个量变的累计过程，环境恶化到一定程度而形成灾害。

在孔隙承压含水层中，抽取地下水引起承压水位降低，必然要使含水层本身及其上、下相对隔水层中的孔隙水压力随之减小。由于透水性能的显著差异，孔隙水压力减小、有效应力增大的过程在砂层和黏土层中是截然不同的。在砂层中，随着承压水头降低和多余水分的排出，有效应力迅速增至与承压水位降低后的水压相平衡的程度，所以砂层压密是瞬间完成的，在黏性土层中，压密过程进行得十分缓慢，往往需要几个月、几年甚至几十年的时间。

1. 产生地面沉降的物质基础

地面沉降形成的主要原因是抽取地下流体引起土层压缩，厚层松散细粒土层的存在构成了地面沉降的物质基础。易于发生地面沉降的地质结构为砂层、黏土层的松散土层结构。随着抽取地下水，承压水位降低，含水层本身及其上、下相对隔水层中孔隙水压力减小，地层压缩导致地面发生沉降。

2. 全球海平面上升

气候变暖导致中国沿海城市地区大都面临着海平面上升问题。根据《2003 年中国海平面公报》提供的数据，2003 年，中国沿海平均海平面比常年平均海平面高 60mm，其中渤海海平面比常年平均海平面高 27mm。到 2003 年，中国沿海海平面平均上升速率为 2.5mm/a，略高于全球海平面上升速率。在未来 3~10 年内，全球海平面还将持续上升。海平面上升和地面沉降是相辅相成的，超量开采地下水引发地面沉降，在区域上增加了相对海平面上升的幅度，同时又使沿海地区的生存环境受到威胁。

3. 过量抽取地下流体

根据相关资料，国内外城市出现地面沉降，其首位的原因就是长期过量抽取地下流体，如地下淡水、石油、天然气等。我国存在地面沉降突出问题的城市主要是北京、上海和天津等。它们是我国经济建设的前沿阵地，拥有众多大型工业企业，人口众多，对地下水的需求很大。

4. 建筑施工造成的局部沉降

相对于抽取地下流体引起的地面下沉而言，城市建设造成的地面沉降是局部的，有时是不可逆转的。城市建设施工造成局部地面沉降主要是以高层建筑基础工程为代表，如基坑开挖、降排水、沉桩等。造成沉降明显的工程有开挖、降排水、盾构掘进、沉桩等。众多高层建筑的重量施加到底层上势必引发地面沉降。这个现象已在上海得到证实，目前上海市地面沉降量的30%来自众多高层建筑的重压，浦东陆家嘴金融区高楼林立，正是上海地面沉降最严重的地区，2003年平均下沉3mm。

（二）地面沉降的危害

地面沉降是大多数平原城市已经面临和具有潜在隐患威胁的一种城市地质灾害，被认为是"一种沉默的土地危机"。地面沉降已影响到城市建设的布局与规划，对城市建设和基础设施已造成一定程度的危害，工厂、居民区楼房墙壁开裂、地基下沉、地下管道工程遭到损坏，同时导致一些建筑物的抗震能力降低和大量测量水准点失准，对城市经济和社会的发展、人民财产安全产生较大影响。其引起的灾害主要有：

1. 对市政管线、建筑物造成破坏和影响

（1）地面沉降引起自来水管线和燃气管线破损。

（2）地面沉降对CBD地区建设安全存在潜在危害。

（3）对轨道工程安全构成潜在威胁。

（4）对部分规划新区建设存在安全隐患。

2. 形成地裂缝

地裂缝是地面沉降的灾变。它可以直接或间接地恶化环境，造成建筑物破坏。西安现有13条较大的地裂缝，总长72km；太原有10条较大的地裂缝，总长34.5km；大同有6条较大的地裂缝，总长15.5km。抽水引起地面沉降，地面沉降又和地裂缝相互影响。抽水诱发西安市地面沉降和地裂缝活动，目前已基本成为共识。

3. 对地下水井设施带来不良影响

许多机井因地面沉降，井管较地面相对上升，泵房地面及墙体开裂，造

成泵房破坏，严重地影响抽水。在北京东郊地面沉降中心和通州卫星城地面沉降中心，机井井壁较地面相对上升最大幅度甚至超过 300mm，许多单位只得翻修或重建泵房，遭受了很大的经济损失。

4. 造成地面水准点、地面标高失准

地面水准点和标高是城市测绘、城市规划建设等的重要基准和依据。由于地面沉降使地面水准点失效，地面高程资料失真，容易使城市规划建设、城市土地利用混乱。有时还会影响其他领域的工作，如中国地震局阜阳环二等水准测量统一线路就受到了地面沉降的干扰。

5. 影响建筑物抗震能力

由于地面不均匀沉降，造成建筑物地基下沉，导致建筑物开裂、漏雨、倾斜，甚至倒塌，建筑物的稳固性、整体性受损，若遇地震会加重其危害程度。如 1976 年唐山大地震波及北京，地面沉降较大的北京合成纤维厂礼堂、前通县造纸七厂、中科院印刷厂等建筑物就受到了比其他地区建筑更严重的破坏。

6. 加剧洪涝灾害

地面沉降导致地面高程损失，影响上海城市防汛安全。上海 1921—2006 年地面沉降量达 1.966m，目前中心城区地面高程在 3.5m 左右，普遍低于黄浦江高潮位，城市面临长期的防汛压力。在水利工程方面，天津市最突出的问题就是河道堤防（包括防潮堤）标高的降低。海河干流贯穿天津市区及滨海新区。海河堤防沉降趋势与地面沉降趋势相似，其左、右岸堤防 1980—1986 年最大累计沉降量分别为 2.2m 和 2.4m，平均年沉降量达 96.4mm 和 151mm，严重影响防汛工作。天津地面沉降导致城市排水系统每年损失 206 万元，由于雨后积水造成的损失每年达 2032 万元。

7. 造成海潮泛滥及海水入侵地下水

地面沉降导致海堤的沉降，使海堤失去其应有的作用，造成海水泛滥，从而入侵地下水体，使地下水含盐量增大。

第三节　海洋灾害防治

海洋灾害是指海洋自然环境发生异常或激烈变化，导致在海上或海岸发生的灾害。海洋灾害主要有风暴潮、灾害性海浪、海冰、海啸、赤潮和绿潮等，以及由于意外和不确定事故造成的海上溢油或者有毒有害污染物泄漏而引起海洋环境变化的海洋次生灾害。海洋灾害种类差别较大，针对民宿的海

洋灾害主要有风暴潮、海啸和灾害性海浪。本节将主要根据民宿的特点阐述风暴潮、海啸和海浪等灾害防治。

一、风暴潮

风暴潮是热带气旋、温带气旋、冷锋或气压巨变等强烈天气事件导致的海面异常升降而对海岸地区产生的灾害。风暴潮袭来时，受影响海域的潮位明显高于正常潮位，如果再与天文潮位重叠，则会使海水暴涨，产生严重灾害。

图 7-15　风暴潮

（一）热带气旋（包括台风）和温带气旋风暴潮

在中国，热带气旋（包括台风）所引起的风暴潮多发时间与台风季节（尤其是 7 月、8 月、9 月）相一致；发生地区则是沿海区域，尤其是东南部大河和大江的入海口附近。温带的风暴潮多发生在春、秋两季，成灾的区域主要在黄海和渤海，其南界是长江口。渤海的莱州湾是温带气旋所引发的风暴潮集中的地区。

风暴潮主要由气象因素引起，除了会危及沿岸居民的生命财产安全，并可能造成严重的经济损失，还会对沿海的水产养殖、滩涂开发形成灾害并可能导致沿岸区域生态环境的恶化（土壤盐渍化、地下水盐碱化等）。

（二）潮汐灾害

潮汐是海水在月球和太阳引力作用下的周期性运动，包括海平面垂直升降（潮汐）和水平流动（潮流）。潮汐和潮流对人类活动的影响明显，船舶航行、港口建设、水产养殖、滩涂开发都要考虑潮汐和潮流。受潮汐影响，海水周期性的升降称为潮位。潮汐的变化有日变化（受太阳引力的影响）、月变化（受月球引力的影响）和年变化（受天气和气候变化的影响），还受天文要素变化周期［指在以地球为圆心的半径为无限的天球上，太阳视运动的轨迹（黄道）与月球视运动的轨迹（白道）交点运动一周的时间——18.61年的影响。

潮灾是指由于天气和气候的原因或地震海啸的影响使海水水位超过正常潮位，涌上陆地所造成的灾害。其中，热带气旋和温带气旋所产生的风暴潮如果和天文潮重叠，使得海水暴涨，就会导致潮灾。潮灾的时间可持续 1~100h，空间上则可侵入内地几十至几百千米。有研究认为，可以按海水水位超过警戒水位的高度和所造成损失的规模，将潮灾分为四级：

一级（特大风暴潮灾）：水位超过警戒水位2m，死亡千人以上，直接经济损失超过20亿。

二级（严重风暴潮灾）：水位超过警戒水位1m，死亡数百人，直接经济损失超过5亿元。

三级（较大风暴潮灾）：水位超过警戒水位0.50m，死亡数十人，直接经济损失超过2亿元。

四级（轻度风暴潮灾）：水位超过或接近警戒水位0.20m，无人死亡或死亡少量，经济损失不超过1亿元。

（三）风暴潮的监测和预报

根据验潮站监测到的潮位变化，由国家海洋局发布风暴潮预报，共分为三级。风暴潮消息：在沿岸可能受灾害影响最严重时刻前24~36h发布，公布可能影响的区域和海水潮位。风暴潮预报：在风暴潮到达前12~24h发布，修正消息的预报内容，给出更精确的风暴潮信息。风暴潮警报：在风暴潮所引起的潮位超过或接近当地警戒水位、可能引起灾害前6~12h发布。

二、海啸

海啸是一种灾难性的海浪。由于海底地震、海底火山爆发、海底滑坡、海底坍塌产生的海底起伏、升降和振动引起海水的强烈波动，这种波动行进到滨海区域，引起潮位骤然升高，对陆地产生猛烈冲击，这就是海啸。

（一）海啸的形成

海浪可以由潮汐和海风引起，也可以由地震、火山爆发、海底滑坡和塌陷等地质因素引起。如果海水很深，海浪波长很短，可以认为海浪仅在海面上很浅的表层内传播，称为短波。如海浪的波长很长，甚至大于海水的深度，称为长波。

通常由地震引起的波浪称为海啸波。由于地震发生在海底，引起海底以上的海水水柱整体振动，因此海啸波携带的能量巨大。海啸波的另外一个特点是波长为 20~200km，周期则为 5~200min。地震引起的海啸波的波高一般仅 1~2m，传播到远处的波高则为 0.30~0.60m，海啸波的波长远大于海水深度，因此在海洋中能够传播很远。另外，海啸波速度远小于地震波沿海底地壳传播的速度（3~6km/s），因此有可能根据先到的地震波信息预测海啸。

图 7-16　海啸灾害（江苏省地震局）

如果海啸波传播到近岸浅水海域，由于深度减小，其幅度增大。海啸波近岸时，其速度也降低，即波长也减小。由于波高的增加和波长的减小，海浪的涌动明显，形成对岸上物体的冲击就是海啸。海浪进入浅海，在波长变短、波高增大的同时，波浪也会发生破碎，产生和礁石、沙洲碰撞的碎浪或者是冲击海岸的拍岸浪。由于波峰在破碎过程中的翻卷、破碎，所形成的冲击和破坏作用会加强。

海啸波和由于风暴引起的海浪是有区别的，风暴只能吹动海水的表层，所产生的海水波动仅限于海水的表层附近，所产生的波浪的波长短，仅几米到几十米，波高也仅有几米到十几米，而在整个地球的海面上都可能存在并对海面上的物体产生冲击。

海啸波则是海底地震引起的，会使海底以上的整个海水水体发生振动，所产生的波动的波长可达几百千米，在深海区，波高仅为几米，甚至不到 1m。因此在深海大洋区域难以察觉，也未见有破坏作用，只是在近岸浅水区域，由于其波长骤然变短和波高明显增大，对海岸产生巨大的破坏作用。通常有破坏作用的地震海啸产生的条件是地震震级 ≥ 6.5 级、震源深度小于

20~50km。海啸波所具有的能量是海啸地震释放的总能量的1%~10%，有研究认为巨大的破坏性海啸的能量可达10^{21}~10^{23}erg。8级地震释放的能量约$6.30×10^{23}$erg，9级地震释放的能量约$1.40×10^{25}$erg，因此一次巨大的海啸所释放的能量甚至超过7级地震。

地震海啸的产生可以理解为：在海底地震震源附近，由于地震使海底有1~2m的振动并引起海底以上整个水体的振动（源地振动），其振动的幅度虽然不超过1~2m，但是所产生的海啸波是整个水体的振动。因此所携带的能量仍然巨大，而且是以长波（波长几十至几百千米）波动的方式传播，甚至可以穿越整个海洋（大洋中的自由传播）。在靠近大陆架时，由于海水深度变浅，海啸波的波长变短、幅度增大（近岸传播），形成对海岸的强烈冲击，从而产生海啸。

如果海底地震，首先产生的海底形变是地壳的沉降，所产生的海水波动首先是水位下降，海啸波最先到达海岸的是波谷。海岸边首先看到的是海水水位的明显降低，以至浅海海底大量出露，随后在几至十几分钟后，海啸波的波锋到达，高达10m以上的巨浪以"水墙"的形态和波浪的倒卷冲击海岸，会形成毁灭性破坏。

海啸所产生的绝大多数破坏是在海啸波的3~5个周期内产生的，但是海啸波的持续时间可以延续几天。海啸波传播到近海，发生海啸时，海啸波的波高是海啸能或破坏力的标志，海啸波高的平方与其能量成正比。因此，可以将波高作为海啸强烈程度的标志，可根据海啸波的波高和所冲击的海岸区域的面积规定海啸的级别。

（二）海啸的预警

2004年印尼地震海啸以后，各国都加强了对海啸的研究和制订有关的应急方案。中国在2008年5月由国家海洋局发布了《风暴潮、海浪、海啸和海冰灾害应急预案》，其中对海啸的预警分为以下四级。

Ⅰ级警报（红色，特别严重警报）：预计沿岸验潮站出现（正常潮位以上）3m以上的海啸波高，300km以上岸段严重受损、危及生命财产。

Ⅱ级警报（橙色，严重警报）：预计沿岸验潮站出现（正常潮位以上）2~3m的海啸波高，局部岸段严重受损、危及生命财产。

Ⅲ级警报（黄色，较重警报）：预计沿岸验潮站出现（正常潮位以上）1~2m的海啸波高，受灾地区发生房屋、船只等受损。

Ⅳ级警报（蓝色，一般警报）：预计沿岸验潮站出现（正常潮位以上）小于1m的海啸波高，受灾地区损失轻微。

其中，Ⅰ级和Ⅱ级海啸警报发布要经过国务院批准，由国家的主要媒体公布；

Ⅲ级和Ⅳ级警报发布要经过国家海洋环境预报中心主任签发或其授权签发。

(三) 海啸的应对措施

(1) 地震是海啸最明显的前兆。如果感觉到较强的震动，则不要靠近海边、江河的入海口。如果听到有关附近地震的报告，要做好防海啸的准备，注意电视和广播新闻。要记住，海啸有时会在地震发生几小时后到达离震源上千千米远的地方。

(2) 海上船只听到海啸预警后应该避免返回港湾，海啸在海港中造成的落差和湍流非常危险。如果有足够的时间，船主应该在海啸到来前把船开到开阔海面，如果没有时间开出海港，所有人都要撤离停泊在海港里的船只。

(3) 海啸登陆时海水往往明显升高或降低，如果你看到海面后退速度异常快，立刻撤离到内陆地势较高的地方。

(4) 每个人都应该有一个急救包，里面应该有足够72小时用的药物、饮用水和其他必需品。这一点适用于海啸、地震和一切突发灾害。

(5) 如果在海啸时不幸落水，要尽量抓住木板等漂浮物，同时注意避免与其他硬物碰撞。

(6) 在水中不要举手也不要乱挣扎，尽量减少动作，能浮在水面随波漂流即可。这样既可以避免下沉，又能够减少体能的无谓消耗。

(7) 如果海水温度偏低，不要脱衣服。

(8) 尽量不要游泳，以防体内热量过快散失。

(9) 不要喝海水。海水不仅不能解渴，反而会让人出现幻觉，导致精神失常甚至死亡。

(10) 尽可能向其他落水者靠拢，既便于相互帮助和鼓励，又因为目标扩大更容易被救援人员发现。

(11) 人在海水中长时间浸泡，热量散失会造成体温下降。溺水者被救上岸后，最好能放在温水里恢复体温，没有条件时也应尽量裹上被、毯、大衣等保温。注意不要采取局部加温或按摩的办法，更不能给落水者饮酒。给落水者适当喝一些糖水有好处，可以补充体内的水分和能量。

(12) 如果落水者受伤，应采取止血、包扎、固定等急救措施，重伤员则要及时送医院救治。

(13) 及时清除落水者鼻腔、口腔和腹内的吸入物。

三、灾害性海浪

海浪携带巨大的能量，对正在航行的船舶、海岸和港口有明显的破坏作用。通常波高 6m 以上的海浪（即 7 级以上狂浪）成为灾害性海浪。灾害的大小不仅与海浪的级别有关，也与船舶和港口设施的抗灾能力有关。中国近海及邻近海域位于欧亚大陆东南岸并与太平洋相通，受到世界上最大的陆地和最大的海洋的共同影响，南北冷暖气流异常活跃。对于没有机械动力的帆船，3m 高的大浪就能将其颠覆。对于万吨级以下的轮船，波高 4m 的巨浪已经对其具有危险。而对于 20~30 万吨级的巨轮，则只有 9m 以上的狂涛才可能构成威胁。

海浪可分为由风直接引起的风浪和风停息后继续波动的涌浪。描述海浪的基本物理量有波长、波高、周期、波速。海浪具有相当的能量并能够对堤坝、海岸、船舶产生威胁，这就是灾害性海浪。我国从 1986 年开始按照国际通用波级表将海浪分为 0~9 级（共 10 级）。

表 7-7 海浪等级表

等级	风浪	涌浪	有效波高 $H_{1/3}$*/m
0	无浪	无涌	$H_{1/3}=0$
1	微浪	小涌	$0 < H_{1/3} < 0.1$
2	小浪	小涌	$0.1 \leqslant H_{1/3} < 0.5$
3	轻浪	中涌	$0.5 \leqslant H_{1/3} < 1.25$
4	中浪	中涌	$1.25 \leqslant H_{1/3} < 2.5$
5	大浪	大涌	$2.5 \leqslant H_{1/3} < 4.0$
6	巨浪	大涌	$4.0 \leqslant H_{1/3} < 6.0$
7	狂浪	巨涌	$6.0 \leqslant H_{1/3} < 9.0$
8	狂涛	巨涌	$9.0 \leqslant H_{1/3} < 14.0$
9	怒涛	巨涌	$14.0 \leqslant H_{1/3}$

*$H_{1/3}$ 为在观测的 100 个波中按其波高顺序取前 33 个波的波高的平均值，称为有效波高。

灾害性海浪与风暴潮灾害不同。风暴潮是海面增水（减水），出现异常升降，类似于潮汐现象的海水的增减；灾害性海浪是海面的波动现象，海面破碎，形成的是大浪。二者都是海水的运动，但风暴潮是水位的升降，灾害性海浪是波的传播。

第四节　常见生物灾害防治

一、民宿虫害防治

（一）民宿白蚁防治

民宿建筑会使用大量的木质建筑材料，且民宿大多分布在远离城市的偏僻幽静之所，这些特点为白蚁的生存繁殖提供了良好的条件。因此，民宿不可避免地承受白蚁的危害。为了控制白蚁的危害，保护民宿的安全状态，需要对民宿实施白蚁防治。

白蚁是破坏建筑物最严重的种类之一，它的特点是扩散力强，群体大，破坏迅速，且在短期内能造成巨大损失。因民宿位置大多依山傍水，地势低洼，利于白蚁筑巢和繁殖。白蚁主要危害房屋的木结构为主，如木柱、木梁、隔墙板等。

1. 白蚁监测技术

（1）红外线成像监测技术。一般有白蚁活动的部位湿度较高、温度较低。可以利用红外热像仪来探测物体内部是否存在白蚁活动。

（2）微波探测技术。当微波信号遇到移动物体反射产生多普勒效应，利用接收器收到的发射信号频率的变化，判断是否有虫害活动。

（3）声波探测仪。通过探测和放大木材中的细微声音，然后根据音频特征，判断是否存在白蚁活动。

另外，还有气味探测仪、X射线探测仪、微孔探测镜、白蚁探测犬等方式，探测建筑是否存在白蚁灾害。

2. 白蚁灾害的药物治理

（1）人工挖巢法。在药物治埋的基础上，找到蚁巢，用工具将地下蚁巢挖出，并根据蚁路找出巢群位置，将蚁巢彻底挖开，用药物进行喷洒消杀。

（2）物探找穴法。用放射性原理来寻找更加隐蔽的蚁巢，利用放射性元素食物喂食蚁群，让更多的白蚁个体沾染放射性物质，通过放射性计数探测器，定位蚁巢。

（3）灯光诱杀法。利用昆虫的趋光性来诱杀白蚁，灯光诱杀只对有翅繁殖蚁有效果。

（4）食物诱杀法。食物诱杀法是最简易、最直接、使用最广泛的灭蚁方法。将白蚁喜爱的饵料埋入地下或放入诱集箱中，引诱白蚁来食，而后将之

消灭。

（5）建筑材料预防法。在民宿房屋建设时，使用的建筑材料进行防蚁处理，避免房屋建成后白蚁危害建筑结构。

（二）民宿蚊蝇防治

民宿由于地形与自然环境等因素的影响，容易遭受飞行类昆虫的危害，如蚊子、苍蝇等。苍蝇以垃圾、腐肉和粪便等为食。

苍蝇容易对食物、水源、器具等造成严重的污染，它们能携带60多种细菌，对人体健康构成巨大的威胁。大量的试验证明，苍蝇表面的毛发，以及它的消化系统和血液系统均能携带病原体，通过与食物的接触传染给人类。蚊子叮咬后除了瘙痒，最主要的是会传染四种疾病：第一是疟疾，它已被世卫组织列为和艾滋病、结核病一样的三大危险疾病之一。每年全球有几十万到上百万人死于疟疾。第二种是登革热，致死率在15%~50%。主要在我国广东、广西等地，由白纹伊蚊，也就是常说的花蚊子来传播，且在6~11月多发。虽然在北方较少，但只要有蚊虫叮咬，就有得登革热的可能。第三种是乙脑，孩子是主要受害者，多发生在夏秋季。第四种是基孔肯雅热，这是一种外来病，初期症状跟登革热很像，但除了高烧有皮疹外，还有一个很显著的特点就是关节疼痛，其对关节的伤害极大，几个小时就能让关节丧失功能，也是由白纹伊蚊传播。

1. 苍蝇的消杀方法

（1）滞留喷洒。将具有滞效、触杀作用的杀虫剂，如除敌悬浮剂或乳油剂（交替使用，防止虫害产生抗药性），采用常量喷雾使其有效成分按一定计量均匀地附着在停留面上，当苍蝇爬行或栖息在这样处理过的表面时，可接触吸收杀虫剂而中毒死亡。主要针对孳生地表面和周围以及附近植皮表面、外墙、垃圾筒的外壁等。

（2）空间喷洒。在室外环境使用常规喷洒，超低容量喷洒，把杀虫剂喷洒在空间，使苍蝇直接沾着药粒而中毒死亡，快速杀灭室外的蝇类，在短时间内降低蝇密度。

（3）物理防制方法。在室内重点场所安装灭蝇灯，达到较好的辅助灭蝇效果（灭蝇灯必须24小时开启）。简单利用家蝇在室内喜欢停留在绳索等悬挂物的特性，适时使用粘蝇纸（条），尤其在夏末秋初家蝇高峰季节，对进入室内的小家蝇有良好的粘捕作用。

2. 蚊子的消杀

消杀区域有外围绿化环境、下水道、污水积水处、通往室外的出入口、室内景观水体等。

（1）环境防治环境防治是控制和消灭蚊虫最有效的方法，主要是全面、彻底，经常改造蚊虫赖以生存、繁殖的环境——"水体"，这是蚊虫防制中的治本措施。治本措施主要有清除积水、疏导沟渠、根除蚊虫滋生地，对不能清除的积水投放杀灭蚊幼虫的生物杀虫剂等药物。

（2）外围的处理。外国的处理有定期使用滞留药物对酒店建筑外围绿化、垃圾房、垃圾桶进行滞留喷洒，使用的主要药剂为除敌悬浮剂。对于窨井、下水道等位置进行定期检查和投放灭蚊幼缓释剂处理，以便及时发现虫害孳生地。

（3）室内孳生源控制。通过对室内孳生源的控制，特别是保持室内良好的卫生环境，可以避免在室内产生虫害的孳生地、产生飞虫喜欢的孳生环境（重点是比较潮湿区域）。

（三）民宿蟑螂防治

民宿中最常见的蟑螂是德国小蠊和美洲大蠊，它们会在一些阴暗角落繁殖，每次产卵可繁殖16~32只蟑螂，在定居地点周而复始地繁殖。通常蟑螂出没的地方是厨房、餐饮、客房柜子等，卫生间及下水管道与暗角也时常发现。

1. 蟑螂的危害

（1）危害健康。蟑螂有边吃、边吐、边排泄的恶习，并分泌臭液，在其活动时，不仅可携带麻风分枝杆菌、鼠疫杆菌、志贺氏痢疾杆菌等40多种病原体，而且也是肠道病和寄生虫病重要的传播媒介，其分泌物和粪便中均含有多种致癌物质。常匿藏厨房、卫生间的缝隙处等人们不易注意到的阴暗角落处，不仅危害粮油食品、衣物和书籍等仓储物品，而且还能传播疾病对人造成伤害。

（2）损坏财物。蟑螂食物种类多样，家中食物等可因蟑螂咬食而污损，造成经济损失，另外蟑螂还能轻而易举地钻进电器、电子计算机等家用电器中咬坏线路，或者制造短路，造成意外的故障。现在越来越多的家庭，尤其是厨房电器的故障与蟑螂有关，像微波炉、电磁炉等，在一定程度上给家庭造成经济损失。

2. 蟑螂消杀方法

（1）环境治理。着重收藏好食物，及时清理散落、残存的食物，对泔水和垃圾要及时清理。厨房墙壁瓷砖缝和破裂的瓷砖一定要及时封堵，下水道要保持畅通，道口必须加网封盖。

（2）物理防治。采用蟑螂粘纸等物理方式，消灭建筑内的蟑螂。晚上关闭门窗，不留缝隙。

（3）化学防治。布施消杀蟑螂的胶饵或粉剂、直流喷洒药剂。对于烤箱、冰箱、冷藏柜等设备以及橱柜、操作台、墙壁缝隙等可使用胶饵灭蟑。在一些干燥和隐蔽部位，如暖气罩和电器设备等处，可以使用灭蟑粉剂或颗粒进行灭蟑。

一、民宿草害防治

民宿因其坐落位置和使用性质，大多包含巨大院落和自给的菜园，杂草的肆虐必然会对院中草坪和菜园的作物产生威胁。因此，对民宿而言，需要小心提防杂草的蔓延，治理杂草的危害。

（一）杂草对草坪的危害

（1）破坏草坪的美观和均一性，影响草坪质量。一是降低环境美观程度，二是引起草坪退化。

（2）与草坪草争光、争营养、争空间，影响草坪草生长发育。马唐、狗尾草、车前草等与草坪草竞争，若不加以管理，2~3年内草坪即会完全被杂草侵占。运动场草坪质量受杂草的影响也很严重。一些杂草如马唐、狗尾草等不耐践踏，但它们对草坪草的抗性非常强。有些杂草如荠菜、反枝苋等，在同样的水分和温度条件下，其春季萌发和生长速度快于草坪草，如果春季建植草坪，一旦杂草管理滞后，即会造成建植失败。

（3）成为病虫害的寄宿地。草坪杂草的地上部分是一些病虫的寄生地。病虫利用杂草越冬、繁殖，草坪草生长季节被感染，从而造成草坪草生长缓慢或死亡。如地老虎常在灰菜、车前草、刺儿菜等杂草上越冬、繁殖，次年在草坪中造成虫害。

（4）影响人畜安全。草坪是人类休闲的地方中，一旦有杂草侵入，而且是有毒和有害的杂草，将威胁到人们的安全，造成外伤和诱发疾病。如乳汁或气味有毒的杂草如打碗花、龙葵、曼陀罗、酢浆草等，或者如白茅、针茅等的芒是细而尖的利器，能钻入人的皮下组织中。

（二）杂草对作物的危害

（1）与作物争夺水分、养分和光能。杂草根系发达，吸收土壤水分和养分的能力很强，而且生长优势强，耗水、耗肥常超过作物生长的消耗。杂草的生长优势强，株高常高出作物，影响作物对光能的利用和光合作用，干扰并限制作物的生长。

（2）杂草是作物病害和虫害的中间寄主。不少杂草是年生或多年生植物，病菌和害虫常年在杂草上或根部寄生或过冬，次年春天再迁移到作物上进行危害。

（3）降低农作物产量和品质。由于杂草的直接和间接（病虫害传播）危害，会明显影响作物产量和品质。

（4）影响人、畜健康。如麦田杂草毒麦和种子，含有毒麦碱，混入小麦粒内，可引起人和牲畜中毒；苍耳籽内也含有毒物质，大量误食后，会造成人、畜中毒。

（5）增加管理用工和生产成本。杂草较多的农田，其除草的用工量消耗多，同时由于大量用工，增加了生产成本。

（三）杂草的防治

（1）严格杂草检疫。对国外引进的种子必须严格执行杂草检疫制度，杜绝传入我国及蔓延危害。国内要加强和健全检疫制度，防止蔓延。

（2）合理轮作。这是改变杂草生态环境抑制和减轻杂草危害的重要农业措施。

（3）土壤耕作。利用犁、耙、中耕机等农具，在不同时间和季节进行耕作，对不同杂草有杀除作用。

（4）物理除草。利用水、光、热等物理因子除草。最常用的是利用地膜覆盖，提高地膜和土表温度，烫死杂草幼苗，或抑制杂草生长。

（5）人工除草。包括手工拔草和使用简单农具除草。

（6）机械除草。使用畜力或机械动力牵引的除草机具除草。

（7）化学除草。即用化学除草剂除去杂草而不伤害作物的方法。对由种子萌发的一年生杂草，一般采用持效期长的土壤处理剂防除，根状茎萌发的多年生杂草，则采用输导作用强的选择性除草剂。

（8）生物除草。利用昆虫、禽畜、病原微生物和竞争力强的置换植物及其代谢产物防除杂草，如在稻田中养鱼、鸭防除杂草。

（9）生态除草。采用农业或其他措施，在较大面积范围内创造一个有利于作物生长而不利于杂草繁殖的生态环境。

二、民宿鼠害防治

（一）鼠类危害

（1）因鼠害入侵营业区域，使客人受惊吓或造成客人人身或物品损坏，给民宿口碑和日常营运带来直接的冲击及损失。

（2）虫害进入菜品、食物中，对客人造成的伤害经过曝光后，后果是无法估量的。

（3）鼠害入侵酒店食品操作区域——厨房，将给酒店食品安全带来巨大风险。

（4）鼠类破坏酒店电路系统，引起停电事故，给日常营运带来影响，根据环境不同甚至存在引发火灾的风险。

（5）鼠害携带危险微生物，可传播鼠疫、痢疾、登革热等疾病，给酒店工作人员及客户带来人身安全风险。

（6）鼠害入侵室内，破坏酒店物品及设施，造成直接经济损失。

（二）灭鼠方法

1. 鼠类防治物理方法

采用粘鼠板、鼠夹、捕鼠笼、电子捕鼠器等灭鼠，这种方法效果好，简单易行，对人、畜安全。常用的有鼠夹、碗扣、缸捕等。放置鼠夹时要注意方法，鼠夹与墙面垂直，饵料一头靠墙，夹子与墙间隔2~3cm，这样可打到来自两边的老鼠。电子捕鼠器也是常用的技具，是利用电压击鼠，适合大面积厨房老鼠较多时第一次使用。

2. 鼠类防治环境治理

脏乱的环境最容易引来老鼠，搞好清洁卫生，地面打扫干净，床下和厨房不要堆放杂物，没用的东西或使用率不高的东西统统处理掉，能经常做彻底的大扫除最好。最重要的是不吃的食物要及时处理，可以扔掉或者放进冰箱。

3. 鼠类防治化学方法

鼠类化学方法防治是指使用灭鼠剂消灭民宿内的鼠类。灭鼠剂的投放讲究一定的技巧，要量少、点多，布放在老鼠经常爬过的鼠道上。

按照有效成分的化学结构，灭鼠剂可分为无机化合物、有机磷类、香豆素类、氨基甲酸酯类等。按照灭鼠剂的作用机理可分为抗凝血灭鼠剂、不育剂、痉挛剂、肠道梗阻剂等。按照灭鼠剂剂型可分为毒饵、蜡块饵、烟剂、舔剂、泡沫灭鼠剂等。

随着科学技术的发展，灭鼠剂向着低毒、低残留的方向发展，这大大改善了化学灭鼠剂的不足。

思考与练习

1. 调研当地近5年发生的某一典型自然灾害，分析灾害种类、灾害致因、灾害损失，政府、社会团体和个人如何应对灾害，分析灾害应对过程中形成的先进经验和存在的不足。

2. 简述雨雪气象灾害的对民宿建筑及运营管理的直接影响；分析我国南方与北方地区雨雪灾害共同特点与区别。

3. 高温天气如何对人身体健康造成危害，温度和湿度两种参数对人体感官的影响以及二者的相互关系。

4. 海洋灾害主要包括哪些类型？其中风暴潮和灾害性海浪的相似点和区别是什么？

5. 常见生物灾害中，草害是如何对民宿造成影响的，其危害主要有哪些？

专业词汇

参考文献

［1］Patrick Leon Abbott. Natural Disasters［M］.北京：电子工业出版社，2017.

［2］柴建设，吕淑然，毛海峰.安全生产法规与安全生产管理［M］.北京：化学工业出版社，2006.

［3］陈晓彤.安全生产法律法规［M］.重庆：西南师范大学出版社，2011.

［4］城镇污水处理厂污染物排放标准 GB18918—2002.

［5］楚泽涵，李峰.自然灾害——认识和减灾［M］.北京：中国石油大学出版社，2010.

［6］气象灾害预警规范 DB14/T 1647—2018.

［7］民宿气象灾害预警处置规范 DB3301/T 0293—2019.

［8］城市安全风险评估工作导则 DB5101/T 116—2021.

［9］段远鸿，吴晶.不懂财务就当不好酒店餐饮业经理［M］.北京：企业管理出版社，2009.

［10］二次供水设施卫生规范 GB17051—1997.

［11］范宝俊.中国自然灾害与灾害管理［M］.哈尔滨：黑龙江教育出版社，1998.

［12］自然灾害分类与代码 GB/T 28921-2012.

［13］钢结构设计标准 GB50017—2017.

［14］耿怀英，曹才瑞.自然灾害与防灾减灾［M］.北京：气象出版社，2000.

［15］城市安全风险综合监测预警平台建设指南（试行）.安委办函〔2021〕45 号.

［16］湖南省民宿建筑设计技术导则.湘建科〔2021〕42 号.

[17] 混凝土结构设计规范 GB50010—2010.

[18] 建筑材料放射性核素限量 GB6566—2010.

[19] 建筑材料及制品燃烧性能分级 GB8624—2006.

[20] 建筑给水排水设计规范 GB50015—2019.

[21] 建筑抗震鉴定标准 GB 50023—2009.

[22] 建筑内部装修设计防火规范 GB50222—2017.

[23] 建筑设计防火规范 GB50016—2014.

[24] 建筑物防雷设计规范 GB50057—2010.

[25] 民宿业卫生规范 DB32/T3384—2018.

[26] 民宿卫生规范 DB45/T 2068—2019.

[27] 民用建筑电气设计标准 GB51348—2019.

[28] 民用建筑工程室内环境污染控制规范 GB 50325—2020.

[29] 民用建筑供暖通风与空气调节设计规范 GB 50736—2012.

[30] 民用建筑可靠性鉴定标准 GB50292—2015.

[31] 民用建筑设计统一标准 GB 50352—2019.

[32] 旅馆建筑设计规划 JGJ62—2014.

[33] 木结构设计标准 GB50005—2017.

[34] 自然灾害风险分级方法 MZ/T 031—2012.

[35] 农村防火规范 GB50039—2010.

[36] 农村民居雷电防护工程技术规范 GB50952—2013.

[37] 农村生活污水处理导则 GB/T37071—2018.

[38] 农家乐（民宿）建筑防火导则（试行）.建村〔2017〕50号.

[39] 砌体结构设计规范 GB50003—2011.

[40] 生活饮用水卫生标准 GB5749—2006.

[41] 施雅风，黄鼎成.中国自然灾害灾情分析与减灾对策［M］.武汉：湖北科学技术出版社，1992.

[42] 室内空气质量标准 GB/T18883—2002.

[43] 王劲峰.中国自然灾害影响评价方法研究［M］.北京：中国科学技术出版社，1993.

[44] 王清勤.村镇住宅防灾与节能［M］.北京：北京科学技术出版社，2018.

[45] 吴文智.民宿概论［M］.上海：上海交通大学出版社，2018.

[46] 乡村民宿建筑消防安全规范 DB11／MT 1753—2020.

[47] 消防给水及消火栓系统技术规范 GB50974—2014.

［48］谢宇.滑坡的防范与自救［M］.西安：西安地图出版社，2010.

［49］阳淑瑗.现代酒店设备管理［M］.北京：中国人民大学出版社，2020.

［50］用电安全导则 GB/T13869—2017.

［51］于志远.突发性自然灾害对旅游业的影响及对策［J］.天水师范学院学报，2010，30（6）：120-123.

［52］张志军.饭店安全管理实务［M］.北京：旅游教育出版社，2019.

［53］浙江省民宿（农家乐）治安消防管理暂行规定.浙公通字〔2016〕60号.

［54］浙江省人民政府办公厅关于确定民宿范围和条件的指导意见.浙政办发〔2016〕150号.

［55］中华人民共和国国家旅游局.旅游行业安全管理实务［M］.北京：中国旅游出版社，2012.

［56］中华人民共和国国家旅游局.中国旅游法律法规汇编［M］.北京：中国旅游出版社，2016.

［57］中华人民共和国消防法.［M］.北京：中国法制出版社，2019.

［58］周长兴.城市综合防灾减灾规划［M］.北京：机械工业出版社，2011.

［59］邹铭.自然灾害风险管理与预警体系［M］.北京：科学出版社，2010.

［60］邹益民，陈业玮，陈俊.酒店餐饮管理［M］.武汉：华中科技大学出版社，2017.

［61］坐便器用水效率限定值及用水效率等级 GB25502—2017.

［62］叶振强.乡村民宿管理规范化研究.浙江省永嘉县为例［D］.西北农业科技大学.2019.

［63］周辉.酒店安全管理与法律实务［M］.南京：南京大学出版社，2018.